志业的坚守

大学教师伦理研究

李菲 / 著

大夏书系·师道文丛　檀传宝·丛书主编

华东师范大学出版社
全国百佳图书出版单位
·上海·

丛书总序

学段特性与教师伦理的时间之维

学校德育与师德建设,同为立德树人事业的重要组成部分。也可以说,师德建设其实也是广义德育之一种。师德建设与一般德育的区别,只在于教育对象的不同:德育是对学生的道德教育;而师德建设,尤其是师德修养,更多的是对教师自身的道德教育。在德育实践中,落实因材施教原则的一个重要前提是考虑学生的发展特点。从时间的视角,教育者既要关注学生所处的时代(20世纪、21世纪)、世代(00后、10后之类)等大的时间规定性,也要关注学生具体发展阶段。比如,皮亚杰按照认知特点将儿童心理发展分为感知运动、前运算、具体运算、形式运算四个阶段,而儿童心理学一般概括性划分为乳儿、婴儿、幼儿、童年、少年、青年六个阶段,在认知、情感、行为等方面具有时间规定性(特性)。同理,师德建设若要求实效,当然也一定要确立观察教师专业道德的时间视角——教师伦理的时间之维——认真关注教师伦理的时间规定性。

一、教师伦理的三大时间之维

所谓"教师伦理的时间之维",至少应该有三个最主要的维度。一是教师伦理赖以建构的大时代背景。比如,现代教师伦理与古代教师伦理,就既有一脉相承的继承关系,也有时代变迁导致的巨大差异。其区别最大者,可能是现代社会的教师会更关注学生以及教师自身的个人权利,教育公正原则也理所当然地成为现当代教师伦理的核心价值。二是教师生涯阶段对于教师伦理建构的影响。一个新手教师、一个成熟型教师和一个即将退职的老教师对于同一教师伦理的需求、理解、遵守,都会带有其不同职业生涯阶段的特性。目前教师职业生涯理论多聚焦于教师教学专业的发展,而对本应内含其中的教师专业伦理的生涯阶段性基本无视,是教师教育研究的一大遗憾。三是教师伦理的时间之维,就是教师工作学段的特殊性对于教师伦理的规定性。学段本是学生特定学习阶段的简称。我们常常将学生们稍长一些的学习区间习惯地称为某某学段,如学前段、小学段、中学段、大学段等。学段虽是学生的学习阶段,但是也会直接影响不同学段教师的工作及其伦理建构。很明显,幼儿园教师和大学教师虽然都应该同样奉行公正、仁慈的原则,但是由于学段的实际差异甚大,公正、仁慈等教育伦理之具体规范、实践在目标、内容、方式上都会有巨大的差异。此外,有些阶段很重要的内容,在另外一个学段就明显没有那么重要:幼儿园教师对儿童"生活"的全方位关注,在大学教师那里已不再是教育任务的重点了;大学教师所特别在意的科研伦理,中小学阶段教师虽然也要同样遵守,但是其伦理重要性的排序也一定会让位于教学伦理。

十分遗憾的是,以上三大教师伦理的时间之维迄今为止均未在教师伦理研究以及相应的师德建设实践中完全建立起来。少数关于教师伦理的时代特征的关注多停留在教育伦理思想史[1]的一般描述范式,严肃的理论研究、实证研究都严重不足。关于

---

1 钱焕琦.中国教育伦理思想发展史[M].北京:改革出版社,1998.

教师职业生涯、教师道德学习阶段对于教师伦理影响的零星探索，也只见诸青年学人的学位论文、博士后报告[1]。至于考虑不同学段对于教师伦理特性的影响的专门研究，目前尚未真正开始[2]。2018年，教育部相继印发过《新时代高校教师职业行为十项准则》《新时代中小学教师职业行为十项准则》《新时代幼儿园教师职业行为十项准则》。大学、中小学、幼儿园不同学段的教师职业行为十项准则在同一年分别印发，至少表明在师德规范的政策制定层面已经开始有了学段思维。但是诸"准则"仍然显得笼统、抽象，相同的规范表述远多于其对于学段特性的关注。其深层原因之一，当然就是关于学段伦理的基础研究严重滞后。故对于教师伦理学的健康发展和师德建设的实效提升来说，较于时代之思、生涯之思，在理论上厘清学段教师伦理特征的任务尤具迫切性。

二、学段特性与教师伦理

本质上说，学段之所以成为影响教师伦理建构的重要时间之维，是因为教育劳动的特点与教师职业道德存在内在的关联。教育劳动的特性有很多，但是直接在学段这一时间之维上影响教师伦理建构的是其中的两大突出特性：一是"教育劳动的主体与工具的同一性"（教师本人既是劳动者，又是劳动的工具，所谓"言传身教"是也）；二是"教育劳动关系的复杂性"（教师在工作中

---

[1] 王丽娟. 教师专业道德的发展阶段初探[D]. 北京：北京师范大学，2003. 傅淳华. 教师道德学习阶段相关研究述评[D]. 北京：北京师范大学，2017.

[2] 2016年，华东师范大学出版社出版了冯婉桢的《与诤友对话：幼儿园教师师德案例读本》、蔡辰梅的《小学大爱：小学教师师德案例读本》、杨启华的《为师之梦：中学教师师德案例读本》、李菲的《大学的良心：高校教师师德案例读本》，虽为学段伦理的探索，但是研究成果仍然是"案例读本"。

会面临多重人际关系)¹。换言之，我们完全可以从教师的社会角色、人际关系两大维度去看教师工作的学段实际，进而推论各学段教师伦理所具有的基本特征。

教师的社会角色及其在工作中涉及的人际关系无疑都具有十分明显的学段特性。当一位学前或者小学低年级的家长将自己的孩子送到学校时，他（她）差不多是将孩子的全部都托付于学校和教师。家长、儿童，甚至全社会都会像许多社会学家所描述的那样，期待教师成为"父母的替代"。这时儿童和教师之间、家长和教师之间、社会与教师之间的社会关系，是一种全方位的委托关系。相应地，教师的道德责任或工作内容则是要实现对安全、健康、游戏到文化学习等儿童权利的全方位保护。在小学阶段，特别是小学高年级，儿童"已经长大"，家长、儿童、全社会都会将教师的社会角色逐渐定义为文化学习以及道德人格影响上的"重要他人"。在小学阶段，儿童几乎在所有事情上都极其信赖教师，教师是所谓的权威"师尊"，具有最强大的教育影响力。与此同时，由于在这一阶段，家校之间、师生之间的关系慢慢演变为一种教育、教学的合作关系，故除了开展必要的安全教育，教师已经不太承担小朋友的保育之责了。到了中学阶段，教师慢慢成为文化课学习意义上的"业师"，对学生发展的实际影响力与学前和小学阶段会有明显下降。这是由于青春期儿童的独立性迅速增长，学生同伴群体的作用越来越大，甚至超过包括教师在内的成人社会的垂直影响力。故无论是为了践行师生平等的道德原则，还是追求实际教学效率的提升，在中学阶段，教师对儿童自尊、个性的维护，对于青少年亚文化的理解等，都势必成为教师伦理

---

1 檀传宝，等. 走向新师德——师德现状与教师专业道德建设研究 [M]. 北京：北京师范大学出版社，2009：4-5.

的核心内涵之一。在高等教育阶段，学生虽然尚在青年期，但已经是成年人。这一时期，教师成为学生的"导师"，教师与教师、教师与学生之间更多的是一种"学术共同体"的关系。良好的大学教育，即便是在本科阶段，教师都应当让学生有越来越多的研究性学习的机会，专题讨论式的教学方式（seminar）也会在这一阶段得到越来越广泛的应用。在大学，即便是教学也带有学术研究的性质，本科生、硕士生、博士生，随着高等教育程度的提升，教师作为学术人的示范意义也会越来越重要。故大学里的"导师"之"导"与旅游上的"导游"之"导"在本质上是一致的。社会服务是与教学、科研相并列的现代大学职能之一，但是很显然，大学教师所要承担的社会服务责任的基础也仍然是学术研究。由于学术研究的重要性明显高于中小学和幼儿园等其他学段，故科研伦理肯定会成为大学教师专业伦理的重点内容之一。与此同时，由于家长已经是一个远离校园的社会存在，也由于大学生的个人生活部分逐步成为学生的私人领域，不再作为教师工作一般关注的重点，师生关系、家校关系都会逐步演变为完全的成年人之间的关系。正因为如此，在世界范围内，对于学生私人领域的尊重已经日益成为现代大学教师伦理的重要内容之一。

综上所述，教师的社会角色、人际关系具有明显的学段特性。教师从学前阶段的"保育者"、小学阶段的"师尊"、中学阶段的"业师"，到大学阶段的"导师"角色的演变，既意味着不同学段教师专业伦理的逻辑转换——不同学段教师在道德权利与责任的逻辑有严格区别，也意味着不同学段的社会关系处理的内容、范式会产生巨大的差异，教师专业伦理的内容结构（教学伦理、科研伦理、社会服务伦理）及其权重都会发生重大的改变。

三、一个亟须告别的时代

从学段这一时间之维去思考教师伦理的建构，不仅具有重要的理论价值，更具有重大的伦理实践价值："遍观国内书市或图书馆有关教师伦理、教师职业道德的著作，对教师真正有益的为数寥寥。其主要原因之一就是大而化之、笼而统之，不同学段'一锅煮'。而事实上幼儿园教师、中小学教师、大学教师虽然有教育伦理的一致性，但是由于教育生活的巨大差异，他们所要面临的伦理课题也差异甚大……不做专门、具体的研究，'对我们自己的''为我们自己的'道德教育如何做到有的放矢、因材施教？"[1]如前所述，师德建设尤其是师德修养事实上就是教师对自己的道德教育。若贯彻因材施教原则是包括师德建设在内的全部德育都应遵循的教育常识，则师德建设当然也应当因"材"（教师伦理的学段实际等）施教，教师伦理在理论和实践上"一锅煮"的时代就亟须告别了。而告别这一时代的前提，当然就是我们要通过深入的研究努力分析，厘清分学段教师伦理的特性。确立教师伦理的时间之维的本质，是要求教师专业伦理在言说方式上有范式变革。本文丛的各位作者对不同学段教师伦理特点做深度解读，可谓一个可喜的开始。

檀传宝

北京师范大学教育学部教授

---

[1] 檀传宝，等. 教师专业伦理基础与实践 [M]. 上海：华东师范大学出版社，2017：5.

目录

第一章　大学教育与大学教师专业伦理 … 1

第一节　大学教育的独特伦理内蕴与教师职业道德 … 1
一、基于高深知识的教育目的对师德的诉求 … 2
二、大学精神对师德的诉求 … 3
三、大学教师的专业人员属性对师德的诉求 … 4

第二节　高等教育的时代发展与师德面临的挑战 … 5
一、高等教育发展对师德的挑战 … 5
二、时代发展中我国大学教师师德问题缩影 … 9

第三节　从职业道德到专业伦理：大学教师专业伦理的内涵与意义 … 13
一、从教师职业道德到教师专业伦理 … 14
二、大学教师专业伦理的内涵 … 19
三、建构大学教师专业伦理的意义 … 22

第二章　学术职业与大学教师专业伦理的特点 … 27

第一节　学术职业的特点与大学教师的工作 … 27
一、何谓"学术职业" … 28
二、学术职业的特点 … 29

第二节　学术职业视角下大学教师专业伦理的特点 33
一、大学教师专业伦理的特点 33
二、明晰大学教师伦理特点的重要意义 38

第三章　大学教师的教学伦理 41

第一节　大学教学的伦理之维 41
一、教学为何是一项道德的活动 41
二、大学教学的伦理根源 44
三、大学教学伦理的内涵 50

第二节　追求卓越的生命化学习：大学教学伦理的原点 53
一、教学伦理原点：为何与何谓 53
二、从伦理回到教学：寻找教学伦理原点的合理路径 54
三、生命化学习：教学伦理的原点 58
四、追求卓越的生命化学习：大学教学伦理的原点 61

第三节　大学教师的教学伦理构成 66
一、人道与理性：教学伦理精神 66
二、教学民主：教学伦理原则 72
三、教学责任：教师的教学德性 84

第四章　大学师生交往与师生伦理……100

第一节　大学师生交往的特点……100
一、大学教师文化的特征……101
二、大学师生交往的特点……104
三、大学师生交往问题的现实扫描……107

第二节　学术共同体中的交往：大学师生交往的观念前提……110
一、作为人际关系的师生交往……110
二、学术共同体中的交往：作为教育关系的大学师生交往……112

第三节　师生交往的伦理原则与规范……118
一、师生交往的伦理原则……118
二、师生交往的伦理规范……123

第五章　学术职业与大学教师的学术伦理……132

第一节　学术职业的伦理属性……132

第二节　学术职业的伦理困境与学术伦理……134
一、学术职业的时代境遇……134
二、学术职业的伦理困境……139
三、对"学术伦理"的理解……144

第三节 学术伦理的构成 ………………………………………… 146
 一、面向知识探索的伦理 ……………………………………… 146
 二、面向学术职业的伦理 ……………………………………… 150
 三、面向学术共同体的伦理 …………………………………… 153

第六章 社会、大学、自我与大学教师的服务伦理 … 157

第一节 社会服务及其面临的伦理挑战 ………………………… 157
 一、社会服务与大学教师的社会责任 ………………………… 157
 二、社会服务中教师遭遇的伦理挑战 ………………………… 160

第二节 社会、大学和个人之间的伦理平衡 …………………… 165
 一、以忠诚于大学为社会服务的观念前提 …………………… 165
 二、以引领社会进步、增进社会利益为服务宗旨 …………… 169
 三、以坚持学术诚信和知识的道义责任为服务的根本原则 … 173
 四、以遵纪守法、合理获利为基本服务准则 ………………… 177

第七章 大学教师专业伦理的提升路径 …………………… 179

第一节 大学教师的自为与自律 ………………………………… 179
 一、树立崇高的职业价值观，增强道德敏感性，为践行专业伦理奠定观念
   基础 ………………………………………………………… 180

  二、保持职业敬畏，强化育人责任，为践行专业伦理累积情感……183
  三、提升教育素养，增强育人能力，为践行专业伦理提供行动力保障…185
  四、建立教学、学术研究与社会服务间的良性互动关系……………186

第二节　大学在推进教师专业伦理发展上的积极作为………………188
  一、改进大学教师发展与评价制度……………………………………188
  二、发挥学术共同体的道德力量………………………………………193

第三节　国家师德建设的支持与保障……………………………………201
  一、改革开放以来我国高校师德建设的历史变迁……………………201
  二、高校师德建设的演进趋向…………………………………………209
  三、高校师德建设的未来发展重心……………………………………213

第一章　大学教育与大学教师专业伦理

大学教育是人才培养的高级阶段，教育任务与目的、教育对象、教育内容等都与基础教育存在很大差异，这对大学教师提出了独特的素养要求，包括师德素养。当今大学教师的职业道德正日益引起人们的关注且成为重要的教育课题，这与大学教育发生的时代变化密不可分。同时，大学教师职业道德也面临新的发展课题——转向"专业伦理"。

第一节　大学教育的独特伦理内蕴与教师职业道德

师德即教师职业道德。谈及师德的价值，人们普遍想到的是它对教师职业或教育工作的手段作用，即对履行教师职责和推动教育发展所发挥的积极作用。但是，师德与教师职业或教育活动的关系远不止于手段价值，更根本的在于其目的性价值，即师德是教师职业、教育活动正当化和本质化存在的重要内容，因为教育是一项导人向善的活动，具有伦理规定性，不论是对基础教育还是对高等教育而言。相比于基础教育，高等教育还有其独特的伦理根源，这决定了它对大学教师职业道德有独特的诉求。

一、基于高深知识的教育目的对师德的诉求

　　教育活动是以知识为基础的，它不但以知识为重要内容，而且以发展学生理解、应用知识的能力和对待知识的态度为目的。高等教育的知识基础比较独特，它以高深知识即那些关于严肃的和重要的事物的真理为基础。真理能增强学生的理解力，培养批判态度和方法，也能激发他们的科学探索精神，因此高深知识对大学的教育目的至少意味两项基本内容。

　　一是培养学生探索高深知识的兴趣。对知识的好奇和探索欲望，在人的儿童时代就表现出来。从基础教育开始，学习知识不仅是让学生习得人类的文明，逐步从无知走向有知，使他们更加成熟、进步和文明，而且要培养他们的学习兴趣，使他们对知识、学习充满积极的态度。高等教育在引导学生掌握知识和发展探索知识的兴趣与能力上更加侧重后者，因为探索真理是大学存在的意义和使命，培养具有求真精神、勇于探索真知的人是大学教育的基本目的。求真精神首要的表现是对知识充满好奇和探索的欲望，人如果仅仅掌握知识而缺少对知识的好奇和求真热情，就不会发生探索和创新，也就没有不断被发现的真理。显然，这需要教师具有求真精神，不断探索真知，为学生的理智发展提供思想养料，也需要他们勇于担负教育之责，为培养学生的探究精神与探究能力进行积极指导。

　　二是提升学生的理智能力。由于高深知识蕴含方法论，所以大学教育不止于向学生传授知识，而是更重视展现高深知识的内在逻辑，激起学生的理智探险和批判思维，旨在发展学生深刻的理解力和批判力，激发知识创新的动机，综合提升学生的理智能力，使他们获得更大的发展或自我实现。为此，教师不仅要热爱、探究高深知识，而且要积极通过高深知识提升学生的理智能力，这对教师的职业道德构成了高要求。

　　总之，基于高深知识的大学教育目的本身既体现了大学教育的独特伦理内蕴，也对大学教师提出了师德诉求。

二、大学精神对师德的诉求

大学之为大学，是因为大学有自身的品格，即必须坚守的教育精神，这种精神体现了大学的存在意义与价值，也彰显了它不同于其他组织机构的独特气质。自中世纪大学出现以来，现代意义上的大学在漫长的发展历程中逐渐形成了独有的大学精神：学术自由、独立自治、理性批判、创新进取。

学术自由是大学精神的核心。英国《简明不列颠百科全书》将"学术自由"定义为："教师和学生不受法律、学校各种规定的限制或公众压力的不合理干扰而进行讲课、学习、探求知识及研究的自由。"[1]没有学术自由，知识创新将受到阻碍，高深知识的真理性也将受到影响。独立自治是大学作为一种组织所享有的独立自主地处理学校内部所有事务的权利，这是大学作为教育机构的相对独立性的特有体现。一定意义上，独立自治是大学面对教会势力、社会形势、国家需要时获得自身存在意义的必然选择，也是重要保障。理性批判是大学在知识创新、人才培养、社会发展等方面进行理性分析和反思，进而作出客观、科学、公正的判断和选择的行动取向。它是大学保持自身独立性的反省机制，是大学为自身和社会发展问诊把脉、明辨职责的重要方式，也是大学教师保持自身品格和坚守大学精神的重要方式。创新进取是大学发展的生命力。大学不但承担传递优秀文明的历史重任，而且担负知识创新、科技进步的发展重任，大学的学术自由、独立自治实则都是为了推动知识创新，推动人类文明的发展和社会的进步。创新进取精神使大学成为推动国家和社会发展的重要力量。

作为大学的品格和灵魂，大学精神不仅确立了大学的独特发展之道，也定义了大学教师的角色、行为方式以及精神品格，从而对教师的品行发挥着重要的定向、规范、凝聚和激励功能[2]，这本身就是一种师德导向。换句话

---

[1] 中国大百科全书出版社《简明不列颠百科全书》编辑部.简明不列颠百科全书（第八卷）[M].北京：中国大百科全书出版社，1986：726.

[2] 钱焕琦.高等学校教师职业道德概论[M].南京：南京师范大学出版社，2006：53–54.

说，大学精神对教师提出独特的师德诉求，也成为师德的重要构成内容。

三、大学教师的专业人员属性对师德的诉求

教师职业是一种专门性职业，这是20世纪50年代后世界范围内的教师教育研究的立论基础之一，之后教师专业化日益成为教师职业探索发展的努力方向。虽然中小学教师和大学教师都涉及专业发展问题，但教师专业化主要是针对中小学教师而言的。换言之，大学教师普遍被认可为专业人员，这是因为大学教师职业符合"专业"的基本条件——经过高水平的专业教育、掌握专业知识、享有专业自主权、拥有专业组织等。尤其在人们所诟病的中小学教师专业知识属性不强的问题上，大学教师则恰恰相反，他们拥有高深的专业知识，这使其工作更具有垄断性。

专业与职业的区别，不仅表现在上述提及的几个方面。在伦理层面，人们还认为专业具有更加明显的伦理特征，表现为制定专业伦理守则，专业人员要有自觉的伦理意识并践行专业伦理职责。[1] 事实上，专业的伦理特征更主要地表现为专业人员要具有较高的伦理意识和较强的自律精神，因为他们拥有专门知识和专业自主权，如果失去自觉的伦理意识和自律精神，专业自主权将有可能把专业知识引入歧途。而且相比于普通职业，专业还有为之奉献的崇高理想，即"专业主要供人从事于为他人服务而不是从业者单纯的谋生工具，因此，从业者获得经济回报不是衡量他（她）职业成功的主要标准"[2]。正是在这一意义上，社会民众才对大学教育和大学教师有较高的期待和信任。所以，大学教师的专业人员属性对师德构成了内在要求，核心表现为师德与大学精神的一体化，大学精神标识了专业人员的工作性质，也规定了教师作为专业人员应有的信念、精神气质、价值观和品质。

---

1 罗肖泉. 专业的伦理属性与专业伦理 [J]. 学海，2010（6）：108-111.
2 赵康. 专业、专业属性及判断成熟专业的六条标准——一个社会学角度的分析 [J]. 社会学研究，2000（5）：30-39.

综上不难看出，相比于中小学教师，大学教师的职业道德与职业本身更具有内在的关联性，其独特的知识基础和教育精神，以及教师的专业属性不仅构成了大学教育的独特伦理内蕴，也对师德提出了内在的诉求。

第二节 高等教育的时代发展与师德面临的挑战

一、高等教育发展对师德的挑战

（一）高等教育大众化发展对师德的挑战

20世纪90年代末，我国启动高等教育大众化发展策略，2002年我国高等教育的毛入学率达到15%，进入美国学者马丁·特罗（Martin Trow）所说的大众化阶段。随着我国高等教育规模的增长，高等教育的目的、功能、课程、教学等都发生了转变，这给大学教师的职业道德带来了挑战。

第一，规模增大带来的道德挑战。

1999年，我国实行高等教育扩招政策，开始跨越式发展。到2019年，全国普通高等学校本科及专科在校生规模已由1998年的340.87万人[1]增至3031.53万人，高等教育毛入学率达到51.6%[2]，这标志我国已经进入高等教育普及化阶段。到2020年，全国普通高等学校本科及专科在校生规模已达3285.29万人，高等教育毛入学率为54.4%[3]。在校生规模的迅速增大给教师的教育教学工作带来了很多新的问题，如教学工作变得繁重，重复授课次数增

---

[1] 教育部.1998年全国教育事业发展统计公报[EB/OL].http://www.moe.gov.cn/s78/A03/ghs_left/s182/moe_633/tnull_842.html.

[2] 教育部.中国教育概况——2019年全国教育事业发展统计公报[EB/OL].http://www.moe.gov.cn/jyb_sjzl/sjzl_fztjgb/202005/t20200520_456751.html.

[3] 2020年全国教育事业统计主要结果[EB/OL].http://www.moe.gov.cn/jyb_xwfb/gzdt_gzdt/s5987/202103/t20210301_516062.html.

加，学生的素质基础、教育需求和个性更加多样化，师生间的有效沟通和教师对学生指导的难度增大，师生关系变得相对松散。这对大学教师的学生观、敬业精神等带来冲击，教师敷衍上课、"水课"、疏于指导学生等现象的出现就是这种道德冲击的直接结果之一。

第二，教育目标改变带来的道德挑战。

在大众化阶段，高等教育日益向普通民众展开，其目标发生转变，由培养政府和学术中的精英人才即掌握高深知识并纯粹崇尚知识的人，转向培养掌握专业化知识的社会人才，高等教育的价值取向由"求真"转向"求用"。这一转变与知识价值观的变化是相伴而生的。在高等教育属于稀缺资源的社会背景下，知识具有身份、地位的象征意义，所以培养学生以"闲逸的好奇"精神探索、创新知识，追求"不受价值影响"的崇尚真理的品质和能力，是高等教育的重要目标。但是当高等教育进入大众化阶段后，其选拔和标签作用开始弱化。知识的工具价值或实用价值逐渐凸显，人们越来越期待通过高等教育提升个人的社会生存与发展能力，改变和提升个人的生活境遇与质量。对学生而言，生存所需或谋职所需日益成为学习的主要动因，知识素养的提高退居其次。于是，如何应对或协调高等教育的学术旨趣与职业取向之间的关系，如何在教学中整合高等教育的本体价值和工具价值，成为教师面临的重要问题，这对教师的职业观、教学观等提出了挑战。

此外，大众化在使高等教育为民众创造更多平等的发展机会的同时，个体的发展需求和个性也得到了更多尊重。"与精英高等教育维护特别利益的旨趣相对，大众高等教育价值观的核心是普遍尊重个性，并把个性的充分实现作为高等教育体系的内在追求。"[1]这需要教师在教育教学价值观、学生观和教育教学行为方面积极作出调整。

第三，教师角色转变带来的道德挑战。

在精英阶段，教师的身份、地位及知识本身都具有神圣性，但在大众化

---

[1] 王洪才. 大众高等教育论：高等教育大众化的文化—个性向度研究 [M]. 广州：广东教育出版社，2004：2.

阶段，随着知识价值观、高等教育的发展取向和教学目标转向"求用"，知识的纯粹理智性和圣洁性开始弱化。于是，教师角色出现了"去圣化"，在教学中，教师不再是高高在上的具有神秘感的知识权威，而是成为教学服务的提供者[1]，即教师成为学生学习需求的诊断者和满足者，学习方法和内容的指导者、引导者。教学应是师生间平等、民主、互动的交往过程，学生的个性、需求、主体性等应得到尊重和激发，这给传统意义上的"师道尊严"的师生观、教学观和师生交往观与交往方式都带来了挑战。大学教师需要转变传统的角色观念，正确定位自身的教学角色和教学责任，构建合理的师生关系。

（二）研究型大学的发展对师德的挑战

现代大学的研究职能是由德国学者威廉·冯·洪堡（Wilhelm von Humboldt）提出的，他认为大学应该成为一个从事学术研究的场所，教师应该担负研究职责，产生新知识、新思想、新文化和新技术，也为学生提供参与学术研究的机会，为培养未来致力于学术研究的科学人才而服务。研究职能的出现对现代大学的发展产生了深远影响，既丰富了大学作为高深知识场所的内涵——发现与传播高深知识，也提升了现代大学在知识创新中的作用。第二次世界大战（以下简称"二战"）后，很多国家为大学提供科研经费资助和项目支持，各大学也将科学研究水平作为教师聘任和职务晋升的重要依据之一。"在美国的某些一流大学里，对于研究的奖励开始超过教学尤其是本科教学所得到的奖励。"[2]当然，这与国家间的科技、经济发展需求和竞争紧密相关。20世纪90年代，随着知识经济的到来，大学的研究职能更加受到重视。新世纪以来，我国大学的研究职能迅速得到关注并被不断提升和强化，研究型大学逐渐成为大学新的发展趋向。各地大学纷纷探索转型之路，从教学型大学转向研究型大学或教学研究型大学。

---

1 项贤明.大众化过程中大学教学理念的变革[J].高等教育研究，2004（1）：75–79.
2 〔美〕爱德华·希尔斯.教师的道与德[M].徐弢，李思凡，姚丹，译.北京：北京大学出版社，2010：28.

研究型大学被认为是高水平大学的象征，开展科学研究本身也是大学教师的重要职责和职业生活方式，而且教学与科研并不冲突，科学研究恰恰有助于提升教学质量，因为有研究，才有思想的更新与完善，才能更好地传授高深知识，启迪学生的思想。但是，研究型大学的发展却走向了功利化道路——量化科研，科研成果的数量、等级、影响力等成为官方评估大学教育质量和师资水平的重量级标尺，成为大学竞争的核心指标。"不发表，就死亡"的科研动力成为研究型大学教师的主要生存状态，大学教师日益成为"发表成果"的学者。这种量化科研、科研功利化的取向不仅对教师的学术研究道德、学者品格和自律构成了挑战，而且对教师的教学、学生指导等工作形成冲击或排挤，教师的教学责任、育人职责受到干扰。

（三）社会服务职能的扩大对师德的挑战

自威斯康星思想被提出后，大学的社会服务职能——"大学凭常规的学术功能，通过教学项目、科学研究和技术援助等手段承担着满足社会需求的重要职责"[1]得到认可。教师走出去，以知识服务社会，促使大学打开了象牙塔的大门。20世纪50年代后，随着科技的迅猛发展，大学参与社会服务的实践活动骤增，美国硅谷的出现实现了产学研一体化，形成了大学发挥社会服务职能的新模式，加快了大学服务社会的步伐。在社会服务职能的初期，有人批评大学过于讲求实用，过于"适应"社会，但今天社会的发展日益离不开大学的积极参与和睿智贡献，普通民众也日益需要大学为他们提供再教育的机会、条件和资源等。于是，为满足社会和公众的需要，大学不仅要求教师走出去，而且为提升服务质量成立了相应的教育机构，设置了相应的人员。在我国，改革开放后，大学的社会服务职能迅速发展起来，从政府委托大学教师开展项目研究，为社会的发展献力献策，到企业主动到高校寻找合作专家寻求咨询、指导，再到大学教师主动与企业进行横向合作，以及为社

---

1 〔美〕德里克·博克. 走出象牙塔——现代大学的社会责任[M]. 徐小洲，陈军，译. 杭州：浙江教育出版社，2001：12.

会提供各种文化普及、教育培训等服务，社会服务职能已经在大学教师的职业生活中不断扩展。

"大学要走出围墙，把大学的知识和技术优势推向社会，传播于社会，让大学中的专家、学生直接参与当地的农业生产，实现大学与社区、社会的一体化。"[1]在这一过程中，功利化取向、市场化思维逐渐兴起，用物质利益衡量知识的价值，用知识换取物质利益，成为教师参与社会服务的隐性逻辑链条。学术与服务、知识与金钱、利益与义务、道德与法制、诚信与失信等诸多问题开始显现。换句话说，社会服务关联了多种利益关系，充斥了多重伦理选择困境，这对师德构成了极大挑战。同时，现代化进程必然把大学从经济舞台的幕后推向前台。随着社会服务职能的扩展，大学教师可能逐渐从纯粹追求真理的学术人成为沾染人间烟火的普通人，"普通职业中的一种职业"或将成为不少教师的职业观，这对大学教师的职业认同和职业情感也构成了不容小觑的冲击。

事实上，当今大学教师面临的师德挑战远不止上述论及的三个方面，它们只是最浓缩、最显而易见的。在当今信息化、科技化、全球化等一系列浪潮的冲击下，高等教育改革的步伐大大加快，从理念、体制、模式到目标、内容、方式等诸多方面的改革呈现出"你方唱罢我登场"的态势，在这一过程中，师德的挑战是始终伴随的。可以说，任何高等教育的进步与发展都对大学教师的师德构成新的挑战，提出新的诉求。

二、时代发展中我国大学教师师德问题缩影

随着时代和高等教育新形势的发展，大学教师面临的道德挑战日益增多，师德意识淡化、价值引导职责淡忘、学术人格魅力弱化等失范问题逐渐暴露。

---

1 张应强.高等教育现代化的反思与建构[M].哈尔滨：黑龙江教育出版社，2000：157.

（一）师德意识淡化

大学教师是学者，更是师者，二者一体共存。但在量化科研的生存竞争氛围中，师者的职责日益被挤压，师者意识被压制，师德意识随之淡化。在一些教师心中，师德仅是一道防线，只要不出现违规行为，只要不越过这道防线，就可以在师德上高枕无忧。这种"底线师德观"歪曲了师德的价值，更削弱了教师的师德修养意识，出现了一些违背"为人师表"的行为。

同时，崇高的职业理想在教师的职业生涯中渐渐褪色。"桃李满天下"不再是教师的职业追求，学生的成长和发展很少使教师欣喜、备受鼓舞。教师更关心的是职业的生存意义，从讲师到教授的递升，不再仅仅表明教师修养的提升和对更高职业价值的追求，而是隐藏了对扩大化的利益、资源、权力等的欲求。曾有教师将大学教师的处境划分为金字塔式的六个层次，处于底端的是仅会讲课的教师，认为"大学教师全心投入教学是种毁灭"，并将努力走向顶端即成为"学霸"和担任行政职务视为奋斗目标。[1] 此说法虽有不当之处，但着实道出了当前一些教师的职业心态与状态。

（二）教学责任意识弱化

教学责任意识是师者意识的首要表现。对教学负责表现为爱岗敬业和努力追求卓越。但面对学生规模的扩大和科研压力的增大，大学教师的爱岗敬业精神受到了冲击。对教学谈不上喜爱，对教学过程谈不上激情与投入，相反，不得不完成的心理则占据主导。教学越来越变成一个"鸡肋"，丢之不得，食之无味。敬心地对待教学，精心地设计教学，全情地投入教学，被看作是费力不讨好且得不偿失的事，于是不用心教学、应付教学的行为多有发生。

对教学失去敬业之情，教师也会缺少追求教学卓越的意识。"卓越"期待不断完善，拒绝僵化，寻求创新。但是一些大学教师认为，只有学术才有创

---

[1] 副教授"善意提醒"：教师全心教学是种毁灭 [EB/OL]. http://3g.163.com/edu/article/74NP9N9R00293L7F.html.

新与卓越，教学本就是一种传授，于是形成了一种安稳的教学适应状态，长年累月地重复一套知识体系，习惯一种教学方式，甚至练就了一套自说自话的授课风格。对于新的学术发展、教学理念、教学方法等不屑一顾，对学生的需求、反馈等视而不见。教学失去学术性、多样性，课堂失去活力和生机。

（三）价值引导职责被淡忘

育人，即立德树人是教师的重要职责和使命，价值引导是这一职责的核心表达，但大学教育具有学术性和专业性的特征，尤其在现代管理的高校中有专门负责学生思想工作的教师，所以一些教师形成了一种观念——大学教师只负责教学，负责培养学生的专业素养，这使他们忽视了对学生的积极价值引导。在教学中，他们习惯关注专业知识和技能，忽视其背后的价值寓意，忽视人生观、知识伦理、职业伦理的引导。在学生指导上，他们缺乏对学生良好行为习惯和人格发展的关心，甚至对学生的不良行为不闻不问，更多关心的是安排给学生的作业、课题任务是否完成。而且当今教育在整体上出现了功利化取向，受此影响，高等教育大众化、科研量化的发展趋向使高深知识的德性教化价值被搁置，这导致价值引导职责更加被教师淡忘。

忽视言论的社会道义也是教师价值引导职责淡化的一种表现。2011年，某大学教师在课堂上批评迟到学生的"炫富"之辞，在网络上引起热议，批评集中于其言论传递了消极的价值影响。在课堂教学及与学生交流中，一些教师也存在不客观、不公正地表达学术观点，情绪化地进行批判、评论的行为。这既有违教学伦理，也有违教师应有的道德义务。

（四）学生的利益被侵害

美国学者莱斯·布朗（Les Brown）在分析教育的道德性时指出："它（指教育）是道德的，因为作为一个持续不断的活动，它包含着对他人利益的实践关怀。"[1]在教育世界中，关怀学生的利益是教育伦理性的根本表

---

[1] Les Brown. *Justice Morality and Education: A New Focus in Ethics in Education* [M]. London: Macmillan Publishers Limited, 1985: 70.

现，但现今学生的利益却遭遇被侵害的风险。首先，学生的利益被敷衍。在规模增大、教学被挤压的处境中，学生的地位和利益被忽视，他们更多地被看作是教师工作的对象，是工作的必要部分而已，而不是学术共同体中的成员，不是教学共同体中的共在者。于是在教学中，不用心准备、敷衍上课、不批改学生作业、随意打分、不认真指导学生学业、过分宽容学生课堂上的不良行为等现象增多。"我上我的课，你忙你的事"，相安无事，似乎成了今天大学师生之间的一种默许状态。其次，学生的利益被攫取。从学术共同体的角度而言，师生共同进行学术研究是推进学生学习和发展的有效方式，但在科研功利化主导下，学生参与学术研究或进行"做中学"被异化为学生为教师做项目、做课题等，成果被教师占有，教师支付一定的薪酬，这就是"老板式"的师生关系。在"老板式"的师生关系中，师生间更像是领导和员工的上下级关系，是一种利益交换关系，而非教育关系。在所谓的"做中学"中，教师对学生缺乏基于学业发展规划的系统性指导，即便有指导，也多是出于项目或课题的需要，学生的专业成长被忽视，学生的利益被攫取。2004年，某大学博士生导师被9名博士生联名"罢免"的事件，就深刻地反映了这一问题。

（五）学者的人格魅力弱化

学者有学者的品格，他们对学术研究和社会发展担负积极的示范和推动作用，但近年来，大学教师的学者形象和人格魅力却受到了冲击，主要表现为学术不端行为和走穴之风的出现。

首先，学术不端行为屡屡发生。受量化科研及科研功利化的共同作用，高校教师的学术研究越来越偏离学术诚信的轨道，学术不端事件屡屡发生。从学术抄袭、剽窃到学术伪造，从一稿多投到非参与式挂名，从一人造假到合作造假，从普通教师到有名望的教授、博士生导师，甚至校长等，学术不端之风越演越烈，而且从国内伸向了国际。量化的科研产出带来的是堪忧的成果质量。据统计，在2008—2018年（截至2018年10月），我国科技人员共发表的国际论文排居世界第2位[1]，但同时近年来我国学者的被撤稿数量逐年增加，从2012年的154篇、2015年的348篇，到2019年猛增到481篇，截至2020年7月30日，已有338篇被撤稿。[2] 学术不端问题极大地影响了大学教师的职业声誉，对学术研究事业的健康发展和学生品德的发展都造成了不良影响。

其次，"走穴"之风兴起。"走穴"指在本职工作之外捞取外快的行为。以专长服务社会本是大学教师的重要职责，但在社会服务的保护伞下，大学教师却成为走穴大军中的一员，外出授课、作报告、编写教材、入伙投资、设立公司、成果转化、兼职客座教授等，用知识和名气博取钱财，于是大学教师有了另一种称呼——"学术商人"。由于以追求私利为首要目的，走穴不仅冲击了大学教师的本职工作，而且诱使其出现了有违服务伦理的行为，严重损害了学者的品格和声誉。

第三节　从职业道德到专业伦理：大学教师专业伦理的内涵与意义

中华人民共和国成立后的很长一段时间里，我国并没有针对大学教师的师德提出明确的规范要求，很大程度上是套用中小学教师的师德。而且受传统社会对读书人必定具有良好德行的观念影响，人们习惯性地认为大学教师作为掌握高深知识的学者和专家，其职业道德也必定较高。换句话说，大学教师的师德主要依靠教师自己的职业认知和道德自律，一定意义上，高校师德及其建设在较长时间内处于隐匿或缺少专业化建设的状态中。但在当今时代，大学教师已处于复杂的伦理境遇中，社会、国家、学生、大学对师德的

---

[1] 中国SCI论文连续9年世界第二，高校占比80%以上[EB/OL]. https://www.sohu.com/a/320602628_773043.

[2] 中国SCI论文撤稿占世界44%，撤稿数量创历史最高！[EB/OL]. https://new.qq.com/omn/20200801/20200801A00BBC00.html.

诉求日益增长，应对挑战与诉求，教师个体朦胧的师德意识和经验化的师德认知显然已变得乏力，这需要我们重视并研究大学教师的师德问题，建构大学教师的专业伦理体系。

一、从教师职业道德到教师专业伦理

在社会生活中，职业无处不见，它既是人们在社会中生存的手段，也是对"人们的生活方式、经济状况、文化水平、行为模式、思想情操、道德品质的一种综合性反映"[1]。在职业活动中，从业者除了要具备职业知识、技能、观念等外，还必须遵守各自的职业道德。任何职业都有自己的职业道德，正如恩格斯所说："每一个阶级，甚至每一个行业，都各有各的道德。"[2]

职业道德通常指从业人员在职业活动中应遵守的用于调整一定职业关系的行为准则和规范。在这一词语出现之前，人们在职业活动中已经朴素地认识到从业者要遵守一定的行为规范，以确保职业活动的良好运行，如商业活动中的童叟无欺、不缺斤少两、不以次充好等。这是因为从事职业活动意味着从业者与服务对象建立了一种权责关系，这就对从业者的行为构成了相应的要求。此时人们一般使用"行规""行业操守"等来表达"职业道德"。随着职业分工的不断细化，从业者承担的社会角色日益凸现并多样化，这促使社会对从业者的行为有了更清晰、更明确的认识和要求。同时，从业者越来越需要经过专门的教育或培训，"职业道德"一词逐渐作为对从业者职业行为规范的整体性概括出现，并被视为一种重要的职业素养，而之前那些具体的行为要求被提升为职业道德品质，如诚信。

"职业道德"一词的出现强化了社会对从业者良好职业行为的认识和规

---

1 钱焕琦.高等学校教师职业道德概论［M］.南京：南京师范大学出版社，2006：14.
2 中共中央马克思恩格斯列宁斯大林著作编译局.马克思恩格斯选集（第4卷）［M］.北京：人民出版社，1974：236.

定，完善了从业者的素养结构，促使其加强了道德自律，提升了职业的服务质量。随着职业专业化程度的日益提升，一些专门性职业出现，在职业的范畴内分化出了职业、准专业和专业。基于对"专业"标准的认识，人们对专业性职业人员的职业道德有了更加独特或者说更加严格的要求，在西方逐渐出现了"专业伦理"。在西方的教师专业化运动中，教师职业日益被认可为一门专门性职业，于是对"教师专业伦理"有了新的认识和诉求。

师德，教师职业道德的简称。一直以来，不论是理论界还是实践界，都已经习惯此种说法。但自20世纪中叶之后，世界范围内的教育在规模、理念、目标、路径、课程教学等方面出现了前所未有的变化，教师的素质需要随之更新与完善。职业道德作为教师素养的地基和灯塔，也需要更新与提升，这涉及的不仅是内容体系的完善，而且是发展方向或定位的调整，这就要从强调"职业道德"转向强调"专业伦理"，即教师的职业道德需要走向专业伦理。其中原因很多，这里我们主要强调三点。

第一，教师专业化已成为教师发展的必然趋势。

"专业"（profession）是专业性职业的简称，在《韦氏词典》中，"profession"的解释是"a calling requiring specialized knowledge and often long and intensive academic preparation"，即一种需要专门知识并且需要经过长期且集中的学术准备的职业。二战后，受结构功能主义理论的影响，职业社会学家提出了"专业"的特质要求，即专业"结构"，以此来推动专业"功能"的实现。这些特质要求包括：①专业活动具有不可或缺的社会功能；②拥有一套专门化的知识和技能体系；③需要长时间的专门训练；④拥有较高的专业自主权和强大的专业组织；⑤确立一套用以制约专业人员行为的专业伦理规范；⑥享有较高的社会地位和报酬。[1]可见，专业是指一群经过长期的专门教育或训练的人以高深的专业知识、技能和特有的伦理规范，从事旨在提供专门性社会服务的职业，在此过程中，从业者获得较高的报酬和社

---

[1] 教育部师范教育司. 教师专业化的理论与实践 [M]. 北京：人民教育出版社，2001：14–17.

会地位。

20世纪50年代，西方一些国家提出了教师专业化的诉求，希望社会将教师看作像医生、律师等的专业人员，以获得较高的社会待遇和地位，改善不良的生存境况。之后，教师专业化由关注外部转向关注内部[1]，即由关注外部处境的改善和社会对其专业地位的承认转向关注教师专业素养的提高。这促使教师专业化逐渐成为世界范围内的教师发展和教师教育改革的主流趋向。简单来说，教师专业化是教师职业作为准专业发展成为一门专业性职业的过程，包括个体成长为专业型教师的过程，后者通常被称为"教师专业发展"。20世纪末期以来，教师专业化日益成为我国教师教育改革的主导理念，基于此，我国开展了一系列改革，如实行教师资格证制度，提高教师教育层次，创新教师教育模式，颁布教师专业标准，制定系统的教师教育课程等。但改革较多地聚焦在教师的教学专业素养上，即教学专业知识与能力方面，忽视了专业伦理的建设。专业对专业伦理有独特的规定，因为专业伦理是基于专业理念、责任与能力之上的，而职业道德具有较多经验化认知的成分。专业伦理是专业的重要标准之一，是教师专业化的重要内容。我国一直很重视教师职业道德，但在教师专业化的理念下，在教师职业努力发展成为专业的道路上，教师职业道德需要转向专业伦理，正如北京师范大学檀传宝教授所说："由一般性的教师'职业道德'向专业特征更为明显的教师（或教育）'专业道德'的方向观念转移实际上是经验型教师向专业型教师转变的一个重要方面。"[2]

第二，专业伦理是专业的内在规定。

由于专业与职业的区别，"专业伦理"在一定程度上是有别于"职业道德"的。换言之，"专业"本身的内涵或规定性对专业伦理区别于职业道德作出了说明。学者库尔奈鲁德（Colnerud）指出，在研究和推进教师专业

---

[1] 叶澜，白益民，王枬，等.教师角色与教师专业发展新探[M].北京：教育科学出版社，2001：203.

[2] 檀传宝.论教师"职业道德"向"专业道德"的观念转移[J].教育研究，2005（1）：48–51.

伦理的过程中，必须明确教师专业与其他专业的不同。[1] 专业伦理与职业道德的区别主要在于以下几方面。

首先，出发点不同。"职业"是人的一种必要的社会生存手段，借助职业人们获得基本的生活资料，推进社会化并实现人的社会价值，因而职业道德往往首先关联或承载的是职业生存所得。换句话说，职业道德的出发点是职业身份的确立，也就是从业者通过职业道德取得职业劳动与职业所得之间的平衡关系，从而确保自己的岗位或工作稳定，所以职业道德很大意义上具有手段价值。相比而言，由于"专业主要供人从事于为他人服务而不是从业者单纯的谋生工具""从业者获得经济回报不是衡量他（她）职业成功的主要标准"[2]，因而专业伦理的出发点不是职业所得，而是专业人员所承担的社会责任。"责任"超越了"职责"所意味的工作任务层面，表达了对一系列与角色相匹配的应当行为的认可。正是在这一意义上，"责任"使专业超越了谋生工具的意义层面。责任作为专业伦理的出发点也实现了伦理对从业者专业发展的关注，这使专业伦理对于专业者更具有本体价值或目的性价值。

其次，对自律精神的诉求不同。专业人员拥有专业自主权，在专业工作中可以自主地进行判断和选择，所以专业伦理不仅规范专业人员的从业行为，而且规范其专业自主权的使用，也就是说，"这种自主和权力关系需要专业伦理来加以规限和平衡，强化教师的自律来保障学生的权益"[3]。这决定了专业伦理具有较强的道德自律性或包含较高的自律精神，这种自律主要来自深刻的专业认知、价值认同和职业信念，这往往凝结为专业伦理精神。正因如此，专业伦理具有理性基础或专业伦理规范是有理性依据的，它源于专业的使命与目的、专业人员的劳动特点、伦理关系的类型与特征、专业角色与责任等。但职业由于缺乏自主权，所以职业道德虽然具有自觉性，但职业

---

1 Gunnel Colnerud. Teacher Ethics as a Research Problem: Syntheses Achieved and New Issues [J].Teachers and Teaching Theory and Practice，2006(3): 365–385.

2 赵康.专业、专业属性及判断成熟专业的六条标准——一个社会角度的分析[J].社会学研究，2000（5）: 32–41.

3 宋雏.教师专业伦理之辩证[J].湖南师范大学教育科学学报，2009（6）: 9–12.

人道德自律的表现不及在专业伦理中的体现。

再次，伦理实现的支撑条件不同。职业道德是人们在职业发展过程中基于长期的经验积累提炼出来的一系列行为规范，践行职业道德在很多情况下可以不需要专门的理论认知，而是依靠职业人的经验认知，这就导致职业人对职业道德的认知中往往含有较多个人道德修养的迁移成分。而且职业道德存在套用一般伦理规范的问题，所以虽然不同职业有不同的职业道德，但特定职业的特征在职业道德中表现得不是很明显，职业道德规范相对模糊、宽泛。不同的是，专业伦理反映的是专业人员在处理专业工作或事务中的行为表现问题，它不仅内含专业认知、价值理念，而且诉诸专业知识与能力，就是说专业伦理作为一个复杂的伦理体系是以专业理念、知识和能力为支撑的，所以专业伦理规范是较为明确具体的，具有不同专业的独特之处。

总之，专业伦理包含从业者对专业工作的深刻且专门的认知，并且贯穿了专业伦理精神，是需要专业人员运用专业知识和能力完成的。换句话说，专业伦理是突破了一般经验认知的规范体系，是建立在对专业劳动的性质、特点、责任等理性分析基础上的规范与原则体系。因此，专业伦理是"专业"的重要构成要件，或者说"专业"本身即内含深刻的伦理属性。教师专业化的发展推动了教师职业走向专业，也推动了对教师职业道德的概念反思和对专业伦理的认知，专业伦理建设应该成为大学教师职业道德发展的重要趋向。

第三，专业伦理有助于提升大学教师的伦理意识。

大学肩负教学、科学研究、社会服务和传递文化的重要职责和使命，相比于中小学教师，大学教师的职业道德范围或关联的伦理关系更加多样，而且大学教师是学者和师者的统一体，他们处理伦理关系时可能遭遇的难题会更加复杂，这需要教师必须有非常清晰的师德意识，更需要有伦理智慧。或者说，专业伦理必须建立在深刻的专业认知上，大学教师需要把握大学教育工作及专业伦理的独特之处。这在当今复杂的高等教育发展环境和大学教师所身处的复杂教育伦理关系的境遇中是非常必要和重要的。然而，职业道德通常是从教师职业行为入手的，往往忽略对职业性质及职业劳动特点的反映。这就容易出现陈桂生先生所指出的问题：我国长期囿于"师德"视野，忽视"习俗道德"与"伦理道德"之分、"道德规范"与"行政规范"（纪律）之分，故所列教师道德规范不得要领。[1] 同时，"职业道德往往更具有基于外部评价下的被动的职业操守自律特征，与教师的工作、发展结合度相对较低"[2]，而专业伦理与教师的专业发展紧密结合，它不是教师工作的外在规范手段，而是教师专业生活尤其是自我发展的内在要素。也就是说，专业伦理与教师自我发展紧密捆绑在一起，专业伦理变成了教师专业发展的内在需求，并发挥内在激励作用，在很大程度上能够推动教师产生发自内心的"道德自觉"。

因此，由职业道德转向专业伦理，有助于提升教师职业的自觉伦理需求，提升大学教师的伦理意识和自律意识。这对于克服传统的师德认识误区，更好地推动大学教师自觉进行师德修养，是非常有意义的。正如拉韦特（Lovat）所说，教师专业伦理的建设绝对能增进教师职业的专业性。从内在的专业行为和从对公众服务的伦理法律责任来看，它既标志着教师"专业"的成熟，又能使其迈入高地位的专业行列。[3]

二、大学教师专业伦理的内涵

（一）有关"教师专业伦理"内涵的现有研究

目前，关于"教师专业伦理"的内涵，学者们已经展开了不少研究，主要集中在以下几种说法上。一种是由于教师专业伦理是在教师专业化运动

---

[1] 陈桂生. 教师伦理价值——规范体系刍议 [J]. 中国教师，2008（21）：12–16.

[2] 陆道坤，张芬芬. 论教师专业道德——从概念界定到特征分析 [J]. 教师教育研究，2016（3）：7–12.

[3] Campbell Elizabeth. *Professional Ethics in Teaching: Towards the Development of a Code of Practice* [J]. Cambridge Journal of Education, 2000(2): 203–221.

中应运而起的，从职业道德到专业伦理的转换，强调了教师的"专业性"，因此这种说法集中在教师专业伦理的"专业性"上。另外，有学者认为，教师专业伦理是"教师在其专业化的现实状况下所必须具有的伦理特性，是教师作为一种专门职业的特殊道德要求和准则"[1]。一些学者从"伦理"与"道德"的不同内涵出发，认为"伦理"侧重的是社会规则，不仅表达的是个体行为应该如何的规范，还涉及行为事实如何的规律，因此"专业伦理"的说法既有助于观照"教师专业"的事实规律，也有助于观照教师个体的道德行为。基于此，有学者指出，"教师专业伦理"是"在以教学工作为核心的专业领域内，教师与同事、学生、家长及其他相关主体在进行专业交往时表现出的行为事实如何的规律与应该如何的规范"[2]。还有一种是从强调教师作为专业人员所具有的专业自主权和专业自律的角度界定教师专业伦理，如有学者认为，教师专业伦理是指"履行教育教学职责的专业人员共同拥有和必须遵守的、有利于促进教育者自身和受教育者全面健康发展的、有利于促进社会和谐发展的专业精神和专业规范的总和"[3]。

上述三种定义方式基本涵盖了当前研究者们对"教师专业伦理"内涵理解的三种角度：强调教师职业的专业性，强调伦理与道德的区别，强调教师的专业自律。实际上，如果仔细品味，不难发现，这三种定义的出发点是有相同之处的，它们都侧重强调教师专业伦理不再局限于教师个体的道德行为规范，强调从教师专业的整体特点角度建构教师专业伦理，凸显教师专业伦理的专业性特点。换句话说，把握"专业"对"专业伦理"的独特要求将决定对"专业伦理"内涵的理解。

（二）本书对"教师专业伦理"内涵的界定

传统意义上，职业道德受到"道德"概念的影响，采取的是"关系说"的界定方式，即由于道德通常被理解为"调整人与他人、社会和自我的一系

---

[1] 王有兰，曾子桐. 教师专业伦理的失落与重塑 [J]. 教育学术月刊，2010（12）: 80–81.
[2] 孙碧菡. 教师专业伦理：概念、内容及其意义 [J]. 教师教育学报，2014（6）: 18–23.
[3] 罗昂. 教师专业伦理的内涵与持续发展 [J]. 中国德育，2008（4）: 22–25.

列行为规范",所以"职业道德"多被界定为"人们在职业活动中调整一定职业关系的行为规范"。这里的"职业关系"涉及从业者与服务对象、从业者与本职工作、从业者之间等。在传统的职业道德定义中,对职业人的职业角色、责任等的凸显不明显。相比于职业,如前面所指出的,专业在社会上发挥非常重要的功能,需要专门的知识和技能,其从业者拥有较高的专业自主权,而且专业不以营利为目的,而以服务为动机。这表明专业人员的职业角色不仅具有专业性,而且具有公共性特征,即公共服务的成分较强,对教师职业而言更是如此。因而,专业所承担的社会责任就更大,因为角色与责任是相互对应的,进而社会给予一项专业工作和专业人员的道德期待也就更高,这就是一种专业性职业和专业人员的行为在社会领域中具有更大的道德象征意义的原因所在。

总之,"专业"非常强调专业人员在专业活动中所扮演的角色和担负的社会责任,事实上,"职业责任是专业控制问题的核心"[1],因此这就为定义"专业伦理"提供了一种新的思路:从"关系"的视角转向"专业责任"的角度定义"专业伦理"。这种定义出发点能凸显"专业伦理"的独特之处,因为教师在教育教学中承担的道德责任与一般职业人在职业活动中承担的责任是明显不同的,这决定了教师在处理各种教育人际关系时的行为方式和规范。学者芬斯特马赫(Fenstermacher)认为,考察教师专业与其他专业表达其道德责任的方式,是教师专业伦理研究的逻辑起点。[2] 而且,这种转化还有助于更好地从整体上如教育目的的道德性、教学伦理等方面把握"专业伦理",拓宽对"专业伦理"的理解,而不会仅仅局限于"行为规则或规范"维度,因为"责任"向上关联对"专业"的整体认知,向下关联行为的具体操作或规则,促使"专业伦理"成为一个具有层次性的整体。

基于上述分析,本书认为教师专业伦理是指教师作为专业人员在从事

---

[1] 〔美〕约翰·I·古德莱德,罗杰·索德,肯尼思·A·斯罗特尼克. 提升教师的教育境界:教学的道德尺度[M]. 汪菊,译. 北京:教育科学出版社,2012:186.
[2] 王丽佳,洪洁. 解读"教师专业伦理"[J]. 湖南师范大学教育科学学报,2009(6):22-24.

教育教学活动中为了更好地履行所担负的教育责任而自觉遵守的伦理准则及与之相应的观念、情感和行为品质等。相比于职业道德的概念，这个概念的两个不同处在于"专业人员""教育责任"。"专业人员"不仅承认了教师作为专业人员的身份，而且要求教师要以专业人员的知识和能力，从有效发挥专业自主权的角度认识、践行专业伦理。"教育责任"是对教师专业伦理要求的整体和核心把握。"职责"与"责任"有相同之处，但不同之处也存在："职责"倾向于表征工作任务或内容，而"责任"则更体现了发自内心地对教师职责神圣性的理解和自觉内化，而且"责任"基于角色更能具体化为教师在不同专业工作领域中的道德行为。因此，虽然教师的基本职责是教书育人，但在"责任"的维度上，"教书育人"所内含的深意远不止"教书""育人"两项工作，整体上它是对教师专业具有内在伦理规定性的定位。

此外，教师专业伦理以教师专业责任为核心，既表明对教师专业的使命、目的、本质特征，甚至专业人员的角色等的把握，也表明教师专业伦理中蕴含的专业精神。专业精神体现了一种专业的整体特质及对专业人员整体行为表现的要求，是对专业人员整体面貌的概括，更是对专业伦理准则的统领，或者说专业精神是伦理准则的灵魂和根本，它使准则有了立论根基。

三、建构大学教师专业伦理的意义

不言而喻，职业道德对职业发挥重要的价值，这里不再累述职业道德的一般意义，而是从教师专业伦理的角度分析建构大学教师专业伦理对大学教师的伦理素养和大学教师职业所发挥的作用。

（一）保持对专业工作的整体认知，坚守大学教育使命

任何职业人都应该清楚自己职业的任务、目的，也就是要有清晰的职业观，大学教师同样如此，这也是专业人员必备的素养之一。大学教育不同于中小学教育，它以高深知识为基础，以培养具有综合的科学与人文素养、批判能力、独立人格和社会责任感的人为使命。大学如果偏离了这项使命，大

学则难为大学。大学教育的使命集中凝结在大学精神上。在高等教育的发展中，大学精神成为始终维系大学生存与发展的命脉和根基，也成为反思、衡量大学教育是否出现偏颇的重要依据。当今大学教育虽然取得了飞速进步，但面临的挑战和困难依然众多，如何在日益复杂的社会发展环境中依然坚守初心，不忘使命，是大学教育发展的关键。这既是时代发展对大学提出的要求，也是大学教师专业伦理发展的重要内容。

专业伦理的基础在于"专业"对"伦理"作出的诸多规定，因此专业伦理形成的重要前提是专业人员对"专业"的理性认知，这包括教师的专业价值观、教育价值观、教育目的观等，尤其是对大学教育使命的认识与理解，因为对教育使命的理解与教师的专业精神是一体的。传统的职业道德思维或视野容易使教师过于关注个体教育教学行为的道德性，而忽视自身作为专业人员对于专业工作性质、使命等的整体且深刻的认识，进而容易在日常工作中迷失了对专业工作发展方向、理念和目的的把握。只有基于"专业"的认知，才能对专业精神有所领悟和认同，才能真正实现对大学教育使命的坚守和践行。从这点上说，教师专业伦理比职业道德更能帮助教师认识、理解所从事的工作和所担负的责任，更能实现对专业的深刻认同。专业认同是教师专业伦理的重要起点。所以，建构大学教师专业伦理有助于引导教师从专业的视角、整体的视野审视专业工作的伦理诉求和规定，从根本上坚守大学教师的职业使命，保持对大学精神的清晰认知和自觉反思。这既有助于维护大学的品格，也能促使教师更好地服务学生。

（二）提升对教育伦理性的敬畏与自觉，增强伦理反思意识

王海明教授在《伦理学原理》中指出，"伦理是整体，其涵义有二：人及行为世事如何的规律及其应该如何的规范；道德是部分，其涵义有一：人际行为应该如何的规范"[1]。也就是说，道德是行为应该如何的问题，而伦理除了包含人际行为应该如何的问题外，还涉及"合理性"问题，即道德规则

---

[1] 王海明.伦理学原理［M］.北京：北京大学出版社，2001：66.

的理论依据问题。从道德转向伦理，基于这种认识建构教师专业伦理，自然涉及两个方面，一是教师教育教学中的道德行为，二是教育教学中道德行为的依据，后者关涉了一个更高层面的问题，即教育伦理问题。教育伦理是一个比教师伦理更大的概念，它解决的是教育的善恶问题，不仅涉及教师个体教育教学行为的善恶问题，还涉及教育活动自身的善恶，如价值定位、目标设计，以及教育世界中构成的相关合理性问题如教育制度的德性问题等。所以，教育伦理关乎教育的道德性，甚至可以说教育伦理是决定教育能否合乎自身价值属性的问题。

教育是具有伦理性的，它充满道德意蕴，缺少道德的教育不是真正意义上的教育。著名教育学家约翰·杜威（John Dewey）很早就指出了这一点，他的《教育中的道德原理》被认为是教育伦理学的重要著作。近代英国哲学家理查德·斯坦利·彼得斯（Richard Stanley Peters）也对教育的伦理性作了系统分析，提出了教育的伦理标准。教育伦理已经成为教育界的重要研究领域，教育的伦理性也被认为是衡量教育合理发展的重要指标之一。但以往教师较少关注到这一问题，也较少从伦理的角度对不合理的教育教学价值取向、课程内容取向、教学与评价方式、管理制度等进行反思。教师专业伦理立足于对教育教学活动专业性的认知，因而它将促使教师不仅关注自身的道德行为，而且将视野放大到整个教育活动上，促使教师深刻地认识教育的伦理属性，将教育视为一种伦理实践，实现对教育伟大使命的透彻理解，对职业神圣性的深刻领会。这将增加教师对教育、教师职业的敬畏之情，也会激发教师形成伦理自觉。可以说，教师专业伦理是教师个体道德操守与专业活动伦理要求的统一。这是教师专业伦理相比教师职业道德更具有价值的一个体现。

当教师有了敬畏之情和伦理自觉，就会逐渐养成伦理反思意识，对自身的行为和教育中的诸多问题增加伦理层面的思考，对教育多了理性的价值性思考，而不仅仅追求工具理性和效率，从而坚定教育是一种伦理实践的信念，自觉发展专业自主精神。总之，专业伦理有助于教师发展更强的伦理反思意识，这是教师作为专业人员的专业自主权的表现之一，也是作为专业人员应有的一种意识和能力。这将极大地推动教师个体专业伦理素养的发展，推动教育伦理性的提升。

（三）提升专业服务质量，提高职业声誉和价值

这一点主要表现在以下三个方面。

第一，专业伦理是对专业人员角色的伦理规定，也是对专业知识和专业技能的必要的道德约束，因为专业人员如果不道德地运用专业知识和技能，给社会和民众造成的利益伤害要远远大于普通职业人。事实上，专业人员之所以享有较高的社会信任度，很大意义上即在于普通民众相信专业人员能自觉、自律地践行专业伦理，并用专业知识和技能为民众谋福利，致力于公共善的发展。在这个意义上，专业伦理对专业知识和技能的意义是至关重要的，对一个专业的社会价值和公众信任的影响也是巨大的。所以，在确保专业服务质量方面，专业伦理是必不可少的。

第二，作为一种专业性职业，其倡导的理念具有公益性、服务性。在专业伦理的框架下，教师更加需要内化教育工作的公益性和服务性，尤其是服务性。在我国古代社会，"师道尊严"的理念使教师缺少服务理念。服务理念倡导服务者与服务对象之间的平等、尊重关系，服务者通过自己的专业活动满足服务对象的需求。二者构成了一个共在互利的关系体，而不是一方摆出居高临下、盛气凌人的姿态。教师专业伦理强调教师要具有服务学生的理念，与学生建立平等、尊重、民主、信任的关系，从真诚服务学生发展的角度开展教育教学活动，提升教育教学质量，赢得学生、家长和社会的认可，这样才能切实提高教师的职业声誉和社会信任度。

第三，专业人员拥有专业自主权，虽然教师的专业自主权由于教育的特殊性在一定意义上是有限度的。在教师职业道德视野下，教师通常将职业道德看作是来自国家、社会、学校等的要求，这是一种对教师职业的外在规范，但教师专业伦理建立在尊重教师的专业自主权之上，强调教师的专业精神和伦理自律。换句话说，专业伦理尊重教师的专业地位和主体性，尊重教

师作为专业人员的专业责任和气质。因而，专业伦理可以促使教师依据专业精神和伦理规范，在复杂的教育环境中，在应对各种伦理冲突时自主地、智慧地作出伦理判断和决策，这不仅能发展教师的伦理决策能力，而且能推动教育人际关系的和谐发展及教育的健康发展。在这个意义上，教师专业伦理提升了教师的专业自主权，为教师投身教育工作、创造劳动的内在价值发挥了重要的作用，也将提升教师的职业成就感、满意度和专业自我感。

第二章　学术职业与大学教师专业伦理的特点

职业道德在不同职业中存在一定的相似性，但每一种职业道德又都有区别于其他职业道德的不同之处，即职业道德的特点。第一章从大学教育的角度分析了其独特的伦理根源，一定意义上从中可以感受到大学教师专业伦理的独特之处。本章将从总体上分析大学教师专业伦理的整体特点。

第一节　学术职业的特点与大学教师的工作

大学教师不同于中小学教师，二者在职责、使命、劳动方式、职业对象及关涉的伦理关系等方面均存在不同。除此之外，造成二者之间差异的还有一个源自大学教师职业本身的原因，这就是大学教师的工作是一种学术职业。学术职业的出现早于大学，所以一定意义上学术职业的性质定义了高等教育的特征，也决定了大学教师与中小学教师之间的诸多差异，或者说是导致二者差异的根本因素所在。因而，"学术职业"应该成为分析大学教师伦理特点的重要视角，本章即从这一视角出发，从整体上分析大学教师专业伦理的独特之处。

一、何谓"学术职业"

众所周知,大学教师是以发现、传播、应用高深知识为职责的一个职业群体,由于其高深知识的基础,人们将大学教师的工作称为"学术"工作。在西方,"学术"(academic)最早源于柏拉图创办的"阿卡德米学园",它是一个人们可以自由讨论、碰撞思想、发表观点的地方。《韦氏词典》对"学术"作为形容词的解释是:①与进行高水平学习的学院或学校有关的;②与学业表现有关的;③非常有学问的但在实践问题上缺乏经验的;④与文学、艺术而不是技术或专业学习相关的;⑤高水平学习机构中正式学习的;⑥理论的或专长的;⑦没有实践或效用意义的;⑧遵从学校或学院的传统或规则的。[1] 在这些解释中,④、⑥、⑦具有相通性,基本上都蕴含了"出于纯粹理论的而不是实践的兴趣"或"较少与实践效用或价值有关的"意思。可见,"学术"一词的意思是与系统的、抽象的、理论化的东西有关的。

"学术职业",从字面意思看,是马克思·韦伯(Max Weber)所说的"学术作为一种物质意义下的职业"[2]。在西方,"学术"被作为一种职业类型或学术职业的出现被认为兴起于中世纪。独立的学术职业被认为具有如下特征:①受过专门知识的训练;②受学术劳动力市场的影响;③遵从共同学术伦理;④以知识作为获得薪酬的条件;⑤有专门的教学或研究领域;⑥具有永久性或稳定性;⑦有具体的职业称谓;⑧依存于某种学科和专业。[3] 显然,这是在现代意义上对"学术职业"特征的认识,实际上在产生之初,学术职业是泛指一些专门探索、传播知识的人如思想家、教士等自由进行思想讨论的活动。这样一些人聚集在一起逐渐形成学者行会,并推动了中世纪大学的萌生。大学产生之后,学术职业与大学教师的关系更加密切和不可分割。大学教师成为一种学术职业推动了学术职业主体范围的扩大,从单一的

---

1 https://www.merriam-webster.com/dictionary/academic.
2 〔德〕马克斯·韦伯.学术与政治[M].钱永祥,等译.桂林:广西师范大学出版社,2004:155.
3 李志峰,沈红.学术职业发展:历史变迁与现代转型[J].教师教育研究,2007(1):72-75,80.

以学问探究为职业的学者群体拓展至教师群体。同时，大学教师的出现也推动学术职业的职责范围从高深知识探索扩展至学术研究、教学，并最终随着现代化的发展推动了大学教学、科研和社会服务基本职能的确立。当今，大学教师被公认为"学术职业"，这与学术职业和大学发展的密切关系直接相关。

但是，"学术职业"作为一个专门概念在西方得到正式、持续地研究始于西方高等教育大众化变革时期[1]，但目前对于"学术职业"的准确概念仍没有统一。比如，韦伯将"学术作为一种志业"[2]，美国学者马丁·芬克尔斯坦（Martin Finkelstein）认为学术职业是"拥有专业知识背景的、易受新知识生产影响的、随着学术劳动力市场波动的、遵循共同学术规划和学术伦理的自主性职业"[3]。我国学者在20世纪80年代开始关注"学术职业"这一话题，进入21世纪后，研究成果日益增多，出现了对"学术职业"内涵分析的成果。张红英和沈红研究分析后认为，学术概念存在广义和狭义之说。"从广义上说，学术职业是以系统化的高深知识作为工作对象，以知识的发现、整合、应用和传播作为工作内容的一种职业；在狭义上，学术职业特指在大学和学院中以教学、科研、服务为工作内容的一种职业。"[4] 本章所指的"学术职业"即基于这一概念，并将其界定在狭义理解上。

二、学术职业的特点

大学教师的工作是一种典型的学术职业工作，具有如下特点。

---

1 陈伟.西方学术专业比较研究——多学科视域中德、英、美大学教师的专业化运动 [D].杭州：浙江大学，2003：3.
2 〔德〕马克斯·韦伯.学术与政治 [M].钱永祥，等译.桂林：广西师范大学出版社，2004：160.
3 Martin J. Finkelstein, Robert K. Seal, Jack H. Schuster. The New Academic Generation: A Profession in Transformation [M]. Baltimore: Johns Hopkins University Press, 1995.
4 张英丽，沈红.学术职业：概念界定中的困境 [J].江苏高教，2007（5）：26–28.

（一）高深知识是学术职业的基础

在"学术职业"一词中，"学术"是对"职业"的修饰，其经典含义是与理论知识有关的，如《牛津英语大词典》中的解释是：抽象的，非技术的或非实用的，纯理论的；传统的，理想化的，非常正式的[1]，因而学术职业的知识基础不是一般知识，而是"高深知识"。高深知识是关于严肃事物的系统化的、专门化的高水平知识，具有抽象性、理论性，尤其具有深奥性，就如美国学者布鲁贝克（Brubacher）所言，它"或者还处于已知与未知之间的交界处，或者虽然已知，但由于它们过于深奥神秘，常人的才智难以把握"[2]。高深知识是学术职业的基础，大学教师的一切工作都是基于高深知识的，他们的职责就是发现、传播、整合和应用高深知识，这决定了大学教育独特的使命与目的。高深知识也形成了大学教师与学科或专业的命运相依关系。高深知识的日益分化形成众多独立的学科，学科是大学教师的职业发展命脉，他们的学术活动与成就都建立在学科之上，他们与学科的关系要胜于与大学的关系，所以，"一位大学老师对自己所从事学科专业的忠诚度和责任感，往往要强于对自己所供职的大学和院系的忠诚度"[3]。

高深知识还定义了学术职业的内在伦理性。高深知识反映的是人类对事物客观、公正、准确的认识，也反映了人类求真的过程，更表达了人类对未知领域的好奇、敬畏，对真知的渴求和探索欲望，它内蕴人类的探索精神、科学精神和理性精神，所以洪堡指出："大学的真正成绩应该在于它使学生有可能，或者说它迫使学生至少在他一生中有一段时间完全献身于不含任何目的的科学。"[4]可见，以高深知识为对象的活动必然具有强烈的伦理规定性，

---

1 宋旭红. 学术职业发展的内在逻辑 [M]. 武汉：华中科技大学出版社，2008：9.
2 〔美〕约翰·S·布鲁贝克. 高等教育哲学 [M]. 王承绪，等译. 杭州：浙江教育出版社，2001：2.
3 李立国. 大学教师职业特性探析 [J]. 清华大学教育研究，2012（1）：66-71，86.
4 李金奇. 大学组织的再学术化与大学教师学术职业分化 [J]. 高等教育研究，2016（2）：6-12.

也就是它自身内蕴伦理内涵或要求，而不是某种外在力量为了规范求真活动而向其附加了伦理要求。忽视高深知识的这种伦理内涵，学术职业不仅会背离"求真"本义，亵渎人类这种创造性的精神实践活动，还会成为不道德的活动，危害人类的文明进步和社会的健康发展。

（二）崇尚学术自由是学术职业的核心精神特质

学术自由是人的精神自由在学术职业中的体现，也是学术职业作为发现、传播高深知识工作的题中之义。作为一项求真活动，只有理智的自由，才有探索的自由，亦才有高深知识的发现。而且求真活动只遵循人类认识事物的逻辑，服从科学研究的逻辑，不关乎其他任何因素，因而是一项思想自由的活动。所以，学术自由与高深知识是一体两面的，学术自由是学术职业的生存环境和根基。正是在这一意义上，布鲁贝克强调："大概没有任何打击比压制学术自由更直接指向高等教育的要害了。我们必须不惜一切代价防止这种威胁。学术自由是学术界的要塞，永远不能放弃。"[1] 在大学发展史中，崇尚和捍卫学术自由是始终不变的主题。从大学与教会、政府权力的抗争，到今天反思知识资本主义、功利化等对大学的冲击，无不渗透着对学术自由的追求。

追求学术自由的职业生存方式形成了大学教师独特的精神气质。大学教师视野开阔、开放进取、独立自主，对强权、控制、规训极为敏感和反感，但同时他们也形成了寂寞、孤独、孤傲，甚至不合群的个性，因为理智自由赋予他们成为精神的贵族，不附庸他人。崇尚学术自由也是大学教师重要的职业伦理。学术上的自由性是保障学术职业履行其使命的一项责任，也是学术职业的道德要求。[2] 附庸权势、追名逐利、迎合时尚、缺乏批判精神等都是背离学术自由精神的，也是有损学者形象的。因此，坚守学术自由精神，就

---

1 〔美〕约翰·S·布鲁贝克. 高等教育哲学 [M]. 王承绪，等译. 杭州：浙江教育出版社，2001：59—60.

2 李志峰. 学术职业的道德特征与学术道德建设 [J]. 华中农业大学学报（社会科学版），2007（3）：25—28.

是维护学术职业的尊严以及大学作为知识殿堂的地位与声誉。

（三）学术共同体是学术职业伦理关系的存在实体

"共同体表示一种具有共同利益诉求和伦理取向的群体生活方式"[1]，学术职业的基本存在形式是学术共同体，它以高深知识的探索为使命，遵守共同的学术理念、规范和品质。在宽泛意义上，学术共同体是学术人的共同体，它可以是一个学科专业内的、一所大学内的，也可以跨越学科专业、大学、地区和国家的限制。在一所大学内，教师之间和师生之间都可以构成学术共同体，所以卡尔·雅斯贝尔斯（Karl Jaspers）说："大学是一个由学者与学生组成的、致力于寻求真理之事业的共同体。"[2]

大学教师面临非常多样的伦理关系，不仅涉及与职业、学生、同事、大学和社会的关系，还涉及与知识、学科、专业组织等的关系，但这些关系都共存且整合于学术共同体中，因为学者是大学教师的身份基础，这不同于中小学教师，他们所处的伦理关系是一个教育共同体，教师身份是基础。大学教师的所有工作是在学术共同体中展开的，也受到学术共同体的规范与监督。即使在课堂教学中教师与学生构成的是教学共同体，但其地基是学术共同体，因为大学教学具有学术性，课堂是学术传承、交流和发扬之地，大学教学意义的实现是基于高深知识的教与学的，正如欧内斯特·博耶（Emest Boyer）在论述"教学学术"时指出的："为了确保学术之火不断燃烧，学术就必须持续不断地交流，不仅要在学者的同辈之间进行交流，而且要与教室里的未来学者进行交流。"[3] 在社会服务中，大学教师也主要是基于学者身份而不是教师身份与社会发生联系的，其背后是社会对大学教师学识和学者品质的信赖，对学术共同体的信任。综合而言，学术共同体是学术职业伦理关系的存在实体。

1　王露璐. 共同体：从传统到现代的转变及其伦理意蕴 [J]. 伦理学研究，2014（6）：77—80.
2　〔德〕卡尔·雅斯贝尔斯. 大学之理念 [M] 邱立波，译. 上海：上海世纪出版集团，2007：19.
3　〔美〕欧内斯特·L·博耶. 关于美国教育改革的演讲 [M]. 涂艳国，方彤，译. 北京：教育科学出版社，2002：88.

事实上，大学教师工作作为一种学术职业，其意义远不止于它作为满足人的基本生存需要的手段。探索高深知识，崇尚学术自由，使大学教师在理智好奇和精神自由中热情地探索新奇的未知领域，持续地追求进步，这是一个无止境的心向往之的过程。而依存并团结在学术共同体中，使他们在团结的学术交流氛围中相互支撑、激发、日益进取。大学教师的工作充满了鲜明的志趣性、专业性和浓厚的精神性，所以学术职业更是一种学术志业——"学术作为精神上的志业"[1]。

第二节 学术职业视角下大学教师专业伦理的特点

"学术职业"是对大学教师职业的整体定性。从这一视角出发认真审视，不难发现大学教师的工作伦理呈现出以下几点明显不同于中小学教师伦理的特质。

一、大学教师专业伦理的特点

（一）学术精神是大学教师伦理的核心追求

伦理精神是职业一贯追求的核心或根本价值，它表征职业人的生存方式，体现其精神品格。学术职业以"高深知识"为基础，所以不同于中小学教师，大学教师与知识之间的关系是所有教育伦理关系的基础，它贯穿于学术研究、教学和社会服务中。因此，学术精神是大学教师伦理的核心精神，是大学教师伦理的底色。学术精神是一个涵盖范围较广的概念，包含一切与学术工作或探索高深知识有关的精神特质，如学术自由、学术创新、学术批判、学术民主等，其中有两点是最基本的，这就是自由探究与理智诚实。

---

1 〔德〕马克斯·韦伯.学术与政治[M].钱永祥,等译.桂林：广西师范大学出版社,2004:161.

伴随高等教育的发展，学术职业出现了职业分层、角色转变等，但始终不变的是对高深知识的探索与发现，即自由探究。没有自由探究，就没有高深知识，大学教师的教学、文化传承、人才培养将是无根之木。自由探究是对新知的探索，是"研究他所认为的一切具有重要的学术意义和实践意义的问题"[1]，并且"为了保证知识的准确和正确，学者的活动必须只服从真理的标准，而不受任何外界压力，如教会、国家或经济利益的影响"[2]。换句话说，自由探究必须是基于理智好奇的，以探索真理为旨趣，它内蕴学术热情与批判思维，其最高境界是马克思·韦伯所言的将学术探究作为一种"志业"，一种"为学术而学术"的献身精神。

理智诚实是对自由探究的限定。理智诚实即是遵循科学精神，对知识和知识探索坚持严谨、客观、真实的原则，没有理智的诚实，自由探究会偏离科学和伦理的轨道。而且学术人掌握专门领域的高深知识，在审判知识的科学性和伦理性上具有决定权，这更加需要理智诚实，因为"只有他们的正直和诚实才能对他们自己的意识负责"[3]。理智诚实是学术研究的内在之义，在教学和社会服务中它同样不可或缺。教师只有客观、公正地传授高深知识，准确地表达思想，与学生民主交流、探讨，才能培养学生的批判思维和学术探究能力，所以雅斯贝尔斯说："最好的研究者才是最优良的教师。只有这样的研究者才能带领人们接触真正的求知过程，乃至于科学的精神。"[4]理智诚实对高深知识的发现和传播的重要作用，决定了它是学术职业和大学赢得社会民众尊重和信任的重要基础。"大学要获得社会的信任，就应该让公众认为大学的工作是基于诚实的行为。这一点尤其重要。其部分原因是社会要

---

1 〔美〕爱德华·希尔斯.教师的道与德[M].徐弢，李思凡，姚丹，译.北京：北京大学出版社，2010：36.

2 〔美〕约翰·S·布鲁贝克.高等教育哲学[M].王承绪，等译.杭州：浙江教育出版社，2001：46.

3 同2：120.

4 〔德〕雅斯贝尔斯.什么是教育[M].邹进，译.北京：生活·读书·新知三联书店，1991：152.

相信大学所创造的知识,而更深层的原因是公众认为大学是接受他们的委托以培养青年一代的场所。"[1]

(二)多重角色的交织与碰撞构成大学教师伦理的复杂样态

大学教师身担学者、师者、社会服务者的多重角色,它们跨越了不同领域,这与中小学教师不同,后者虽然有多种角色,但所有角色都是基于"教师"的,伦理要求也是"教师内部"的。大学教师伦理是不同领域中伦理要求的综合——研究伦理、教学伦理、师生交往伦理与服务伦理,其中交织了多种逻辑——学术逻辑、教育逻辑、交往逻辑和市场逻辑,这形成了大学教师伦理的复杂样态。主要表现为,一是不同角色责任之间的碰撞,如学术研究责任与教学责任;二是同一角色中不同逻辑的交织,集中体现为学术逻辑与其他逻辑之间的碰撞,如课堂教学中的学术逻辑与教育逻辑,社会服务中的市场逻辑与学术逻辑,这是因为"学者身份是大学教师复杂社会关系的交汇点"[2]。这使大学教师更容易遭遇伦理冲突,从而面临很大的伦理失范风险。此外,大学教师也容易遭受社会因素变动带来的伦理挑战,如知识生产方式的变化、政治经济发展对学术职业的要求都会影响大学教师的学术操守。所以,大学教师伦理的复杂性不仅源于职业内部各要素之间的关系,也源于学术职业与外部社会因素之间的关系。处理好复杂的伦理样态是大学教师伦理有机整合的重要保障。

在复杂的伦理样态中,师者伦理是最易受到冲击的。一方面,对学术研究的过度重视冲击了师者的角色,当今世界范围内的大学教学都遭遇了质量拷问,便与此有关。"过分强调研究的另一个后果是,大学教师越来越有兴趣成为'专业人士',即一心扑在本学科的研究工作上,而不去关心他们周围的同事和他们所在的大学里的问题。"[3] "现在学术追求替代了大学的教育

---

1 〔美〕唐纳德·肯尼迪. 学术责任 [M]. 阎凤桥,等译. 北京:新华出版社,2002:264.
2 李菲. 重塑师者意识——大学教师师德建设的根基 [J]. 中国德育,2017(8):22-25.
3 〔美〕爱德华·希尔斯. 教师的道与德 [M]. 徐弢,李思凡,姚丹,译. 北京:北京大学出版社,2010:30.

任务，殊不知这两者不应该厚此薄彼。"[1] 另一方面，在中小学教师伦理中，"关爱学生"是师德的灵魂，一位教师如果能真正做到关爱学生，那么他对职业的情感、专业成长的态度和同事的关系等一定意义上都可以获得道德化的处理，因为它们都与"育人"相关联。然而在大学教师专业伦理体系中，学术精神虽然是核心精神，但它却不能完全整合师者伦理，而且由于各种利益的考量，师者伦理常常是最容易被遮蔽的。因此，平衡不同角色伦理，最重要的是要坚持"师者"的职责，这是大学教育的存续根基，也是大学教师作为学术职业的根本意义所在。

（三）自由与责任之间的平衡是大学教师伦理和谐的关键

在伦理世界中，自由与责任始终是一种辩证的关系。自由是责任的基础，责任是对自由的一种规约。"因为个体若要享有自由就必须具有相应的道德品质。"[2] 越是享有较大自由的人，越应该担负起更大的责任。自由的诉求必须与相应的责任匹配，否则就会出现二者之间的失衡，导致伦理失范，所以唐纳德·肯尼迪（Donald Kennedy）干脆说："在谈论职业时，责任和道德两个词可以互换使用。"[3] 大学教师崇尚学术自由，这使他们比普通人对自由有更强烈的敏感性和诉求，也更容易遭遇自由与责任之间的失衡、冲突，因此平衡学术自由与学术责任之间的关系，就成为大学教师伦理和谐的关键。

伦理和谐是相对于伦理冲突或失衡而言的。大学教师的自由与责任的失衡通常表现在一种角色内部和不同角色之间。在一种角色内部，作为学者的研究自由与研究责任之间的失衡表现明显。一方面，大学教师享有探究的自由，但学术探究必须遵循学术研究伦理，包括方法伦理、对象伦理、知识伦理，它们涉及学术研究对知识、研究对象和社会的责任，后两者尤其容易被

---

1 〔美〕哈瑞·刘易斯．失去灵魂的卓越哈佛是如何忘记教育宗旨的［M］．侯定凯，译．上海：华东师范大学出版社，2007：10（序言）．

2 〔美〕雅罗斯拉夫·帕利坎．大学理念重审：与纽曼对话［M］．杨德友，译．北京：北京大学出版社，2008：54．

3 〔美〕唐纳德·肯尼迪．学术责任［M］．阎凤桥等，译．北京：新华出版社，2002：23．

忽视。学术研究应该遵循人道、尊重与保护隐私的对象伦理，也应该保持知识对社会的道德责任，2018年的基因编码婴儿事件[1]就充分暴露了学术自由和学术责任失衡的严重性。同时，学术自由精神可以使大学教师保持"为学术而学"的态度，坚守学术的纯洁性，但也容易使他们形成偏执的学术认知和学术垄断，导致坚守学术自由与维护良好学术秩序、民主氛围的责任之间出现失衡。另一方面，大学的组织机构性质既会对学术自由构成保护但也会形成一定限制，在维护学术自由与履行作为大学学术共同体一员的责任担当之间会出现断裂。在不同角色之间，学者的言论自由与师者的教育责任之间的碰撞是典型表现。大学教师享有作为学者的言论自由，但在培养学生上，言论自由是有道德限度的，因为教师的责任是"应该教导学生，而不是招募门徒"[2]。自由表达观点，既不是向学生灌输自己的思想，封闭学生的思维，也不是渗透消极价值观。教学自由应该遵循教书育人原则，不能违背教育目的，损害学生的发展利益。

（四）大学教师伦理具有较强的自主建构性与监督性

任何职业伦理的建构都是职业内部要求和外部社会期待共同作用的结果，教师伦理更是如此。通常，在建构中小学教师伦理上社会建制的力量会大于职业自身的规定，所以国家的师德制度建设和教师个体的道德自律发挥主要力量，教师专业组织所发挥的力量在各个国家有所差异。相比而言，大学教师伦理除了依靠国家和教师个体的力量外，还有一个重要的学术职业内部力量——学术共同体。学术共同体是学术职业人的归属地，这不仅是一种实体意义上的，而且是一种精神意义上的。学术共同体自学术职业产生之

---

1 2018年11月26日，南方科技大学副教授贺建奎宣布一对基因编辑双胞胎女婴于11月在中国健康诞生，由于一个基因（CCR5）经过修改，她们出生后即能天然抵抗艾滋病病毒（HIV），这一事件在国内和世界引起轩然大波。这项研究因为违背了科学精神和伦理道德遭到了科学界的严厉谴责。

2 〔美〕雅罗斯拉夫·帕利坎. 大学理念重审：与纽曼对话［M］. 杨德友，译. 北京：北京大学出版社，2008：64.

初就自发地形成了一套稳定的、共识性的学术信念、目标、规范和行为习惯，这是由探索高深知识的活动性质决定的。所以，学术共同体赋予了大学教师伦理的自主建构性，恰恰是这种伦理自主建构性确保了学术职业的属性和特征，且形成了学术职业永恒追求和引以为傲的学术传统。随着社会的发展，学术共同体也会自觉地根据学术职业面临的问题进行伦理的调整、完善。具体而言，在实践中，大学教师伦理的自主建构是通过大学、学科及学科专业组织等学术共同体实现的。大学作为学术职业的组织基础，为学术活动提供了基本的学术环境保障，使大学教师能够保持学术精神和学术传统，也通过制度建设实现学术职业的规范管理和自律。学科作为大学教师学术生存的根基，通过共同的学科旨趣、学科学术传统、学科研究范式和规范等实现了教师伦理的自主建构。专业组织或专业学会同样对教师的专业职责和学术规范做出了规定。

  学术共同体也促成了大学教师伦理的内部自我监督，这是由同行评议和监督实现的。在大学教师伦理中，同行评议往往比社会舆论发挥更大的监督作用，因为它关乎大学教师在学术共同体中的声誉、地位。一旦在学术共同体中失信、失德，大学教师的学术职业生涯就将受到重创。所以，"学术共同体中的每一位成员都是学术系统潜在的'看门人'，这种'人人相互知晓'同行监督的事实和结果，强化了个人对于学术规范的自我道德约束和自我诚信守护义务。"[1]基于此，充分尊重和发挥学术共同体的伦理建构和监督作用是推进大学教师伦理发展的重要途径。

二、明晰大学教师伦理特点的重要意义

  在大学教师伦理问题上，研究伦理、教学伦理、师生伦理、服务伦理等都多有研究，但对大学教师伦理特点的整体关注和研究却明显不足。因此，

---

1 宋旭红.学术职业发展的内在逻辑[M].武汉：华中科技大学出版社，2008：196.

研究且明晰大学教师专业伦理的特点，具有多方面的重要意义。

（一）为深化大学教师专业伦理研究提供基本参照

一种事物的特点往往是对事物面貌整体把握的结果。以学术职业为视角，把握大学教师伦理的特点，有助于深入地认识学术职业与大学教师伦理之间的内在关系，明晰大学教师伦理的重心，探寻大学教师伦理的内在发展逻辑，为深化现有的理论研究提供新的思路，为拓展实践探索提供基本参照，同时也有助于保持研究的时代性。这是因为学术职业与知识生产密切相关，在社会发展日益依赖知识的背景下，学术职业必然会随之发生变化。从外部环境和内部结构上把握学术职业的时代变化有助于分析大学教师遭遇的新的伦理境遇与挑战，从而拓展、深化大学教师伦理研究。

（二）为促进大学教师的伦理自觉提供认知助力

作为专门性职业，大学教师的培养并不是一个专门的教师教育领域，成为大学教师的首要条件是经过多年学术训练而形成专业知识和能力，专业伦理的培养并不受重视。同时，知识或学识具有道德涵育价值，因而学识渊博的人往往被认为具有优良的道德，对于大学教师，其学识修养则容易被迁移到，甚至被等同于师德修养。上述情形导致大学教师的伦理意识容易被遮蔽或处于模糊状态。明晰大学教师伦理的特点，既有助于帮助大学教师突破教师伦理的经验化认知，克服以中小学教师伦理简单推演大学教师伦理，以学者素养淹没师者伦理等问题，也可以促使他们对教师伦理产生更深刻的元认知，提高伦理自觉意识。

（三）为大学师德建设的专业化和科学化水平提升奠定学理基础

师德建设是有序推进教师伦理素养发展的制度性安排。准确把握大学教师伦理特点，有助于提升我国目前师德建设的专业化和科学化水平。所谓专业化，在于凸显大学教师伦理的独特专业内容和不可替代性，科学化在于师德建设要遵循高等教育、大学教师发展及教师伦理的特点和规律。基于大学教师伦理的特点，当前师德建设要特别注意两点：一是师德规范建设应该在研究教师复杂伦理关系及可能存在的伦理冲突的基础上，有针对性地制定伦理规范，实现规范的具体化和清晰化。二是师德举措建设应该注重尊重大学教师崇尚学术自由的职业生活方式，重视引导他们认识并平衡自由与责任之间的关系，充分发挥学术共同体的作用，实现师德建设与教师专业发展的有机融合。

综上所述，大学教师的工作不同于中小学教师的，就在于它是一种"学术职业"。以高深知识为基础、崇尚学术自由、以学术共同体为其伦理关系的实体等学术职业的特性使得大学教师伦理独具特点。而明晰大学教师伦理的特点，对于深化大学教师伦理研究，促进教师的伦理自觉以及推进师德建设的专业化、科学化水平，都具有十分重要的意义。

第三章 大学教师的教学伦理

第一节 大学教学的伦理之维

教学是一项传承、传递人类文化，发展人的心智，培育健康人格的重要实践活动，在人类的社会发展和个体的身心发展中发挥着非常重要的作用，所以教学不仅是一项技艺活动，而且被认为是一项道德的活动，具有伦理性。教学的伦理性根源于教学的价值、使命，而且这种价值与人的生命成长息息相关。大学教学不同于中小学教学，其独特的价值与特点，决定了其作为一项道德活动具有独特的表现。

一、教学为何是一项道德的活动

教学为何是一项道德的活动？简单来看，因为教学是一个人际世界，存在利益、意识、观念、行为等方面的冲突，需要伦理来调节。但事实上，这一问题要比"教学为什么需要伦理"复杂和深入得多，因为它涉及的是教学与伦理的本源关系问题或目的性存在关系问题，而不仅仅是伦理对于教学的手段意义问题。正是在这一意义上，教学伦理不完全等同于教学中的道德要求，虽然两者都关乎教学作为一项伦理实践活动的性质，也都最终落实到教师的专业伦理行为上，但教学中的道德要求更侧重指向教师在开展教学活动时的道德行为要求，较少考虑教学的本原性伦理内涵与诉求，即教学作为一种伦理实践活动的内在规定性,而教学伦理则包含了一项重要内容——对教学伦理属性的解读。因此,解答"教学为何是一项道德的活动"这一问题,是教学伦理研究的前提性问题,也是探索大学教学伦理的前提。需要说明的是,本章出现的"道德"与"伦理"两个概念不做严格区分,"道德"主要表达"合乎善"的意思。

"伦理"或"道德",有严格的学术定义,但从最朴素的理解上看,它们表达的基本意思是"希望他人好",这里的"他人"既可以指个体,也可以指社会,指代个体时更与人的生命性存在关联,所以医生、教师职业经常被冠以"人道主义"的美称。教育是一项培养人的实践活动,是一个引导人逐渐成"人"的活动,它含有"希望他人好"的意图,并且致力于"使他人好"的结果状态,所以"教育"一词不仅是一个意图概念,也是一个结果概念。正如美国学者布朗指出的:"它(指教育)是道德的,因为作为一个持续不断的活动,它包含着对他人利益的实践关怀。"[1]"对他人利益的实践关怀"是教育作为一种人类实践活动存在和发展的根本"道德理由"。育人性促成了教育具有伦理性,教学作为教育的重要途径,自然也是一项道德的活动。具体而言,教学的伦理性主要源于以下两点。

(一)教学是推动生命个体自主发展的活动

教学面对的是一群具有丰富发展可能性的个体,其使命是促使个体获得知识、能力和人格的发展,综合展现为精神世界的丰富成长,因为"教育是人的灵魂的教育,而非理智知识和认识的堆集"[2],最终成就的是独立自主且有文化的人,推动个体生命的积极发展。这一使命的实现源于教学具有育智、育德的功能。

教学是以知识传授为基础的,知识是人的心智发展的重要资源。人类是在发现世界、探索世界、认识世界中用新知不断武装自己的头脑,提高人的

---

[1] Les Brown. *Justice Morality and Education: A New Focus in Ethics in Education* [M]. London: Macmillan Publishers Limited, 1985: 70.

[2] 〔德〕雅斯贝尔斯. 什么是教育 [M]. 邹进, 译. 北京: 生活·读书·新知三联书店, 1991: 4.

大脑机能和心智发展水平的。教学正是通过引导学生学习知识、认识世界，对心智成长尤其是认识能力的发展发挥着促进或加速作用，为个体实现作为主体的发展奠定重要的基础。有学者将教学的这种价值归结为教学的知识价值、发展价值，即教学满足学生主体知识需求、主体发展需求的功能。[1]教学如果不能推动个体心智的发展，反而对其构成阻碍或伤害，就是不道德的，所以教学始终反对僵化的知识灌输、技能训练。同样，教学如果忽视、压抑学生的主体性，也是不道德的，因为它违背了人作为主体的存在。

学校教学传授知识与技能，但它有别于广义的教学活动或教授活动，其最大的不同在于，学校教学具有鲜明的价值导向性，即要引导学生发展正确的思想观念、优良的道德品质，如此才符合"育"的本义与要求——"育，养子使作善也"。事实上，知识本身具有育德价值，心智的发展也影响"德"的养成，因为心智成长为道德认知提供基础。所以，好的教学一定是心智与德性共育的活动。正是因为这种价值引导性，教学才能在发展学生心智的基础上，推动学生健全人格的发展，促使学生不断追求和实现生命的价值与意义。这是教学生命价值的体现。[2]

（二）教学内蕴手段的道德性

任何职业对职业人的从业方式、手段都有道德上的要求，这是职业道德的基本体现。但对于学校教学活动而言，手段的道德性是教学本身固有的，而不像职业道德那样是来自对职业行为的外在约束。因为在教学活动中，教师既是劳动主体也是劳动手段，是二者的合一。这就是说，在教学过程中，学生既在教师的指导下学习知识、技能，形成价值观和美德等，也直接从教师的言行举止中获得学习，这是教师职业劳动的示范性特点。一旦教师出现不道德的教学行为，不论是传播有消极影响的内容，还是在教学方式方法上无视学生的主体地位，学生都有可能在不知不觉中习得这些不良的价值观和

---

1 郑志辉，刘义兵. 论教学价值认识的思维范式转换[J]. 江苏高教，2008（2）：68-71.
2 同1.

行为，这是有碍学生健康发展的，也是有违教育本义的。所以，教学手段内蕴道德性，教学必须以合乎道德的方式进行，这决定了教学本身是一项充满道德的活动。

此外，教学手段的不道德造成的影响具有扩散性，它不仅会直接影响学生的学习状态和效果，还会影响学生健康心理、人格的发展，影响师生关系，甚至会给学生未来的个体生活和社会发展带来风险。而且这种不道德的影响具有隐蔽性，不易被察觉，一旦察觉，很多时候学生的身心已经受到严重伤害。因此，教学手段的道德性对学生的学习体验、教学活动质量和教学价值的实现都具有重要的影响，这也决定了教学必然是一项道德的活动。

综上可以看出，教学的伦理规定性主要源于教学的基本价值与价值实现的方式或手段两个方面，这实际上就是英国学者彼得斯在论述教育具有伦理性时提到的两个内容——教育必须具有善良的意图，教育必须以合乎道德的方式进行。

二、大学教学的伦理根源

教学担负知识传播、文化传承、育人成"人"的任务，这一使命与目的决定了教学内含伦理规定性。同样，大学教学的特点与独特价值也决定了大学教学伦理规定性的存在。

（一）大学教学的特点

1. 专业性

大学教学具有专业性，这首先体现为教学是基于特定的学科专业展开的，教学目标、课程设置、教学计划、教学组织形式、教学模式等都必须考虑学科专业的特点，这又与社会分工、学科分化等有联系，换句话说，大学教学确实与学生未来可能从事的职业领域存在关系。同时，学科专业这一基础决定了大学课程体系具有明显的分门别类性和精细化特点，因而大学教学培养的是具有专门知识、技能和专业意识的人。其次，也是更重要的在于，专业性体现为大学教学讲究内容的高深性、理论性、系统性和方法性,强调培养学生的问题探究和解决能力。20世纪以来,通识教育在高等教育中日益被推行,旨在减弱过分分化的专业教育,减少专业之间、知识之间的壁垒,培养具有综合素养和职业迁移能力的通识性人才。但大学教学专业性的特点是不变的,这是它区别于中小学教学的重要之处,只是对"专业性"的理解扩展了,更加强调了基础性之上的专业性。如有学者指出,"专业性包括的主要内容有:一要有较强的专业意识;二要有专业所需的宽厚的基础知识和专业知识及解决实际问题的方法和策略;三要具备研究本专业知识与应用于实践的能力"[1]。

2. 学术性

诚如在第二章中分析的,"学术"一词含有"出于纯粹理论的而不是实践的兴趣"或"较少与实践效用或价值有关的"意思,很大意义上它与"高深知识"是一体两面、互为表征的。因此,大学教学的学术性特点首先表现为大学教学以高深知识为基础,"高深知识"是系统性的、抽象性的理论思想或观点。其次,学术性表现为大学教学是以高深知识的探索、发现为宗旨的,这包含两层意思。其一,大学教学的专业性虽然与社会分工有关,但学术性的特点决定了大学教学的核心追求或旨趣是实现并享用真理的理智价值,而不是职业或实用价值,即如"学术"一词所表达的含义一样。其二,大学教学不是简单地传授知识的过程,它是师生间的知识探索、发现及获得新知的过程。所以,大学教学注重交流、探究、创新。大学教学中的探究与中小学教学中的探究是有区别的。中小学课堂教学中的探究表现为探索的内容与将学知识之间有较强的联系性,或者说是为了增强对所学知识的认识、理解,或提高思维能力和实践能力而发生的。但大学教学中的探究是对不确定性知识的探究,侧重发现新的问题,产生新的思考,形成新的认识。换句话说,大学课堂的探究意味着创新。探究性、创新性是大学课堂学术性的题中之义。

---

[1] 孙泽文. 现代大学教学引论[M]. 武汉:华中师范大学出版社,2006:27.

3. 学生具有较强的学习自主性和独立性

教学是教与学的互动活动，教师的教只有调动了学生的学，教学才会有效。所以，教学必然包含学生的主体性。在中小学教学中，学生的主体性有赖于教师的积极引导、激发，而在大学课堂中，大学生的学习虽然需要教师的引导，但具有更强的自主性。学习兴趣与动机、学习方法与进度等较大意义上来自学生的自主性，需要他们进行自主判断、选择和规划。在自主性之下，学生的学习还具有较强的独立性。所谓独立性是指学生在教师的引导下，通过自己的独立思考，获得知识，并用所学知识去分析问题和解决问题。[1]所以，大学课堂注重讨论、探究，在西方"习明纳"（seminar，又译"研讨班"）是大学课堂的主要形式。

事实上，学习的自主性和独立性是学生享有学术自由的一种表现。在大学教学中，学生享有自由选课、参与学术交流和讨论、探究问题、表达观点、选择学习方式等权利。大学的课堂应该是开放的、民主的，应该充满师生间的对话与碰撞，这源于学术自由精神，源于大学教育的独特性质与使命。

（二）大学教学的独特价值

从学生成长的角度来说，教学的价值主要处理的是教师的教学活动满足学生发展需要的关系，就身心结构而言，学生发展主要涉及认知、思维、情感、意志等。基于此，我们认为大学教学的价值主要体现在以下几方面。

1. 指导学生掌握探索真理的方法

传播知识，指导学生掌握人类文明是教学的基本任务，但大学教学并不止于此，它还重视指导学生学会思考问题、分析问题、解决问题，因此学生能够掌握探索真理的方法，具备基本的研究意识和思维、研究态度和能力，是大学教学的重要目标之一。故而，研究方法课程是大学最基础和最重要的课程之一。教师注重通过讨论、研究性学习及创新项目等活动引导学生对特

---

[1] 李定仁. 试论高等学校教学过程的特点[J]. 高等教育研究，2001（3）：75—77.

定问题或主题展开探索,帮助他们体验研究的过程,发展研究能力。

此外,大学教师作为研究者,拥有缜密的思维和思考问题的深邃视野、科学方式,他们在讲授知识中非常注重渗透问题意识、严谨的分析过程及清晰的逻辑脉络,这对学生形成方法意识和提高运用方法的能力起到了重要的作用。所以,大学中的教学过程本身即是一个知识探究的过程,它经常充满了不确定的问题,而不是确定的答案,在思考问题、寻找解答中,学生逐渐养成了科学研究的意识,掌握了规范的研究方法。

2. 培养学生的创新思维和理性精神

大学教育崇尚求真、进取和创新,这是大学的重要精神和生命力所在,所以大学教学旨在培养有思想、有创新精神、勇于追求和探索真理的人,其中创新思维和理性精神是重要的素养。一个具备创新思维的人必定对真理形成了严肃客观的态度、理智冷静的思维方式,以及勇于挑战和批判的意识。大学教学以其独特的方式实践着这一使命。其一,在大学中,教学与学术研究是相结合的,学术研究为教师在课堂上鼓励、激发学生深入理解事物、探究真知提供了重要的思想之源,为学生创新精神和理性精神的发展提供养料。其二,大学教学过程注重渗透思考方式、研究方法及其过程,将知识、技能与方法有机整合,同时鼓励学生大胆思考、观点争鸣和问题探索,为创新精神和理性精神的发展提供平台。其三,教师和学生享有学术自由,教师可以自由决定教学内容与进度、教学方法和评价方式等,学生可以自由决定学习的内容和方式。这种相对自由、民主、开放的机制为创新思维和理性精神的发展提供了助力。

所以,大学教学不仅引导学生学习知识、掌握方法,还增进其创新思维和理性精神的发展,这是一个人追求真理所具备的基本素养。潘懋元先生将这一价值转化为大学教学的一个重要原则——知识积累与智能发展相结合原则(或称传授知识与发展智能相结合原则)[1]。

---

1 杨广云.大学教学论体系的构建——潘懋元学术思想研究之三.高等教育研究[J],1997(5):12–17.

3. 提升学生健全人格的发展

有人认为,人格的发展或道德的养成主要在基础教育阶段,基础教育是人格发展的奠基、形成阶段。进入高等教育阶段,学生应主要发展专业知识和技能。这种理解是错误的。恰恰相反,由于在大学阶段学生掌握了高深的专业知识和技能,对社会发展将发挥更大的作用,也可能造成更大的风险,因此引导学生形成知识伦理、科技伦理、社会责任感、人文关怀等应该是重要的教育任务。在西方,健康人格的培养也被认为是大学教育的重要目标,很多大学在通识课程中开设伦理学、道德思维、哲学、历史、文学等课程,引导学生形成丰富的心灵,发展正确的思维方式和道德判断能力,而且在专业学习中注重对学生进行相关的社会伦理引导,如服务学习就是将专业学习与职业伦理、社会责任感有机结合起来的一种大学教学形式。

事实上,大学教学有很多独特的道德教育资源,它非常有助于大学生健全人格的提升。其一,大学课程是专业性与综合性相结合的,尤其是通识教育的推行为提升学生的人文素养、增强学生的人文精神提供了丰富的资源;其二,大学教学不仅注重学术性,而且注重社会实践性,通过课程内容思想性的渗透,尤其是和未来职业伦理教育的结合,能更好地激发学生的社会责任感;其三,大学课堂鼓励民主、自由的交流、探究,能更好地发展学生的主体性,增强主体能力;其四,大学课程充满方法论特征,这有助于学生形成正确的思维方式和批判意识,从而增强价值辨识能力或道德判断力。

(三)大学教学的伦理之维

大学教学独特的性质、使命和价值决定了大学教学具有伦理性。进一步而言,大学教学的伦理性体现为,教学是一项提升人的心智水平的活动,是一项增进生命体间精神交流的教学相长活动。从受教育者层面进入社会层面,教学的伦理性体现为教学是一项推动知识创新的活动。

第一,教学是一项提升人的心智水平的活动。在教学过程中,教与学的关系是最基本的关系,从伦理的角度看,这一关系主要关乎的是知识之于人的发展价值问题。知识是教学活动得以开展的基本载体，教学最直接的意义是通过知识传授发展学生的健康心智。大学教学的伦理独特性首先体现为提升学生的心智发展水平。这种"提升"反映在大学教学的独特价值上，即它以理性、自由、民主、开放的教学品格和方式向学生传播高深知识，引导科学方法，发展严谨思维，以及倡导崇尚真理与学术探究的精神。换句话说，大学教学的直接目标是培养具有高深知识、创新思维和科学精神的人。

第二，教学是一项增进生命体间精神交流的教学相长活动。教学是基于师生关系展开的，师生间的教与学的关系是主导关系。在大学课堂中除了这层关系，教师与学生间发生的心理交往关系或精神联系更加深入，而且这种心理关系是因深入的教学相长活动而产生的。这是因为相比于中小学阶段，大学师生在知识储备、认知能力、社会经验、情感体验、价值观念等诸多方面的差距都在缩小，交流、互动的丰富性、深刻性却在增强。而且师生在课堂上基于知识、问题产生的对话、讨论、碰撞，促使他们能在认识、思想、情感、心灵上产生更多的相互吸引、相互激发。比如在互动、交流中，学生往往会激发教师产生反思，产生新的思想火花。同时，大学教师洞悉问题的独特角度，对问题的深邃剖析，对真理的热爱之情，对学术的严谨态度，以及对社会的关心等也会激起学生的回应并对其产生影响。可见，大学师生间的教学相长具有更强的精神性和平等的互惠性。所以，大学教学伦理性还体现为师生在学术交往中共建、共享的精神发展，它是非功利的，是相互回应的，是滋养和提升精神所需的。

第三，教学是一项推动知识创新的活动。在教学世界中，除了师与生、教与学的关系外，教学与社会发展之间的关系也是关乎教学伦理的一个重要维度，它关乎的是教学活动的社会价值，前两种关系表现的是教学的内在价值。在人类的实践活动中，教学活动的社会价值具有历时性和未来性。一方面，任何民族、国家的存在都必须保留其独特的文化，实现人类的延续；另一方面，发展进步是历史的步伐和规律，而知识创新是推动民族、国家不断走向进步的基石。这是人类发展的两个重要命题，它们都需要教学来完成。如果说中小学教学承担的主要是文化传承的使命，那么大学教学则更侧重知识创新的使命。大学教学的知识创新使命主要体现在培养学生的创新精神和能力上，这与教学的学术性密不可分。高深知识的基础、学术探究的过程，不论是为知识创新，还是为培养学生的反思、批判、探究能力，都提供了重要的基础。而且大学教师的学术研究为知识创新使命的实现供给了非常重要的养料。如果没有知识渊博、追求真理、勇于创新的教师，大学教学的目标只能是空中楼阁。

通过前述分析，可以看出教学是一项道德的活动，它不仅蕴含道德属性，而且传递道德影响。重要的是，教学与伦理具有一种内生的本源关系，即道德性或伦理性是教学的内在属性和特征之一。因此，教学需要伦理的规约与引导。

三、大学教学伦理的内涵

（一）教学伦理研究的发展

教学伦理（ethics of teaching）是教育伦理中的重要内容，作为一个专门领域，20世纪70年代国外对教学伦理的研究逐渐出现。教学伦理研究旨在探索如何使教学活动成为一项道德的活动，即诉求"合乎道德的教学"。由于理解不同，国外的教学伦理研究出现了两种不同倾向：一是探讨教学中的道德教育问题，认为教学伦理就是在教学中进行道德教育，或者说教授道德（teach morality）；二是探讨教师在教学中的道德行为问题，认为教学伦理是教师在教学中表现出优良的道德行为，也就是如何道德地教（teach morally），后者逐渐成为当前教学伦理研究的主体，并分化出两个内容。

一个是有关教学的伦理性或伦理品格问题的研究，即研究"教学的伦理"（ethics of teaching）或"教学的道德"（morality of teaching），其关注的核心问题是"教学为何是一项道德的活动"。这里的"教学"主要指课堂教学活动及其过程,因此这类研究属于教学活动伦理。依据彼得斯对教育伦理标准的认识,一般认为教学活动的伦理性体现为教学目的正当、教学内容有积极价值、教学方法合乎道德。也就是石中英教授所说的:"不管是教学的意向,还是师生双方互动的形式或教学的具体内容,都必须符合一定文化体系中伦理规范的要求,采取一种学生在道德上能够接受的方式来进行。"[1]在这种研究中,教学伦理的价值是坚守教学活动的伦理品格,确保教学本体价值的实现。另一个是有关教学中的伦理困境及教师的道德行为选择问题的研究,即研究"教学中的伦理"(ethics in teaching),如怎样合理地使用惩罚,如何协调学生的多样性与统一性,如何平衡纪律与自由等。斯特赖克(K·A·Strike)和索尔蒂斯(J·F·Soltis)于1985年合作出版的《教学伦理》是这一研究的代表。在这类研究中,教学伦理的价值是规范教师的教学行为,建立教学世界的伦理秩序,维护教育人际交往的正义性。

从目前的教学伦理研究可以看出,教学伦理主要包含两个内容:一是教学活动本身应具有的伦理品格,二是教学活动中教师行为应符合的伦理要求。教学活动的伦理是从教学活动本身的价值确立角度而言的,教师的教学伦理行为是从实现教学价值和教学活动道德意义的角度而言的。具体而言,前者涉及教师的行为是否能推动教学价值的实现,以确保教学作为一项合道德的活动;后者涉及教师的教学行为是否关照或有利于学生的发展,以确保教师的行为符合道德要求。细究起来,二者有一定差别,但实际上它们是一而二、二而一的关系。教学活动的伦理品格蕴含对教师的伦理要求,教师遵守教学伦理规范才能使教学活动实现自身的价值,展现出内在的伦理品格。而且,教师的教学伦理行为作为"应该"层面的要求,是基于教学活动伦理"本来"层面的要求的,因为"伦理"包括人际关系

---

1 石中英. 教育哲学导论[M]. 北京:北京师范大学出版社,2002:198.

本来如此的状态以及应该如何的状态的规定，教学活动的伦理性决定了教师应该如何的伦理行为表现。所以不难想象，一位教师如果能使教学对学生的理智素养、道德素养、审美素养、心理素养等发挥出积极的促进作用，能使学生愿意投入到教学活动中，沉浸在有意义的课堂中，那么教师的行为很难出现伦理失序。

（二）大学教学伦理的内涵

教学伦理涉及"教学的伦理""教学中的伦理"两类内容，比较而言，"教学的伦理"是基础性的，它关乎教学伦理及其研究存在的意义。因为教学活动本身的伦理性是教学伦理的立论根基，它不仅为教学活动确立正确的伦理取向，使其能始终追求本体价值的实现，而且为实践中诊断教学伦理失范提供重要的依据。就大学教学而言，大学教学伦理更主要地体现在课堂教学活动的伦理性上，发生在教学中的伦理问题相对表现得次之。就是说，在中小学教学中经常出现的伦理问题或冲突，如教学权威与教学民主、教育惩罚与教育关怀等在大学教学伦理中表现得不是非常激烈和突出。所以，大学教学伦理研究应该更加重视和探索"教学的伦理"问题。它关乎大学教学伦理的整体定位，对于大学教学的高品质发展也具有重要的意义。基于此，本章所论述的"大学教学伦理"主要是指"教学活动伦理"，也就是指教学活动应具有的伦理品格或应体现、贯彻的伦理要求，其中会关联教师的教学德性。

通过前述分析可以看出，教学具有伦理性的主要根源在于教学具有重要的内在或本体价值。从这一角度出发，我们认为，教学伦理是指在教学过程中教师为实现教学价值而遵循的一系列伦理价值和行为规范。这一定义涵盖了前述所说的两个内容，即教学本身的伦理品质及教师需遵循的伦理价值。更确切地说，教师在教学中应遵循的伦理价值和规范是基于教学本身的伦理品格生发出来的，二者是相互关联、密不可分的。基于"教学伦理"的内涵，"大学教学伦理"是指大学教师为实现大学教学的应有价值而需秉承、践行的一系列伦理价值和行为规范。

第二节　追求卓越的生命化学习：大学教学伦理的原点

一、教学伦理原点：为何与何谓

（一）为何要探讨"教学伦理原点"问题

教学伦理是一个体系，教学伦理研究要建构一个基本的伦理体系，包括伦理精神、原则、规范等，但在建构体系之前需要确立教学伦理的原点。"原点"即起点、出发点，引申为一个事物的本义、本原、本质等。学者们针对某一话题或问题展开的本原性或根基性的研究，往往会被冠以"原点""原点思考"，如教育的原点、教学改革的原点思考等。可见，原点是理论思考的起点，能帮助澄明、抓住问题或事物的本原或根基，由此整合或凝聚理论体系，也能帮助确立实践的切入点，有效展开实践活动。因此，思考教学伦理原点问题是非常有必要的。

雅斯贝尔斯说："教育须有信仰，没有信仰就不能成其为教育，而只是教学的技术而已。"[1] 就教学伦理而言，"合乎道德的教学"是其本质的追求和核心表达，是教师应有的教学信仰。如此，教学伦理的原点似乎就是"合乎道德的教学"，就是教学善。这种理解虽然没有错，但实际上是同义反复的，并不能真正解释或表达教学伦理的起点问题。因为教学伦理的原点既应该是对教学伦理本义或根基的相对具体化的把握，也应该能成为教学伦理实践的切入点，而"教学善"一词的表达显然是比较宽泛、模糊的。

通过前述分析，我们知道教学伦理包括教学的伦理和教学中的伦理两个内容，前者是基础性的。换句话说，在教学伦理问题上，首先要确保教学自身的伦理品格即教学作为一项道德的活动是基础，然后涉及伦理冲突中的教师行为。如此，教学作为一项道德活动的表现，就成为根基中的根基，这表明教学伦理原点问题实际上是要回答"教学道德性的表现"问题。"大学教

---

[1]〔德〕雅斯贝尔斯.什么是教育［M］.邹进，译.北京：生活·读书·新知三联书店，1991：44.

学的伦理之维"部分对这一问题做出了回答,但在教学伦理原点问题上,这一回答是缺乏解释力和概括力的,因为在理论上它并没有给出关于"教学道德性"的一个核心表达或凝聚点,而是给出了一个多维的组合,在实践上它也不足以成为指导教学伦理实践的明确出发点。因此,我们需要在"教学道德性的表现"维度上继续思考教学伦理的原点问题。

(二)理解"教学伦理原点"问题

在本章第一节的分析中,我们已经论证了教学作为一种道德活动的理由,可以明确教学价值的实现确立了教学存在的意义,决定了教学善的存在。如果教学活动不能实现其基本价值,那么它不但是无效的,也是缺乏道德的。阿兰·汤姆(Alan Tom)在《作为一种道德技艺的教学》中就指出:"道德,我强调两个方面:它既与行为的正确性有关,也与被认为重要的、有价值的东西有关,前提是这些价值情景明显带有期望的目的,后者是一种更广泛意义上的理解。"[1]因而,对教学伦理原点问题的解答就关联着怎样为教学价值的实现寻找立足点的问题,也就是教学价值的实现基点问题,即在教学价值实现层面对教学的道德性给出一个核心表征,这一表征作为原点,不仅在理论上可以引出教学伦理的诸多范畴,而且在实践中具有指导意义。进一步讲,教学伦理原点问题就转化为怎样为教学本体价值的实现寻找立足点,因为本体价值是教学的存在根基。

二、从伦理回到教学:寻找教学伦理原点的合理路径

明确了"教学伦理原点"的所指问题,就需要分析教学伦理原点是什么。探讨教学伦理原点问题,有必要反思教学伦理的研究范式,因为它决定了思考这一问题的出发点。

---

[1] Alan Tom. *Teaching As a Moral Craft* [M].New York: Longman Inc., 1984:79.

（一）忽视原点问题：我国大学教学伦理研究的境况

我国大学教学伦理研究的出现和发展与两股推动力量有关。一是新世纪以来，在高等教育大众化发展中教学质量下滑问题日益引起人们的担忧和关注；二是2000年之后基础教育领域中的教学伦理研究发展起来。现实的问题与研究的铺垫共同促使一些研究者在高等教育哲学、教学论、课程论、教师学等之外注意到从伦理学角度对大学教学展开反思和探索，大学教学伦理研究在我国应运而生。目前，我国的大学教学伦理研究存在两种形式：一种是一般伦理原则在教学中的延展研究，另一种是基于伦理思维的教学研究。

一般伦理原则在教学中的延展研究，指教学伦理侧重研究一般伦理原则在教学中的具体应用问题，旨在形成教学伦理的相关范畴、原则等，如教学自由、教学理性等。这一取向认为"教学伦理就是伦理学在教学活动中的体现与延伸"[1]。因此，研究者通常在分析一般伦理原则涵义的基础上，分析其在教学中的内涵或表现等。如在基于"理性"的一般涵义之上，有研究者指出："大学课堂教学理性着重指向大学教师通过对大学教学本质的理解而内化的教学态度、教学意识及其个人的生活方式在课堂教学中的反映，同时也包括了由此带来的学生的某些理性的学习方式、生活态度和价值取向。"[2]

基于伦理思维的教学研究，指教学伦理以善恶为线索，分析、阐释教学中的善恶问题，从而建构合乎道德的教学世界。这种研究包括哲学思辨和实践反思两种类型。在哲学思辨研究中，研究者主要围绕大学教学伦理的根源、价值、表现等展开探索，属于教学伦理本体问题的研究，体现了一种从教学论角度思考教学的伦理本质的思路。[3] 如有研究者认为，大学教学伦理的根源在于教学是促进人与文化双向生成的活动，是师生共享共生的活动，是尊重人的自主和理解的活动。[4] 在实践反思研究中，研究者主要从伦理失

---

1 蒿楠. 教学伦理：内涵、关键话题与实践回应[J]. 思想理论教育, 2013（24）：12–18.
2 谭桂荣. 大学课堂教学理性的缺失与重建[D]. 济南：山东师范大学, 2007：7.
3 郑信军, 周长喜. 教学伦理研究的道德心理视域[J]. 教育科学研究, 2014（2）：54–58.
4 赵欢春. 高校教学的道德追问[J]. 江苏高教, 2007（5）：69–71.

范的角度进行问题诊断，并阐明教学应遵循的伦理规范，涉及教学目的、内容与方法、教学管理与评价、师生关系等方面。

这两种形式的研究推动了人们对大学教学伦理的关注，但它们都忽视了一个重要的内容，这就是对教学伦理原点问题的关注和研究。一方面，在理论探讨上虽然有研究关注了大学教学伦理性问题，但集中在根源的解答上。另一方面，很多实践反思研究通常在对"道德的教学"不做前提性界定和论证的情况下，直接分析教学伦理失范的表现及回归教学伦理的策略。这种分析缺乏判断依据，难以令人信服。总之，目前的研究对教学伦理性的表现缺乏分析和界定，导致研究缺乏立论根据，欠缺严谨性、准确性，也导致大学教学伦理研究的边界变得模糊。如有研究者分析认为，大学教学伦理应体现为"制定阶段性的教学目标""保证教学内容难度程度适中""提高学生的学习效率""坚持静态评价与动态评价相结合的原则"[1]。仔细推敲，不免疑惑，这些内容反映的是教学的伦理问题还是科学问题？教学的科学性解决的是教学技术、效率问题，教学的伦理性则关乎的是教学的合理价值取向、伦理品质问题，二者是有区别的。可见，忽视对教学伦理原点问题的思考，会影响人们准确认识和把握大学教学伦理性的核心，干扰大学教学的发展方向，也会弱化教学伦理研究的独特价值。

（二）从伦理出发回到教学：原点问题研究路径的确立

从字面意思上看，教学伦理是从伦理角度审视教学问题，所以不论是一般伦理原则、范畴等在教学中的延展研究，还是基于伦理思维的教学研究，总体上呈现的都是一种伦理主导的思维框架或分析模式，即站在与"教学"平行的位置或外围用伦理的镜子审视教学，致力于研究"教学应遵守的伦理规范"。这种研究范式促成了教学伦理研究的出现，但同时我们也应注意到，教学伦理研究不能忽视"教学"作为本体的存在。伦理虽然为研究教学提供了分析视角，但教学伦理不能变为一般伦理原则、规范在教学中的简单

1　朱耀东. 高校教师教学伦理建构研究［D］. 西宁：青海师范大学，2016：25–32.

移植。"教学伦理研究的实践指向和价值归宿是优化学校教学、促进学生发展。"[1]"优化的教学"不仅应该是符合伦理的,更应该切合教学自身的本质或特性,这是前提。换句话说,教学的特性将影响甚至决定教学伦理的独特"伦理"表征。

因此,如果忽略教学的特性,教学伦理研究尤其是"合乎道德的教学"的探讨就会变成用一般伦理原则"包装"教学的问题,进而导致人们习惯性地认为只要遵循伦理原则如自由、公正的教学就是合乎道德的教学。这种理解没有错,但在原点问题上,这种解答是不具有凝聚性和解释力的,难以有效地凸显教学伦理的整体或核心定位,也难以凸显教学伦理与其他伦理如教育管理伦理、教育评价伦理的本质区别。教学与伦理应该是有机融合的,以伦理的视角反思、建构教学的合理状态,以教学的视角裁定、表达教学伦理的独特意味。所以,教学伦理研究包括教学伦理原点问题的探索应该确立从伦理出发回到教学的思路,即在应用伦理视角的同时还应该观照"教学"作为本体的存在,要基于并融合教学的内涵、本质、特点、价值等展开伦理建构,凸显基于"教学"的伦理意味。诚如有学者所言:"努力促进教学伦理研究从伦理回归教学,是当前深化教学伦理研究的新方向。"[2]其实,在教学伦理研究上,"伦理"与"教学"并没有先后关系,强调从伦理回到教学的思路,主要是为了强调教学伦理研究应该立足"教学"的原点,凸显"教学"的特征,使教学成为更加具有自身独特伦理本义的活动。一定意义上,这提示我们教学伦理研究应该充分考虑教学论等相关学科的研究。

从伦理出发回到教学的研究路径,有助于我们把握教学伦理性的根本表现即原点问题,也是伦理学对教学发挥反思功能的重要保证。德国学者本宁(Benning)曾就"教育伦理学"指出:"一般伦理学与哲学、人类学相对于教育学具有一种批判的功能。……伦理学将永远保留它对于教育价值意识

---

[1] 王本陆,王婵.简议教学伦理研究中的学生主体问题[J].教育学报,2017(5):33-37.
[2] 同1.

的功能；教育价值有效性的问题需要一般伦理学，教育学是无法回答这些问题的。"[1] 同样，在教学伦理上，伦理之于教学的意义不仅表现为帮助人们建立教学世界的伦理秩序，也表现为促使人们对教学保持反思意识，或者说促使教学实现自身的伦理反思，以确保教学始终保持合理的价值取向。这一功能实际上就体现在教学的伦理性问题上。一定意义上，解答"什么是合乎道德的教学"这一原点问题，就是从伦理视角反思、澄明、确立教学的本质规定性，以推动教学实现自律，确保本体价值的实现。

三、生命化学习：教学伦理的原点

从伦理出发回到教学的思路，为我们打开了探索教学伦理的新路径。在这一路径下，探索教学伦理原点问题，就要在借助伦理学原理和思维的前提下立足"教学"本身展开思考，也就是既需要在观照"教学"作为本体性存在的基础上展开伦理角度的审思，也需要与教学价值的实现问题相关联。在这两个限定条件下，解答教学伦理原点问题必然关涉两组关系，分别是教学与人的发展的关系，教与学的关系，两者不仅都反映了教学活动的重要方面，体现了"教学"的意味，而且都与教学价值的实现问题相关，前者是教学价值本身，后者是实现教学价值最基本的着力点。因为教与学的关系是教学活动最基本的关系，没有这层关系，师与生的关系、知识与发展的关系等都不会具有教学的意义。由此，教学伦理的原点就可以具体为"生命化学习"。

（一）"唤起学习"是教学本体价值实现的支点

实现教学的本体价值需要很多条件，如合理的教学内容和教学设计、得当的教学方法、教师的人格魅力、准确把握学生的需求和发展水平等，但由于学生现有发展水平与教学目标之间的矛盾是教学过程的主要矛盾，所以实

---

1 Alfons Benning.*Ethik der Erziehung* [M]. Freiburg: Herder Verlag, 1980: 19–20.

现教学本体价值的核心就落到解决这一矛盾上。解决这一矛盾，关键在于教师的"教"要能帮助学生有效地理解、内化教学内容，也就是推动学生产生有效的学习。因为教学是教与学的双边互动活动，没有学生的学，教就无法产生作用，教学价值就无法实现，教学也就是无效的。这里的"学习"既是一个行动意义上的概念，也是一个效果意义上的概念。这就是说，教学价值的实现既需要学生有积极的学习投入，也表现为学生取得了有效的学习，如习得了知识、技能，养成了良好的价值观和品质，包括学习能力和品质。因此，教学不论是实现社会价值，还是实现个体发展价值，都必须以"学"的发生和实现为基础和桥梁，"教"必须要唤起"学"，要帮助学生产生"学"。正是在这一意义上，教学归根结底是"一种由教师参与帮助的学习活动"[1]。现代教学论研究已经从关注"教"转向了关注"学"，教学伦理研究在转变单一的伦理学思维框架的同时，应该从关注"学"的角度探讨教学的伦理问题，这更能体现教学伦理对教学本质的守护。

教的方式取决于学的方式，"学"是一切教学价值实现的基础。教师的一切行为都应立足于促进学生的"学"，好的教学一定也是必然包含学生主动学习的活动。因此，"学"是教学价值实现的支点，只有唤起"学"的教才是有意义的，"学"是学生在教学世界中获得发展的生长点，唤起学习应是教师的基本教学责任。在这一意义上，合乎道德的教学应该是唤起学生学习的活动。

（二）生命化学习是实现教学伦理性的支点

"唤起学习"是教学价值实现的支点，是有效教学的表征，这只能反映出教师的教学责任，但似乎并不能准确表达教学的伦理性，因为"唤起学习"不能表达对受教育者发展利益的正面回应，这就需要我们在此基础上继续深入分析。

众所周知，学生是教学的主体，也是教学目的的最终指向，教学所直面

---

1 王正平，王国聘. 教育伦理研究（第三辑）[M]. 上海：华东师范大学出版社，2016：153–162.

的、关心的和致力于的都是学生及其发展。但很长时间内,教学只关注"学生"的存在,忽视了学生背后的"人"的存在,尤其是作为生命个体的存在,所以人们习惯从"学习结果"而不是"学习者"的角度理解教学的本体价值,知识、技能、能力等成为关注点,而忽视了"生命发展"。教学面对的是作为生命体存在的学生,致力于成就的是学生整全生命的发展。缺少"生命"的视野,忽视"生命"的基底,就不能使教学从根本上关注学生的完整成长,甚至容易出现对本体价值的遗忘。所以,从伦理意义上看,唤起学习应该是唤起生命化的学习。"生命化"是对"学习"的限定,它表明了"人"在教学中的挺立,表明了教学与人的发展之间的本质关系。具体来说,"生命化"体现在对"学习"之目的、内容、方法论的性质定位上。在目的上,生命化学习最终指向个体生命的整全发展;在内容上,生命化学习汲取的是能滋养人的物质生命和精神生命、生命的个体性和社会性协同发展的知识、技能、道德等;在方法论上,生命化学习强调尊重生命体的成长特点、方式和学习主体性,强调教师的行为是"唤起",即教师的"教"重在激励、引导、支持和指导。相比于传授知识、训练技能等,"唤起学习"体现了一种过程性思维,一种持续性状态,更加彰显了教育的关怀之意。

可见,"生命化学习"体现了"伦理"与"教学"的融合,实现了教学目的与方法的整合。它也意味着教师伦理行为的出发点将指向关心、服务学生作为生命体的学习,而不是教师作为职业人的"教",课堂教学将焕发出生命活力。因此,"生命化学习"应该是对教学伦理性的核心表达,应该是教学伦理性实现的起点,也即是教学伦理的原点所在。

"生命化学习"不仅是教学实现终极伦理性——生命发展的基石,也是教学伦理范畴或原则如教学理性、教学自由、教学民主、平等、尊重等产生的重要依据之一。因为"学习"是一个理智探险的过程,是一个师生互动的过程,它需要理性和民主;"生命化"的过程需要尊重、自由和平等。"生命化学习"是教学伦理意义实现的基础,是教学的伦理基础。任何无视或违背生命发展原则的"学",都会导致教学走向异化,出现伦理失范。同时,作为教学伦理的原点,"生命化学习"有助于扩展、丰富对教学伦理本体问题的认识,如教学科学性与伦理性的边界、教学伦理的价值旨归等,也有助于将教学伦理从作为规范教师"教"的行为的职业伦理转变为关注学生"学"的教学活动伦理,从而推进"以生为本"理念的落实。这充分尊重了"教学"在教学伦理中的本体性存在的意义,将更有助于教学伦理为实现教学价值而服务。

四、追求卓越的生命化学习:大学教学伦理的原点

"生命化学习"是教学伦理的原点,但由于大学教学与中小学教学有所不同,所以大学教学伦理的原点在"生命化学习"上是有独特表现的,这就是"追求卓越的生命化学习"。

(一)"生命化学习"是大学教学的重要命题

大学教学具有学术性,注重"传递深奥的知识,分析、批判现存的知识,并探索新的学问领域"[1],因而大学教学的探究性特点非常突出。换句话说,大学教学不是简单地学习知识的过程,而是师生共同探究问题,共同寻求新知识,发展新思想的过程。这表明大学教学对"学"有更高的需求,学生只有主动学习,大学教学的学术性、探究性才能显现,大学才能培养具有批判思维、理智能力和求真、自由等精神的人。

当今,随着人类科技的飞速发展,"学习"在大学教学中的重要性正日益凸显。自20世纪70年代以来,西方出现了"大学学习研究"的热潮,21世纪以来一系列强调"学习"的教学新理念出现,如卓越教学、教学学术、教与学的一致性建构(constructive alignment)等。美国学者肯·贝恩(Ken Bain)的著作《如何成为卓越的大学教师》立足的一个重要思想就是

---

1 〔美〕约翰·S·布鲁贝克.高等教育哲学[M].王承绪,等译.杭州:浙江教育出版社,2001:13.

卓越的教师都"非常成功地以各种方法帮助学生进行学习，这些方法对学生的思想、行为和情感产生了持久、真实和积极的影响"[1]。基于此，他回答了"卓越的教师知道学生怎样学习吗""卓越的教师对学生有什么期望"以及什么是"优质的学习"等问题。教学学术思想经由博耶、舒尔曼（Shulman）和哈钦斯（Hutchins）的发展后，也确立了通过研究"学生怎样学"推动教学研究和实践的立场。"所谓教与学的学术，就是基于对学生学习数据掌握基础之上的教学"，它"寻找学生学习中的问题，探索对于学习新的洞察，并将结果公之于众"。其主要目标是"形成一种机制与规范，让教师们在他们的课堂上及专业中，产生教学的知识以及提升学生的学习"[2]。当前一些国家出台的大学教学标准框架也聚焦于"学习"。如《澳大利亚大学教学规范与标准框架》的内容均与"学习"有关：①设计与规划学习活动；②教学与支持学生学习；③对学生的学习给予评估与反馈；④创设有效的学习环境、学生支持和指导；⑤将学术、科研、专业活动与教学相融合，以支持学生学习。[3] 英国大学的《教学卓越和学生成果框架》将"满足不同学生的个性化学习需求"作为目标之一。[4] 可见，"服务于学习"或"推进学习"已经成为大学教学改革的重要趋向和命题，也应该成为大学教学伦理的关注点。

与此同时，健全人格的发展、整全生命的发展也日益被关注。曾任哈佛学院院长的哈瑞·刘易斯（Harry Lewis）在《失去灵魂的卓越：哈佛是如何忘记教育宗旨的》一书中批判美国大学本科教育遗忘了教育的宗旨，他

---

1 〔美〕肯·贝恩.如何成为卓越的大学教师［M］.明廷雄，彭汉良，译.北京：北京大学出版社，2014：5.

2 谢阳斌，桑新民.教学学术运动面临的三大难题与破解之道［J］.中国高教研究，2015（7）：102–106.

3 Australian Government Office for Learning and Teaching. Australian University Teaching and Criteria and Standards Project［EB/OL］.［2018-12-10］. http://uniteachingcriteria.edu.au/.

4 王铄，王雪双.英国大学教学评估改革新动向——基于"教学卓越框架"的前瞻性分析［J］.比较教育研究，2017（7）：49–55.

指出:"大学已经忘记了更重要的教育学生的任务。作为知识的创造者和存贮地,这些大学是成功的,但它们忘记了本科教育的基本任务是帮助十几岁的人成长为二十几岁的人,让他们了解自我、探索自己生活的远大目标,毕业时成为一个更加成熟的人。"[1]这也切中了我国大学教育的现行问题。当今大学生出现的价值观低俗、利己主义、不良竞争心理、情感淡漠、社会责任感匮乏等问题与课堂教学的知识化、技术化、职业化,忽视育人价值,忽视人格陶冶和生命意义的引导等密切相关。大学教学不仅要发展人的智能,更要教育学生"成为富有学识、智慧、能为自己的生活和社会承担责任的成年人"[2],使他们成长为关心社会发展,努力实现生命价值的人。因此,大学教学必须肩负起发展学生积极的生命价值观、社会责任感和丰富的精神世界的职责,这是学生生命成长的需要,也是大学健康发展的需要。

综上而言,"生命化学习"作为教学伦理的原点不仅符合大学教学的特点,更切中了当今大学教学的发展命题,而且有助于澄明大学教学的使命与目的,使大学教学能始终坚守基本的立场——"以生为本",确保其"充分保障学生的受教育基本权益,不断提升学生的学习满意度,将'为学生服务'内化到学生学习体验中"[3],真正凸显教学的伦理关怀。

此外,"生命化学习"作为大学教学伦理的原点还有助于深入理解和明确大学教学的另一特征——教学是发生在学术共同体中的。大学是一个学术共同体,它存在于学者之间,也存在于师生之间。"把新知识的创造和旧思想的改造作为高等教育的任务,这个任务在教师和学生共同的肩上,大家都是探索者,教师和学生完全是科研的伙伴关系。"[4]大学生的学习是发生在

---

1 〔美〕哈瑞·刘易斯.失去灵魂的卓越:哈佛是如何忘记教育宗旨的[M].侯定凯,等译.上海:华东师范大学出版社,2012:10(英文版序言).
2 同1:11(英文版序言).
3 陈涛,邓圆.英国何以让高校教学更卓越?——追踪教学卓越与学生成果框架(TEF)的成效、反思与改进[J].教育科学,2018(2):88—96.
4 〔美〕伯顿·克拉克.探究的场所——现代大学的科研和研究生教育[M].王承绪,译.杭州:浙江教育出版社,2001:19.

学术共同体中的，他们是作为与教师一样具有理智好奇和求真精神的生命主体存在的，他们与教师之间更可能发生平等的、志同道合的、相互合作的知识探险和精神生命的交流。在这一意义上，"生命化学习"是对"学术共同体"精神内涵的补充，所以更能凸显大学教学的伦理性。

（二）追求卓越是大学教育的内在品格

相比于中小学教育，大学教育在诸多方面体现了不断进取、追求卓越的特征，可以说"追求卓越"是大学教育的内在品格，也是其不变的价值追求，因此大学教学伦理的原点应该是"追求卓越的生命化学习"。这里的"卓越"表现为大学教学鼓励个体不断追求自我实现，并努力成就人的不断进取的发展态势。所以，"卓越"既表征一种状态，也表征一种结果。

"追求卓越"的品质源于大学的几个独特方面。

首先，追求卓越是由高等教育高深知识的基础决定的。高深知识不同于一般知识，它能开阔人的视野，提升人的思维，促使人形成新的认知和独立的思想；高深知识的探索能开拓人类的知识疆域，提升人的认识水平和能力，推动人类文明的创新与进步。因此，高深知识对于个体和社会都具有更高层面的推进意义，这表明了大学教育在知识发展目标上的卓越性。

其次，追求卓越是由高等教育的培养目标决定的。高等教育志在培养高水平的专业人才，他们具有系统的专业知识、批判性思维、问题解决能力等，但这并不是高等教育的全部或唯一目标。高等教育致力于培养高素质的人，"高素质"不仅在心智能力上，更在于卓越的人格。所谓"卓越的人格"，是指具有较高追求或境界的道德人格，如高尚的理想、强烈的社会责任感和完善的个人道德。这既是由高深知识的德性涵育价值决定的，也是由高深知识发挥社会价值所需的条件决定的。学习、研究深奥学问，探秘人类未知领域，既能增进人的心智发展，还能滋养人的精神追求，使人懂得崇尚科学、尊重知识、敬畏世界、追求进步。同时，只有具有卓越人格的人，才有强烈的意愿和责任运用所学专长服务于社会发展。因此，卓越人格的培养是高等教育必然的目标和使命。正是因为这一点，哈瑞·刘易斯在多年的哈佛学院院长工作中才痛心地指出,哈佛学院出现了"不实的卓越",关注"世界问题""知识探索""勤勉工作"和"成功",远多于关注"个人力量、完善的人格、善良、合作、同情、如何把眼前的世界建设得更美好等"[1]内容,大学忘记了育人的使命,他认为这是一种"失去灵魂的卓越"。为此他倡导,大学的通识教育要教育学生"应对社会知恩图报,应该利用自己掌握的知识为人类谋福利,而不仅仅追求自身的经济富足"[2]。

再次,追求卓越是大学精神的凝结。大学是知识共同体,大学教师以科学研究为己任,勇于探索未知领域,研究新的课题,不断发现新知,攀登科学的高峰。这是大学创新精神的体现。创新是大学富有生机的源泉,所以有学者说:"真正的大学必须具有三个组成部分,一是学术性之教学,二是科学与学术性的研究,三是创造性之文化生活。"[3]大学也是社会发展的强大助推力,它不仅通过人才培养和知识生产与应用推动科技、经济的繁荣,而且通过学者的学识为社会发现问题、辨识解疑、献计献策。后者是大学的批判精神之所在。批判精神使大学始终保持理智的独立与清醒,保持反思意识和超越意识。它不服膺社会的不良,而是积极批判和揭露社会的不良。正是这种创新精神和批判精神使大学不论是作为高深知识的生产之地,还是作为社会发展的"智力良心",都可以实现自身的不断突破、进取和超越,使大学始终散发出魅力与光芒。而创新和批判的背后蕴含的是大学追求卓越的品格,不墨守成规、不追求平庸,倡导思想多元、创新进取。可以说,追求卓越是大学精神的完整凝结,是大学教育的价值追求,也是大学教师的应有品格。

---

1 〔美〕哈瑞·刘易斯.失去灵魂的卓越:哈佛是如何忘记教育宗旨的[M].侯定凯,等译.上海:华东师范大学出版社,2007:10(英文版序言).

2 同1:5(中文版序言).

3 金耀基.大学之理念(增订版)[M].北京:生活·读书·新知三联书店,2008:5.

第三节　大学教师的教学伦理构成

依据教学伦理的定义，教学伦理包含两个内容：一是教学活动本身符合伦理规定性的表现，二是教师教学行为应符合的伦理要求。虽然教学活动伦理最终落实为教师的伦理行为，但为了更好地凸显教学自身应有的伦理品格，我们认为，在伦理体系中，伦理精神和原则更适合于表达教学活动伦理，教学德性更适于描述或表达教师的伦理行为。如此，教师的教学伦理主要由教学伦理精神、伦理原则和教师的教学德性构成。

一、人道与理性：教学伦理精神

（一）何谓教学伦理精神

《辞海》中对"精神"有五种解释：一是指人的意识、思维活动和一般心理状态；二是指神态、心神的集中和指向程度；三是指精力、活力；四是指神采、韵味；五是指内容的实质。可见，"精神"所指的对象既可以是人，也可以是事物。王坤庆教授在《精神与教育——一种教育哲学视角的当代教育反思与建构》一书中指出，精神主要指对人的主观存在状态的描述与定位，是人们所具有的一种基本属性以及发展过程的理想归属。[1] 其中"发展过程的理想归属"说明"精神"往往是人和事物所认同、崇尚的某种信念或价值取向。基于此，我们认为，大学教学伦理精神指大学教学在追求自身道德性的过程中秉承的基本价值取向。

伦理一定涉及伦理规范，但伦理规范繁多，仅依靠伦理规范会分散或肢解对教学伦理性的整体把握。事实上，伦理规范背后蕴含伦理主线或内核，因为教学作为一项合乎道德的活动是有其内在的合理价值取向的，规范背后

---

[1] 王坤庆.精神与教育——一种教育哲学视角的当代教育反思与建构[M].上海：上海教育出版社，2002：14–15.

的伦理内核就是伦理精神。伦理精神指明了教学具有的某种实质或品格，也体现了个体对教学价值取向的基本期许。一定意义上，教学伦理精神就是教学的信念或信仰，它对教学发挥整体上的定位和指引作用，它的缺失或定位不当将从根本上影响教学善的实现。所以，建构教学伦理首先应该确立教学伦理精神。

大学教学伦理的原点是追求卓越的生命化学习，它是分析大学教学伦理构成的依据。也就是说，大学教学伦理的诸多内容都应该服务于这一伦理原点的实现。"追求卓越的生命化学习"由"生命化"和"学习"两个关键词构成，"学习"是对学生行为的观照，关联的是教学与知识的关系；"生命化"是对学生在教学过程中的发展状态和结果的观照，关联的是教学与人的发展的关系。基于此，我们认为大学教师的教学伦理精神主要有人道精神和理性精神。

（二）大学教学的人道精神

人道主义通常指一切强调人的地位、尊重人的需要、重视人的价值、维护人的尊严和权利的价值体系，因此从"人"的角度看，教学必须确立人道精神。事实上，"人道主义是人类道德进步的尺度，没有人道主义，就没有道德"[1]。讨论教学伦理问题离不开人道精神。教学的人道精神既指教学的发展遵循以人为本的理念，尊重人的需要，提升人的价值，推动个体的自我实现，也指教学旨在培养具有人道主义精神的个体，即具有一定的人文素养和社会情怀，对人的价值、生命意义等人生命题具有正确的认识，对他人、社会和世界具有实践关怀的责任与能力的人。具体而言，大学教学的人道精神主要体现为促进学生的全面和谐发展，尊重学生的学习自由。

大学教学具有专业性，培养的人必须具有一定的专业知识和技能，但是大学教学是以提高人的整体素养为宗旨，还是以增强人的职业生存能力为宗旨？以往我国大学比较看重后者，专业教育所占比重较大，这在一定程

---

1 魏英敏.新伦理学教程[M].北京：北京大学出版社，1993：311.

度上导致大学"知识人"或"半人"形象的出现。20世纪90年代，人文精神、人文教育在我国高等教育中凸显，对大学偏重科学精神，专注于培养专门人才的价值取向展开纠正。可见，大学教学在保持专业性的同时应该坚持以人为本的精神和理念，从"人"的理想状态或形象展开教育教学活动，致力于培养"全面和谐发展的人"。这样的人是知识、能力与人格全面发展的人，是追求精神丰满的人。这一点已经逐渐被世界很多大学所接受并纳入教育目标中，如美国哈佛大学从六个方面确立了本科教育的目标：一是培养学生能够成为参与发现、解释和创新知识或思想的人；二是使学生很好地掌握现有的知识和理论；三是使学生能够发展多种技能，养成独立思考问题的习惯；四是培养学生的适应性，面对不断发展变化的世界，能够调整自我；五是注重学生的兴趣、爱好和特长，培养审美情趣；六是培养学生对道德的判断能力，学会理性选择。当今，通识教育和通识课程在世界各国高等教育中的大力推行，即反映了大学对"人的全面和谐发展"的关照，凸显了人道关怀。随着信息时代的发展、社会发展速度的增快以及复杂性的增强，现代大学教学更应该"尊重个人发展的内在需要和客观规律，尊重人的个性和自主性，尊重人的整体性和真实性，从而生动、活泼、有效地满足个人身心发展的整体要求，促进个人全面提高素质，形成完整的个性"[1]。

除了专业性，大学教学不同于中小学教学的地方还在于，它面对的是一群具有强烈的主体意识和较高主体性的学生群体，他们期待发挥学习的主体性，期待获得自主的发展。所以，大学教学的人道精神还表现为尊重学生的学习自由。德国哲学家费希特（Fichte）指出："教育首先是培养人，不是首先着眼于实用性，不是首先去传授知识与技术，而是要去唤醒学生的力量，培养他们自我学习的主动性、归纳力、理解力，以便他们在无法预料的未来局势中做出有意义的自我选择。"[2] 事实上，学习自由是大学学术自由精神的

---

1 王本陆.教育崇善论［M］.广州：广东教育出版社，2001：163.
2 孙兆泽.大学理性之重塑［J］.教育理论与实践，2004（20）：7-9.

表现之一。一般来说,学习自由指"学生在教授的正确方法指导下,在专业学习上拥有探讨、怀疑、不赞同和向权威提出批评的自由,有选择教师和学习什么的权利,在教育管理上有参与评议的权利……"[1]正是基于这一点,大学越来越注重设置比例较高的选修课程,注重教学的探究性以及鼓励学生参与科学研究。始于柏林大学的"习明纳"就是较早体现大学尊重学生学习自由的例子。尊重学生的学习自由,教师首要的是应该树立正确的知识观、教学观和学生观,应该认识到大学传授的知识不是永恒的,而是变化的;学生不仅是学习者,也是研究者,他们所从事的是研究性学习;教学过程是学生在教师的引导下展开知识探索并学习探索知识的过程。

(三)大学教学的理性精神

理性通常指人的判断、推理等思维方式或活动,在此基础上延伸为从理智上控制行为的能力。不论是作为思维方式还是作为一种能力,理性均表现为经过逻辑思考和分析,对事物进行去伪存真、由此及彼、由表及里的整理和改造,形成概念、判断、推理,用以反映事物的全体、本质和内部联系。大学教学是一项引导学生探索真知、发现真知的活动,它充满理智的好奇和思考探索,旨在提升人的理智能力,所以教学必须贯穿理性精神。教学活动的开展及活动目标的实现也是一个理性化的过程。教学的理性化表现为这样一种思考过程:"借助于经过严格定义的概念或范畴,对于种种的教学观念、制度、行为以及时间和空间的配置等进行系统的分析、检验、批判与重构,从而最大限度地减少教学认识和实践过程中非理性成分的过程及其结果,使得整个教学活动真正成为一种理性的思考或探险活动。"[2]可见,教学理性不仅包括蕴含在探索真理活动中的理性,还包括确保教学本质追求的理性,后者对于处于当今复杂环境中的教学保持自身的相对独立性和伦理性是非常重要的,诚如有学者所言:"大学不能遗世独立,但却应该有它们的独立与自

---

1 张宝昆.人的因素对大学发展的影响——德、美、日三国大学发展与高等教育思想家[J].外国教育动态,1988(1):37–40.

2 石中英.教育哲学导论[M].北京:北京师范大学出版社,2002:223–224.

主；大学不能自外于人群，但却不能随世界政治风向或社会风尚而盲转、乱转。"[1]事实上，教学理性的上述两个内容虽然指向的对象不同，但实际上是合二为一的，要确保教学成为一项发展人的理智能力的活动，就必须保持对自身的理性审视，因为充满理智的探险是教学活动的本质特征之一。具体而言，大学教学理性精神表现为坚守学术追求精神与批判精神。

　　学术自由是大学的灵魂，这一精神包含一个非常重要的前提，即学术追求。相比之下，学术追求精神对于大学更加重要，因为大学是研究高深学问，进行知识创新的场所，只有崇尚学术，热忱地追求真理，学术自由才有根基和存在的意义。学术追求不仅意味着教师要进行高深知识的探究和创新，更意味着要对学术形成敬畏和信仰，换句话说，只有以崇敬的信仰之心对待学术，学术的目的才是高尚的，而不是功利的，学术活动才有灵魂。当今大学精神日益受到公众和学术界人士的关注，其原因之一就在于大学中的学术研究活动越来越充斥功利色彩，学术道德问题备受关注也是因为学术不端行为玷污了学术的崇高品质。因此，大学教学必须贯彻学术追求精神。

　　在教学上，学术追求精神首先体现为教学具有探究性。这主要包含两层含义：其一，教师在教学过程中要积极创设问题情境，引导学生产生理智的好奇心和强烈的求知欲，激发学生的自主学习与探究的意识，同时也要注意引导学生认识、体悟知识学习与科学研究的乐趣和目的性价值。其二，教师要重视培养学生发现问题、解决问题的能力和批判性思维能力，使其具备怀疑精神和实事求是的科学态度，为此教师要创设活动引导学生经历悬置、理解、质疑、批判与重构[2]的过程，即经历理性思考的过程。当今国外一些大学在通识课程中非常注重方法论或思维领域的内容，在教学中非常注重运用具有探究性的教学方法如探究学习、项目式学习、高峰体验课程等，都是对学术精神的践行。

1　金耀基.大学之理念（增订版）[M].北京：生活·读书·新知三联书店，2008：22.
2　石中英.教育哲学导论[M].北京：北京师范大学出版社，2002：224.

其次，教学中的学术追求精神还体现为大学要尊重并确保教师的教学自由，因为教师只有发挥教学自由，教学的探究性才能得到确保。作为学术自由的构成之一，教学自由指教师在教学过程中所享有的一系列权利，如制定教学内容、选择教材和教学方法的权利、展开教学评价的权利等，总体上表现为教师在教学活动中所追求的一种自主思想或行为状态。[1] 这表明，一方面，教师要积极行使教学自由，精心设计教学，渗透学术研究成果，积极指导学生学习，开展教学研究与改革；另一方面，大学要减少阻碍教师行使教学自由的不合理的行政规定，增加对教学的科学和弹性管理。但需要注意，教学自由是以学生的综合发展，以尊重和发挥学生的学习自由与权利为前提的。忽略这一点，教学自由的价值将大打折扣。

坚持学术追求，教师需要具有批判精神，有批判才有创新，也才有学术进步。批判精神也是大学处理自身与社会关系所必需的，所以大学的批判精神既包括学术批判精神也包括社会批判精神，在一定意义上后者更应受到关注。因为大学不仅要面对和合理处理与社会的关系，而且要在其中保持自身的独立性和学术追求的品格，这样才能使学术和大学获得发展。换句话说，大学不是社会的追随者或附属者，而应该是社会精神的引导者和批判者。诚如美国著名高等教育学者亚伯拉罕·弗莱克斯纳（Abraham Flexner）所言："大学不是一个风向标，对社会每一流行风尚都做出反应。大学必须经常给予社会一些东西，这些东西并不是社会所想要的（wants），而是社会所需要的（need）。"[2]

反映在教学上，批判精神首先体现为大学教师要理性地选择、设计教学内容，在顾及"职业性"或"实用性"的同时，坚守和加强"学术性"和"教育性"。其次，教学要培养学生自我反思的意识、理性批判的态度和精神以及高度的社会责任感，以责任感激发批判精神。再次，教师要具备理性批

---

[1]〔美〕亚伯拉罕·弗莱克斯纳.现代大学论——美英德大学研究[M].徐辉，陈晓菲，译.杭州：浙江教育出版社，2001：3.

[2] 同1.

判能力，能展开自我反思和批判，能坚守学术追求精神，能根据大学精神调整教学目标，能以批判的眼光审视、整理和传递文化，更能理性地批判社会上的各种不良思想观念与行为，积极发挥知识分子应有的社会批判职责，展现知识分子的社会责任。

二、教学民主：教学伦理原则

伦理精神是对一种实践活动总体伦理特质或核心价值取向的表达，人道与理性作为大学教学的伦理精神，实际上就是表明大学教学最根本的价值目标追求。所以，大学教学目标应该基于教学伦理精神，体现教学伦理精神，或者说教学伦理精神应该是教学目的的伦理基础或依据。在此之下，教学活动还需要伦理原则的指导，因为伦理原则是道德系统的中观层次，它既能落实教学伦理精神，也能对行为发挥指导作用。这里，我们将探讨大学教学的伦理原则。

教学是教与学的双边活动，是师生的互动活动。教与学的相互作用方式既构成整体的课堂教学活动，也影响课堂教学氛围。教与学应该以何种方式相互作用、发生关联，既涉及教学论、认知科学、教育心理学、教育技术学等很多学科，同时也与教学伦理有关，因为前者解决的主要是技术问题，而后者涉及的则是技术的合理性问题。这里的"合理性"指涉的对象是教与学中两大主体间的存在方式，也就是说，"合理性"追求的教的行为与学的行为应该在科学的基础上更加符合伦理性，符合人与人的道德化交往方式，因为说到底，教学是发生在教师与学生的人际交往中的。基于这一点，我们认为教学民主应该是处理教与学关系的一种伦理范畴。而且重要的一点还在于，教学民主切合了教学伦理原点——生命化学习的要求，因为生命化学习的发生必然需要解决教与学的作用方式及其关系问题。总之，虽然教学活动可以有很多伦理原则，如教书育人原则、教育关怀原则，但在本书中基于"生命化学习"这一教学伦理原点，我们认为教学民主应该是首要的教学伦理原则，这里也主要对教学民主原则展开分析。

（一）何谓"教学民主"

1. 民主

"民主"是当今各学科领域论及较多的一个概念，涉及政治学、伦理学、社会学、教育学等，其含义十分丰富。"民主"最早出现于政治领域中，是一个政治术语，其英文"democracy"出自古希腊文"demokratia"，这个词由"demos"（人民）和"kratos"（权力）组成，意思是"人民的统治或权力"。一般谈及"民主"多指的是"政治民主"，通常包含两方面含义。一是作为一种政体，意味着"人民主权""人民当家作主"，即人民有权参与国家管理或对国事自由发表意见；二是作为一种管理制度或程序，指公民有权通过投票、发表意见、协商等方式影响公共决策的一套程序或方法。[1]诚如美国学者罗伯特·帕特南（Robert Putnam）指出的："民主赋予公民为达成某种个人或社会的目标向他们的政府提出请愿的权利，同时要求他们对公共利益的不同理解必须存在着公平的竞争。"[2]

1835年，法国政治学家、社会学家托克维尔（Tocqueville）出版《论美国的民主》一书，他将民主从政治领域扩展到社会领域。他认为，民主不仅仅是一种政体，而是"身份平等的社会状况和人民主权原则的结合"[3]。民主不仅适用于国家的政治运作，也支配社会和个体的生活，因为现代社会不存在以出身为基础的贵族，社会是由一个个有德行的人组成的，社会的一系列制度是建立在人民主权的观念之上的。这就是"社会民主"概念的出现，它强调身份地位的平等和个体间的协同作用。可见，社会意义上的民主体现了一种社会生活的基本秩序，反映了个体在社会生活中与他人的共处方式。

---

1 周丹. 班级生活中小学生民主意识的培养研究［D］. 西安：陕西师范大学，2018：13.

2 〔美〕罗伯特·D·帕特南. 使民主运转起来［M］. 王列，赖海榕，译. 南昌：江西人民出版社，2001：72.

3 〔法〕皮埃尔·马南. 民主的本性——托克维尔的政治哲学［M］. 崇明，倪玉珍，译. 北京：华夏出版社，2011：37.

总之，不论是政治意义上的民主，还是社会意义上的民主，民主的核心内容都在于人人平等、个体自主以及参与公共事务[1]，也可以说民主表示具有平等、自由性质和特征的状态、现象[2]。

2. 教育民主

教育民主是民主在教育领域的延伸，是社会民主的组成部分。在现代社会中，教育民主是教育发展的重要取向之一，也是教育进步的重要表现。在早期，教育民主主要表现为教育制度的民主化，强调每一位儿童享有平等的受教育机会，每一位公民拥有参与教育事务的权利，课程设置要保证每一位儿童的发展，排除由阶级、种族、民族等造成的教育区隔。

1916年，美国著名教育学家约翰·杜威发表《民主主义与教育》，阐释了他对教育民主的思想。杜威认为，"民主主义不仅是一种政府的形式，它首先是一种联合生活的方式，是一种共同交流经验的方式。人们参与一种有共同利益的事，每个人必须使自己的行动参照别人的行动，必须考虑别人的行动，使自己的行动有意义和有方向"[3]。而且他认为民主具有两大特点：一是在一个民主的社会群体中共享"数量更大和种类更多的共同利益"，二是该群体需要"与其他社会群体之间展开适度的交流与互动"[4]。受到杜威思想的影响，人们开始从民主的角度审视教育目标、课程、课堂教学、学校管理、师生关系等，日益认识到民主对教育的重要意义，强调教育"既要强调个人的自由、平等和权利，又要强调公共利益和公共精神，在个人和集体之间寻求平衡"[5]，以培养民主社会的公民；强调要创建民主化的学校生活和课堂氛围，强调师生间进行协商、对话。20世纪中叶后，学者们关于教育民

---

1 周丹. 班级生活中小学生民主意识的培养研究[D]. 西安：陕西师范大学，2018：16.
2 中国大百科全书总编辑委员会《政治学》编辑委员会. 中国大百科全书·政治学[M]. 北京：中国大百科全书出版社，1992：251.
3 〔美〕约翰·杜威. 民主主义与教育[M]. 王承绪，译. 北京：人民教育出版社，2001：97.
4 〔美〕内尔·诺丁斯. 21世纪的教育与民主[M]. 陈彦旭，韩丽颖，译. 北京：人民出版社，2015：17.
5 冯建军. 论教育民主的特殊性[J]. 中国教育学刊，2015（2）：29–33.

主的探讨和认识日益丰富，教育民主实践更加深化，这极大地推进了教育民主化的进程。

2013年，美国学者内尔·诺丁斯（Nel Noddings）出版《21世纪的教育与民主》一书，阐述了她的民主思想。内尔·诺丁斯继承杜威的思想，赞同民主是"一种正在建设中的理想，这种理想通过引导年轻人参加尤其是参与到沟通中来建设民主"[1]的观点。她批判了共同课程及学位和证书带来的平等，认为这些恰恰造成的是不平等、不民主。她说："高度细化的通识教育既不契合民主精神，又不能让社会更平等"，因为"在忽略学生的禀赋和兴趣的基础上设计统一课程，从来就不是平等的"[2]，对此她倡导课程应尊重学生的多样性和差异性。她还重点从个人领域、公民领域、职业教育领域和公民教育领域分析了21世纪教育的目标。

不难看出，今天教育民主的内涵已经非常丰富，从宏观的教育体制、教育目标到中观的学校生活，再到微观的课堂、师生关系等。但不论教育民主的内涵如何多样，其核心是明确的，这就是它强调共同利益、自由与平等、尊重差异性、沟通与协商。

3. 教学民主的内涵

教学民主是教育民主的组成部分。在我国，关于教学民主的探讨是在反思传统课堂教学和教师的教学角色之下展开的，对于"灌输""知识权威"的研究推动了对教学民主问题的认识。一些情况下，教学民主与课堂民主有重合之处。目前我国学者关于教学民主内涵的研究并不是很多，主要观点集中为以下几种。一种认为教学民主是一种教学机制，"所谓教学民主，是指在教学过程中，师生人格平等，共同参与，各自发挥不同作用，从而实现一定教学目标的一种机制"[3]。一种认为教学民主是教学方式，"教学民主

---

1 〔美〕内尔·诺丁斯. 21世纪的教育与民主［M］. 陈彦旭，韩丽颖，译. 北京：人民出版社，2015：19.

2 同1：50.

3 王萍. 素质教育与课堂教学民主［J］. 现代大学教育，2002（1）：55–56.

就是在课堂教学中坚持民主平等的原则,师生平等参与、合作学习,促进学生学习的一种教学方式"[1]。还有研究者认为教学民主体现为一种教学过程,教学民主是"突出学生的主体地位,创设民主、和谐氛围,激发学生的主动参与意识,开发学生的学习潜能,指导学生学会学习的一种现代教学过程"[2]。此外,亦有学者认为教学民主是一种教师的表现状态,教学民主是指教师在教学中"对学生人格、个性、主体地位及其他方面全面尊重的状态、现象"[3]。

由于本节论及的"民主"是一个伦理学范畴,因此我们认为,将教学民主理解为教学机制、教学过程是不合适的。"伦理"表现为观念意识、行为方式及其状态,而教学过程表达的是一种教学活动发生、发展的经过,二者的关键点不一致。事实上,将教学民主最终落脚在教学过程的定义上表达的并不是严格的教学过程之义,而是一种教学氛围。教学机制表达的是教学各要素之间的结构关系和运行方式,各要素之间具有系统性,环环相扣,教学民主处理的是教的方式与学的方式之间的关系,教与学具有关联性,但从伦理的角度看,民主不强调教与学之间必须构成严密的结构。将教学民主理解为教学方式也不尽合理,因为教学方式不是行为方式,它是组织、开展教学活动而使用的方法、手段或形式,其重心并不在于表达教学活动的特征、状态和教师的伦理行为。

这里,我们将教学民主确定为一种伦理原则,用来反映教学过程中师生间的行为方式及其状态,进而表征教学活动的氛围或教学的整体状态与特征。这种行为状态由"民主"的含义所决定,表现为师生间的自由、平等的沟通与交流。具体来说,教学民主是指在教学过程中为了实现教学目标,教师与学生相互尊重,自由、平等地互动、合作的主体间行为方式及其状态。需要注意的是,教学民主既可以作为一种教学伦理原则,也可以作为教师的

---

1 张国民,周春爱.浅析民主教学[J].教学与管理,2003(3):37.
2 庞大镶.关于课堂教学民主的思考[J].人民教育,2000(9):32-34.
3 李年终.关于课堂教学民主性的思考[J].广西社会科学,2002(2):215-217.

一种教学德性。作为一种教学伦理原则，教学民主凸显的是它对整个教学活动状态的价值期许或教学活动崇尚的某种价值取向，它是衡量教学伦理性的重要标准之一，在实践中表现为民主化的课堂或教学，如一种自由、宽松的教学氛围，一种师生间平等相处的关系，一种共同学习、探讨的活动状态。作为一种教学德性，教学民主侧重教师的具体行为表现，如尊重学生的课堂参与权、平等对待学生等。因此，在具体构成上，教学民主作为伦理原则与作为教学德性是没有实质差异的，在本章中将"教学民主"作为伦理原则主要是为了更加凸显它对教学伦理性的价值。

4. 教学民主的构成

基于前述对"教学民主"的理解，我们认为教学民主原则主要包含三个内容：维护理智自由，倡导对话与沟通，开展合作教学。

第一，维护理智自由。

理智自由是意识的重要特征，也是人的主体性的重要体现。关于"自由"的探讨自古至今未曾断续，有关"自由"的涵义也异常丰富，詹姆斯和穆莱尔概括了"liberty"的8种含义，"freedom"的14种含义[1]，但关于"自由"的核心，人们的共识是"一种广泛地'免于……'和'能够……'的态度、能力或权利"[2]。在教育领域中，对"自由"的理解主要集中为"不受强制的行动、行为或态度"或"按照自己的意愿独立做事的状态"。在教育史上，人们对"灌输"的批判是维护理智自由的最好佐证。关于对"灌输"的批判曾出现过"内容派""方法派"和"意图派"，虽然对"灌输"的具体理解有一定差别，但三者的共识是一致的，即"灌输是与强制性和封闭性相联的，是与忽视学生的主体性和理智能力的积极参与和发展相提并论的"[3]。这恰如杜威对"灌输"的理解："我将把思想灌输理解为系统地运用一切可能

---

1 石中英. 教育哲学导论 [M]. 北京：北京师范大学出版社，2002：234.

2 同1：235.

3 李菲. 重释"灌输"的内涵及实质 [J]. 教师教育研究，2004（1）：57-60.

的方法使学生铭记一套特定的政治和经济观点,排除一切其他观点。"[1]就教学而言,"理智自由"在一定意义上即是相对"灌输"而言的,指个体在认知、情感、意志和行动上不受强制的状态。

所以,教学民主的首要表现是尊重并促使理智保持自由。"教育以民主为目标,民主意味着使理智获得自由,因而学校的首要职能就是教会儿童以理智方法或探究方法。在思维培养中,教师应该善于利用儿童的天赋资源,它们包括好奇心、暗示和条理性。"[2]大学教学具有学术性,学术性的重要诉求之一是理智或思想的自由,因为只有拥有理智的自由,人才会产生创造,才会有新认识、新思想的出现。维护理智自由是大学教学所必需的。

在大学课堂中,维护理智自由具体表现在两个方面。

其一,实践建构论的知识观。

理智自由的前提是开放的思维,不囿于、不拘泥教条的知识。在传统课堂中,知识是确定的,教师是知识的权威,具有绝对的话语权,于是教学过程基本上是教师带领学生去认识新知识的过程,而不是探索新知识的过程。这种传统教学所依附的是一种符合论的知识观。"这种知识观假设知识是一种求真的结果,是追求客观性的结果,这种知识观在自然科学中达到了顶峰,悬搁了知识中的文化、制度、权力的内容和成分,使得我们得到的知识是一种纯粹知识,在这种知识观背后隐含着谁掌握了知识,谁就拥有了说话权。"[3]独霸知识的话语权势必会造成不民主、不自由的教学方式,所以维护理智自由,教师必须改变传统的符合论知识观,践行建构论的知识观。

建构论知识观的理论基础是建构主义。建构主义认为,知识不是确定的结论或问题的最终答案,而是学生基于自己的经验背景形成的某种意义理解,因此知识不是单向地由教师传递给学生的,而是学生在教师引导下主动

---

1 赵祥麟,王承绪.杜威教育论著选[M].上海:华东师范大学出版社,1981:341.
2 蒋凯.课堂内的民主:民主主义理想的一项根基——《杜威论教育与民主主义》述评[J].比较教育研究,2006(1):88–90.
3 徐冬青.走向自由民主的课堂生活[J].宁波大学学报(教育科学版),2005(6):6–9,64.

建构起来的。换句话说，学习的过程是学生主动的意义建构过程。不难看出，建构论的知识观蕴含了教师和学生两个主体间的相互作用，而且在知识学习中，学生享有学的自由，否则就不会有自主建构。事实上，大学教学崇尚探究性，而且重在培养学生的思维能力、批判能力和创新精神，这说明大学教学本身就应立足于建构论的知识观。

　　践行建构论的知识观，教师需要改变两种教学状态：讲座式教学和教材式教学。在中小学课堂上，教师对学生理智自由的削弱主要表现为知识权威不容置疑的地位，以及对客观、正确答案的刻板追随，但在大学课堂中，教师对学生理智自由的限制则主要表现为对知识的自我陶醉与对知识点的依附，具体表现为讲座式教学和教材式教学。讲座式教学表现为，教师和学生构成一种"一动众静"的格局，教师一人在课堂上侃侃而谈，不乏兴致激昂之处，学生则成为听众静坐台下，只要课堂还安静，教师就会"沉浸"在自己的讲座中。这样的课堂忽视了师生间的互动，忽视了引发学生进行思考和探索。教材式教学表现为，教师以考试涉及的重难点为教学内容的重心，以教材或讲义中的知识点为线索串联讲解，很大意义上将完成教材变成教学的主要任务。这种教学忽视了对学科知识体系的整体把握，忽视了对知识体系背后蕴含的问题群与方法论的渗透，这就造成了学生对知识的封闭化、单一化理解。这两种教学状态实际上是类似的，都是教师的一言堂，忽视了探究与建构，造成了理智的不自由，导致了教学的不民主。为此，教师要改变一言堂的模式，要善于从教学内容或知识中提炼问题，以问题或任务搭建教学活动，调动学生的参与性、理智思维和探索欲望，使师生围绕问题或任务形成互动，使教学充满探究性。这就需要教师改变传统的知识观、教学观，尊重学生在知识建构中的主体性，积极与学生互动、沟通。

　　当然，维护理智自由并不意味着允许学生信马由缰，甚至恣意妄为地发表各种观点。在民主化的课堂中，学生的学习自由必须与教师的指导相伴随，教师要对学习活动进行必要的调控，对学生的观点进行点评、提升，甚至对不当言论进行纠正、引导。所以，教学民主始终需要教师处理好自由与规范之间的合理关系，也就是要实现给予学生充分自由与教师对学生规范管理、严格要求的统一。[1]

其二，尊重多样性。

教育家陶行知说："我要提醒大家，创造力最能发挥的条件是民主。"[2] 创造力表达了个体对事物的好奇、主动探索和独特认识，它尊重个体对事物的多样化、个性化认识，反对标准化、统一化、刻板化认识。创造力蕴含的这些内容需要特殊的环境，即陶行知所说的"民主"。这里的"民主"既包括理智自由，也包括尊重多样性。《学会生存——教育世界的今天和明天》指出，当今教育存在两个弱点："一是它忽视了（不是单纯地否定）个人所具有的微妙而复杂的作用，忽视了个人具有的各式各样的表达形式和手段。二是它不考虑各种不同的个性、气质、期望和才能。"[3] 所以，不论是为了发展创造力，还是实现对学生的平等与尊重，教学民主都必然意味着鼓励多样性，尊重差异。

在课堂教学中，尊重多样性首先表现为，教师要尊重学生的认知特点、学术兴趣、行为方式、能力水平等方面的差异，要注意打破固化或先入为主的学生认知，不能用自己理想的观念框定、审视学生的现实表现，进而做出不客观甚至不友善的评价；要了解大学生的时代特点，积极看待他们的优势之处，要宽容地理解他们的一些想法。同时，教师要给予学生平等的发言权，鼓励他们表达自己的想法，也要尝试多样的教学方式、作业形式等，为调动学生的积极性创造多样的表现途径。

其次，也是更重要的，教师在教学中要处理好公共知识、教师个体知识与学生认识之间的关系，即对知识理解的统一性与多样性之间的关系。这里的"多样性"表现在学生的认知方式、前提经验、经历、观点等方面。在大

---

[1] 邵晓枫. 解读教学民主 [J]. 教育发展研究, 2007（Z1）: 99–103.
[2] 中央教育科学研究所. 陶行知教育文选 [M]. 北京: 教育科学出版社, 1981: 309.
[3] 联合国教科文组织, 国际教育发展委员会. 学会生存——教育世界的今天和明天 [M]. 北京: 教育科学出版社, 1996: 105.

学课堂中，课程的学科体系代表了公共知识，教师对知识的理解代表了教师个体知识，学生对公共知识、教师个体知识会形成自己的理解，这代表了学生认识。这三者之间会存在相互碰撞的地方，所以教学过程中教师不仅要尊重学生对公共知识的个体化认识，还要尊重学生面对教师个体知识所给出的理解，甚至是质疑。教师要给予学生表达的机会，要耐心倾听，对于学生的合理认识要积极予以肯定和鼓励，对于不合理的认识，要在尊重人格、尊重理智自由的情况下，给予客观的评价和积极的引导。尤其当学生对教师个体知识提出疑问时，教师更应该注意要理性克制知识权威和知识分子清高的性格，平和交流、交换意见。

第二，倡导对话与沟通。

杜威认为民主是一种"联合生活的方式"[1]，这种联合表现为享有"共同利益"，发生"交流与互动"。他尤其重视交流沟通在民主化学校中的重要价值，因为它是形成共同价值观的重要前提或基础，正如他所说："人民因为有共同的东西而生活在一个共同体内；而沟通乃是它们获取有共同的东西的方法。"[2]

其一，师生间建立信任关系，形成学习共同体。

民主包含共同利益，沟通可以达成对共同利益的认可，反之，确认共同利益的存在，对于推进沟通也是有助益的。在教学中师生存在共同利益，这就是教学相长、共同发展，换句话说，他们处于学习共同体中。"学习共同体"意味着教师与学生在教学中共同参与、相互激发、彼此贡献思想、相互受益。所以，相比于中小学课堂，这种教学相长对大学师生而言更具有相通性，也就是他们会在相同的方面如知识增益、精神体验上均有收获。但在现实中，教师权威、知识化课堂等容易使教师忽略了自己作为受益者的一面，忽略了与学生的共同体关系。建立学习共同体需要教师打破"单纯服务

---

[1] 〔美〕约翰·杜威.民主主义与教育[M].王承绪,译.北京：人民教育出版社,2001：97.
[2] 同1：9.

者"的立场,即不将教学看作是只为学生服务的活动,而应该看作是一场师生间共同的学术探索、发现之旅,以合作者的角色和志趣相投者的心理进入课堂中,调动学生,与其共同展开探索、发现、分享真理的活动。事实上,大学师生的学习共同体归根结底是学术共同体,因为探索真理是大学存在的意义。

确立了共同利益的存在,师生间展开对话与沟通,还需要一个前提性条件——建立信任关系,因为信任是人际交往互动的起点和基础,没有对他人的信任,就不会有沟通的诚意,也不会产生沟通的效果,而且信任表达了交往双方对共同利益的认可,并相信他人愿意一起创造共同利益。实际上,信任与民主是密不可分的,"信任程度越高,对强制(法律)的需求就越少,尊重他人的意识越高,出现背信的行为就越少"[1],所以信任是实现民主的重要心理基础。建立信任关系,教师要真诚地展现自我,平等地对待学生,发现、欣赏学生的潜能,相信学生的才华,积极鼓励学生,并给他们创造展现自我的机会。

其二,开展多种形式的对话。

人是交往的个体,有交往就必然会有交流。对话是一种重要的交流方式。师生交往、课堂教学需要对话,教学民主也表现为对话,因为对话能实现个体间的互动,展现个体间的平等往来。在大学教学中,师生间对话的方式很多,如问答、讨论、争鸣等。问答不仅是提问,还包括应答,教师要善于提出激发学生思考的问题,还要在倾听的同时给予回应,或者是点评、追问,或者是解惑、指导。而且,教师还要鼓励学生提出问题。"没有提问,就没有回答。一个好的提问比一个好的回答更有价值。"[2] 学生提问既能让教师捕捉学生的困惑,还能使对话满足学生的学习需要,调动学生的学习积极性,增强对话的效果。为此,教师要放下权威,下放权力,开放课堂,通过

---

1 薛晓源,李惠斌. 当代西方学术前沿研究报告(2005—2006)[M]. 上海:华东师范大学出版社,2006:79.

2 黄全愈. 素质教育在美国[M]. 广州:广东教育出版社,2000:32.

创设活动或情景激发学生发现问题，提出问题，促使他们主动与教师对话。开展讨论时，教师需要注意问题的有效设计。有挑战性的、开放的，且与所学内容关联紧密的问题才会激起有效的讨论。而且大学课堂的讨论、辩论需要建立在文献资料的提前阅读和学习上，否则讨论只会停留在经验层面，因此为了推进讨论、加深对话，教师要为学生布置好阅读任务。课堂上的讨论也可以延伸至书面作业，或者将对话从口头延伸至书面。在书面作业中，教师可以发现学生的想法或困惑，通过批改作业、反馈意见，师生间的对话会得到增进。

当然，开展对话的首要前提是教师要赋予学生对话的权利，这需要教师尊重、信任学生，树立正确的师生观、教学过程观，也要充分意识到对话在大学课堂中的重要意义，掌握有效对话的技巧。

第三，开展合作教学。

《学记》中说："独学而无友，则孤陋而寡闻。"这说明学习不应该是封闭的、囿于个体一人的。克服"独学而无友"状态的最好方式是开展合作学习，在课堂教学中这被称为"合作教学"，因为它不仅包括生生之间的合作学习，还包括师生之间的合作教学。《心理学大辞典》对合作的定义是："合作是为了共同的目标而由两个以上的个体共同完成某一行为，是个体间协调作用的最高水平的行为。"[1] 美国心理学家多伊奇（Deutsh）认为合作包含三层心理含义：相互帮助、相互鼓励、相互支持[2]，其中"相互支持"指合作过程中人们会接受并且支持有利于实现共同目标的行为。可见，"合作"必须包含两个基本内容：拥有共同目标，开展共同活动，这意味着合作必然包含共同利益及成员间的互动交流，因此开展合作教学不仅是教学民主的体现，也是实现教学民主的良好途径。

一般认为，"合作教学是以合作学习小组为基本形式，系统利用教学动

---

1 朱智贤. 心理学大辞典［M］. 北京：北京师范大学出版社，1989：256.
2 何国宏，黎晓娜，何远梅. 大学生认知风格对合作倾向的影响：自我概念清晰性的中介效应［J］. 甘肃科技，2020（14）：68–71.

态因素之间的互动,促进学生的学习,以团体成绩为评价标准,共同达成教学目标的教学活动"[1]。从这一定义看,合作教学一要以学生的小组合作学习为主体,二要形成师生之间的合作。因此,在开展合作教学时,教师要发挥设计者、组织者、指导者和协调者的角色,为合作学习小组布置任务,组织、督促、指导和参与学生的合作学习活动,协调小组成员间的分工,协调课堂上教与学的关系,评价学生合作学习的效果,组织学生分享汇报学习成果,进行点评、总结与提升。在推进合作学习时,教师要确保小组合作学习应该是一种研究性学习或探究性学习,不能让合作学习局限于简单的讨论,而是要围绕一个课题或任务展开相对系统的研究,这就需要合作学习不仅发生在课堂上,也发生在课下。为此,教师不仅要科学、精心地结合课程目标和内容为合作学习小组设计有意义的探究主题或课题,也可以引导学生自主确定主题,而且要在课堂上针对学生的合作学习成果展开师生间的讨论,以深化、提升小组合作学习的效果。

此外,开展合作教学需要教师接受合作教学的理念,改变习惯化的讲授方式,尝试运用翻转课堂、探究教学。教师也需要掌握一些合作技巧,如明确小组合作学习的目标、任务、流程,积极指导示范,给予帮助,同时要关注合作学习的伦理问题,如成员间的友善相处、相互尊重、平等互助,研究过程的严谨以及文献资料的规范使用等。

三、教学责任:教师的教学德性

教学伦理精神和伦理原则是教学活动应有的伦理品格,落实到教师身上,教学伦理精神主要体现在教师的教学目的观、教学信念和情感等,教学伦理原则主要体现在教师的教学过程观、师生观、教学方法论及具体的教学行为上,它们基本铸就了教学活动的整体伦理特征或面貌,也就是表明教学

---

1 王坦.合作教学的基本理念[J].语文教学通讯,1996(9):53.

活动本身蕴含的伦理价值倾向。在教学伦理精神和伦理原则之下，教学伦理还包括教师的教学德性。相比于教学伦理精神、伦理原则，教学德性是直接指向教师行为的，即它是对教师行为的直接要求，而不直接体现为教学活动本身的伦理特质。但不论是从实践教学伦理精神、教学伦理原则的角度说，还是从实现"追求卓越的生命化学习"的角度说，教学德性都是教学伦理的重要组成部分，因为它们最终都落实为教师的伦理实践行为。

教师的教学德性即教师个体的伦理品质包括很多，如责任、公正、关心、尊重、合作等，由于一些品质蕴含在教学伦理精神和伦理原则中，也因为责任是一个涵盖内容较广的范畴，有时关心、尊重等都可以成为责任的表现或内容，所以这里集中探讨教师的教学责任。

（一）教学责任的内涵

1."责任"的概念

在现代汉语中，"责任"主要有三种含义：分内应做之事；没做好分内之事而应承担的过失；担当起义务或职责。[1]不难看出，责任的含义实则集中在两个层面：一是职责层面，表示个体对某件事的主动尽职；二是后果层面，表示个体对自身行为产生的不良后果和过失负责。"责任"的英文词较丰富，通常有"responsibility""duty""obligation""liability"，但"responsibility"使用更普遍。"responsibility"的一个解释是个体在其权力、控制和管辖范围内的应答状态。牛津大学哲学教授鲁卡斯（Lucas）在《责任》一书中对"责任"的界定与此有一致之处。他认为："责任概念的核心是，人们可以问我这样一个问题'你为什么要做它'，而且可以迫使我做出回答。"[2]这说明"负责的"（responsible）与"可应答的"（answerable）是一致的。在剑桥词典中，"责任"被解释为要应对的工作或职责，因已发生的事情而受到责备，即对某一事件后果的担当。可见，中西方对"责

---

1 汉语大词典简编编委会.汉语大词典简编[M].上海：汉语大词典出版社，1998：2456.
2 J.R.Lucas. Responsibility [M]. New York: Oxford University Press Inc., 1993：5.

任"的理解基本是一致的。曾任美国教育部长的威廉·贝内特（William Bennett）对"责任"概括得较为完整。他认为"从大的方面说，责任就是清楚你对别人和自己的义务并去履行义务"，并且"责任就是主动承担自己动作行为的后果，它意味着接受一项任务，尽自己所能去完成，并忠于自己的事业"[1]。作为一种德性，"责任"表达的是个体所承担的分内之事。由于个体是生活于关系体中的，在不同的社会关系中个体有不同的职责或承担不同的任务，所以所谓"分内"是由个体所处的社会关系决定的，因而作为一种德性，"责任"就是个体对所处社会关系中应承担的任务的认可和自觉接受。

2. "教学责任"的内涵

"责任"的类型很多，比如依据责任对象或客体可以分为"对自我的责任""对他者的责任"，依据责任实现的程度可以分为"完全责任""不完全责任"。"教学责任"中的"教学"规定了"责任"发生的特定场域，也规定了责任主体对责任客体的职责——"教学"。所以，教学责任是指教师因与学生形成的教学关系而对承担的相应任务的认可和自觉接受，简言之，就是教师对应承担的教学任务的认可和自觉接受。

当前在现实中，把握教学责任面临比较尴尬的局面。一方面，目前国家师德规范对教师教学责任没有专门的规定，它是散见在"爱岗敬业""教书育人"等规范中的，如在"爱岗敬业"中提及"对工作高度负责，认真备课上课，认真批改作业，认真辅导学生"，在"教书育人"中提及"遵循教育规律，实施素质教育""循循善诱，诲人不倦，因材施教"，但相对还是比较笼统，对于"遵循教育规律""循循善诱"等还是缺乏更明晰、具体的行为表征，这导致在实践中教师会出现这方面的行为失范。另一方面，虽然师德规范中缺乏对教学责任的具体要求，但今天很多学校基于师德考核却给出了非常细致，甚至繁琐的行为规定，这使不少教师出现了遵照考核要求理解教学责任的心理，以考核标准为标尺来衡量哪些事情属于教学责任范围之

---

1 〔美〕威廉·贝内特.青少年美德书[M].刘旭,译.海口：海南出版社,2002：75.

内，哪些不属于。这就使"教学责任"作为美德的意味退化，教师缺少了责任认知、责任情感，仅知道制度对行为的要求。所以，教学责任的推进既需要明确规则层面的行为要求，也需要在美德层面强化教师的责任认知与责任情感。

需要说明的是，在现实中我们评价、赞许一个老师很负责，通常用"责任感"或"责任心"来表达，如"一个有责任感的老师""一个责任心很强的老师"。责任感"是一个人对其所属群体的共同活动、行为规范以及他所承担任务的自觉态度"[1]，从品德结构上看，责任感是责任认知、情感、意志和行为的统一。但是这里我们将"教学责任"作为教师的教学德性，主要是从其作为一个师德范畴的角度来分析，而不是在心理结构上分析教学责任感的具体表现。

（二）教学责任的具体构成

依据大学教学伦理的原点——追求卓越的生命化学习，我们认为，大学教师的教学责任主要包括三个内容：服务学生理智能力发展的责任，正直教学的责任，教学创新的责任。后者是为了更好地践行前两个责任所必须存在的。

1. 服务学生理智能力发展的责任

大学教学以高深知识为基础，既旨在引导学生掌握知识，更旨在提升他们的理性思维能力、探索真理的能力，所以教学责任首先表现为提升学生理智能力发展的责任，具体包括启迪新知的责任、创设积极学习环境的责任和指导学习的责任。

第一，启迪新知的责任。

理智能力的发展一定奠基于知识学习之上，但知识学习并不一定能推动理智能力的发展，其中的关键要素或环节在于知识学习的过程是否调动了主体的思维，尤其是批判性思维。所以，发展学生的理智能力，教师需要认

---

[1] 朱智贤. 心理学大词典 [M]. 北京：北京师范大学出版社，1989：930.

真传授知识，但不是传输甚至灌输知识。"教学不仅仅是为了传授一大堆基本的、事实的或者理论上的知识。它的目的必然是为了传授那些对于本学科的基本真理的认识以及本学科所特有的研究和实验方法。"[1]如前所述，大学教学的重要价值之一是对方法论的引导，只有掌握解决问题的方法，才能发展理性思维，推动创新能力的发展。因此从教学的知识基础角度看，大学教师的责任应该是启迪新知，而不仅仅是传授知识。"新知"是结果状态的新思想或新结论，也是过程状态的新思考、新认识。"启迪"不是简单的传授，是通过设疑、诱思、组织、探索而展开的引导，这就涉及教师教学责任的第二点——创设积极的学习环境，这将在下面进行论述。总体而言，启迪新知的责任需要教师正确看待、发挥知识的价值，正确实践大学教学的理性精神。

第二，创设积极学习环境的责任。

教学活动涉及一些基本关系，主要包括知识与学生发展之间的关系，教与学之间的关系，知识学习与品德发展之间的关系。启迪新知的责任即是教师在处理知识与学生发展关系上的责任，而知识学习与品德发展之间的关系在教学责任上表现为教师正直教学的责任，这在后面将展开论述。这两种责任在教学中容易被老师意识到，但是对于教与学的关系在教学责任上的反映却往往被忽略。教离不开学，教也是为了学，教学的原点是唤起学习，因此教师应该帮助学生产生主动的学习，也就是要担负起"唤起学习"的责任，这有助于教学责任的具体化，也有助于教师更好地落实教学责任，推进教学活动。基于此，我们认为，教师的教学责任还应表现为创设积极学习环境的责任和指导学习的责任，"指导学习的责任"将在其后展开分析。

环境是人身处其中并直接或间接受到影响的各种因素的总和。学习活动本身具有情境性，学习环境习惯被理解为物理环境如教室，这是一种静态

---

1 〔美〕爱德华·希尔斯.教师的道与德[M].徐弢，李思凡，姚丹，译.北京：北京大学出版社，2010：39.

的环境观。但其实,学习环境不仅指物理环境,更主要的是指教与学活动有效发生的因素系统。这说明学习环境是需要建构的,教师应该有意识地为学生创建积极的学习环境。20世纪50年代后,随着认知科学、学习科学、教育技术学等的发展,学习环境问题日益受到关注和研究。当今,创设学习环境已经成为卓越教学的核心要素和卓越教师的核心表现。《澳大利亚大学教学规范与标准框架》中的第四条就是"创设有效的学习环境、学生支持和指导"[1]。"最优秀的老师常常努力创造一种我们称为'自然的批判性的学习环境'。在这一环境中,学生解决有趣的、巧妙的或者重要的问题,完成激励他们去努力掌握概念的真实任务……他们同别人协同工作,并相信他们的努力会得到公正和诚实的评判。"[2] 然而,习惯了讲授式教学的大学老师往往忽略了学习环境问题,所谓备课更集中在教学内容的准备上,因此今天在学习化社会中,在知识创新的时代中,创设积极的学习环境应该成为大学教师重要的教学责任之一。

理想的"学习环境应该是,环境逼真、信息丰富、教学内容组织合理、学习问题提示恰当、能及时评价和反馈学生的学习活动,并能及时为学生提供学习指导的环境,同时还能让学生自主选择学习内容、决定学习进度、选择学习方法、支持交互学习和小组学习等"[3]。不难看出,学习环境是一个关乎有效学习的综合系统,因此大学教师需要从方法、内容等多方面创建充满理性精神和民主氛围的课堂。为此,大学教师必须明确把握教学的学术性、探究性的特点,运用各种教学方法如案例教学、探究教学、合作教学等设计组织学习活动,调动学生的主体性,促使学生在课堂上积极、自由地展开思

---

1 Australian Government Office for Learning and Teaching. Australian University Teaching and Criteria and Standards Project [EB/OL]. [2018-12-10]. http://uniteachingcriteria.edu.au/.
2 〔美〕肯·贝恩. 如何成为卓越的大学教师 [M]. 明廷雄, 彭汉良, 译. 北京: 北京大学出版社, 2014: 18.
3 赵炬明. 助力学习: 学习环境与教育技术——美国"以学生为中心"的本科教学改革研究之四 [J]. 高等工程教育研究, 2019(2): 7–25.

考、提出问题、发表看法；要巧妙地运用各种资源丰富、深化教学内容，使学生在理解教学内容时经历思维方式如比较、应用、评价、分析等的训练，使教学内容与学科研究方法有机渗透、整合，让学生发现观点、思想背后的证据；教师还可以从学生理智能力发展的角度有意识地结合课程内容设计富有认知挑战性的问题，师生围绕问题、难题等展开讨论、对话。

此外，在创设积极的学习环境上，教师要重视激发学生的求知欲，激发学习的内驱力。大学生的求知欲应该主要是一种学术兴趣而不是职业需求，但当今职业化取向在学习动机中凸显，学生迫于适应未来职业所需，更关注课程与职业的关联性，对基础知识和理论缺乏兴趣，这对大学课堂教学构成了一定的冲击，对此很多教师也多有抱怨。激发学生的求知欲，教师首先要承认"人是富有求知欲的动物"，要相信学生有积极学习的意愿，要对学生的表现给予鼓励。其次，教师不要妖魔化学习上的职业化取向，而是应该适当关注学生的需求，"用学生关心、知道或学生认为他们知道的东西来开讲"[1]，以激起他们的兴趣和注意力。更重要的还在于，教师要结合实际问题将知识的实用价值与理论价值渗透其中，引领学生在解决问题中发现原有认识的局限，发现理论知识的根基性作用。这需要教师对学科知识有深入、系统的把握，能结合现实问题进行剖析，并设计具有现实意义的问题，引发学生探索，也需要教师具备高超的教学能力，掌握有效地激发学生学习动机的方法和策略。

第三，指导学习的责任。

积极的学习环境是教学取得实效的重要保障，除此之外，教师还要确保师生活动的有效、持续展开，对教师而言，这意味着要始终关注、指导学生在课堂上的学习活动。事实上，"大学教育的主要任务是帮助学生学习、成长。学生学习了就有教育，没有学习就没有教育。学习是大学教育和高等教育研究

---

[1]（美）肯·贝恩.如何成为卓越的大学教师[M].明廷雄，彭汉良，译.北京：北京大学出版社，2014：106.

的十分重要的对象"[1]。然而，从现实情况来看，不少教师对"学习"，尤其是对指导学生学习是缺乏关注的。教师习惯关注学习的内容，而不是学习行为本身。指导学生学习不仅是学生接受新知的重要保障，也是发展理性思维和问题解决能力的重要途径，因此指导学习应该是大学教师的一项重要教学责任。

在大学教学中，指导学习的责任主要是教师担负帮助学生产生深度学习的责任。深度学习是相对浅层学习或浅表学习而言的，"深层学习方式源于人们希望自己恰当并有意义地从事某一任务的心理需求。为此，学生试图采用最适切的认知活动来应对学习"[2]。进行深度学习的学生更加关注知识或理论背后的潜在含义、具体原理以及实践应用问题，而且对学习充满兴趣和期望，而不是采用"偷工减料"的方式、低层次的认知活动如死记硬背来应付完成学习任务。实践指导学习的责任，教师要有意识地留意学生的学习行为，了解学生的学习状态和学习心理；要在引导学生深入理解知识的同时指导他们领会、掌握思考问题和分析问题的正确方法；也要指导学生合理规划学习生活或任务，养成正确的学习观念和学习习惯。这对教师而言不是一件容易的事情，它需要教师具备多方面的知识和能力，如熟知教育心理学、学习心理学等的相关知识；善于捕捉学生的学习困惑，展开对话、指导的能力；善于营造民主、信任的学习氛围的能力；进行方法论指导的能力等。当然，它还需要教师有帮助、指导学生学习的强烈意识，要具有较深的专业学识，清楚学科或课程内容的内在结构及其相互关系等。总之，指导学习的责任比传统的教授知识的责任对教师提出了更高的要求，它标志教学责任内涵的丰富，也表明大学教师作为"师者"应具有的教育教学素养。

2. 正直教学的责任

德国教育学家赫尔巴特提出"教育性教学"的观点，他说："我不承认

---

1 刘献君. 论大学学习［J］. 江苏高教，2016（5）：1-6.
2 〔澳〕约翰·比格斯，凯瑟琳·唐. 卓越的大学教学：建构教与学的一致性［M］. 王颖，丁研，高洁，译. 上海：复旦大学出版社，2015：19.

有任何'无教育的教学'"[1],"教学如果没有进行道德教育,只是一种没有目的的手段,道德教育(或者品格教育)如果没有教学,就是一种失去了手段的目的"[2],"教学的最终目的存在于……德行这个概念之中"[3]。这告诉人们,教学一定具有引导学生品德发展的作用。这种作用一方面来自因知识学习获得的智力发展,因为人的认知发展水平会影响道德判断能力,另一方面来自教学中蕴含的道德价值影响,这又与两个因素关联最大:一是教师的言行举止,二是教师的价值引导,这里的"价值引导"是教师有意识进行的价值教育。教学发挥教育性作用,对教师意味着一种重要的教学责任——正直教学的责任。正直,一般指能够坚持正义,不畏强势,敢作敢为。当一个人坚持做"正当""正义"的事情,包括坚持正确的东西和坚决反对错误的东西时,他就是一个正直的人。基于此,正直教学就是坚持教学的正当性、正义性,教学的正当性是教学的真与善,就是坚持教学的科学性和育德性,它们表达了教师对待知识、知识教学、人之发展的正确态度和品质,这是对"生命化学习"教学伦理原点中"生命化"的回应。

第一,坚持专业正直。

教学与学术研究作为大学教师的两项职责,看似没有直接的交集,但在内在品质上却是一致的,都坚持科学精神,因为它们都与知识密不可分。虽然教学不像科学研究那样要遵循严格、严谨的方法和程序,但它必须贯彻对知识的客观态度,确保知识的科学准确,这既是教师求真精神的体现,也是其重要的教学责任,在课堂上对知识的不负责就是对学生发展的不负责。所以,专业正直是指教师作为专业人员在教学中表现出的对待知识和学科专业的正当态度。

---

1 〔德〕赫尔巴特. 普通教育学·教育学讲授纲要 [M]. 李其龙, 译. 杭州: 浙江教育出版社, 2002: 13.

2 曹孚. 外国教育史 [M]. 北京: 人民教育出版社, 1979: 177.

3 同1: 240.

首先，专业正直表现为对知识的客观负责态度。在教学中，教师要坚持科学精神，客观、正确地讲解知识，不妄断观点、曲解观点，不胡乱分析、解释，更不能以个人所好对某些思想或观点做出不客观、过激的评价；也不能随意在课堂上宣讲不负责任的个人学术言论；更不能欺瞒学生，在没有进行认真备课的情况下以个人猜测或粗糙的理解讲解内容，解答学生的疑惑。

其次，专业正直表现为教师合理地对待知识的价值，具有学科自信。今天人们对知识的价值出现功利化认识，知识的价值越来越物质化，人们用创造物质财富的多少来衡量知识的有用性。受这种功利化知识观的影响，一些教师出现了对知识的功利化理解，如早些年某教授对其学生的所谓激励性言论——"没有四千万不要说是我的学生"，也对学科专业的地位、价值产生了动摇，缺少了价值认同和学科自信。不论是作为学者还是作为师者，大学教师都有责任捍卫学科的重要地位和价值，抵制功利化的知识观，增强学科自信，尤其不在课堂上流露对学科的消极评价和态度；也有责任积极地投入课堂教学，通过与学生展开知识探索活动，创造愉悦的课堂体验，从而彰显知识的内在价值。

第二，进行价值引导。

"大学拥有一项特殊的任务，那就是有条不紊地发现并且传授那些关于严肃的和重要的事物的真理。……发现和传授真理是大学教师的特殊职责。"[1] 所以，学术研究和教学总是比价值引导更容易被教师确认为职责所在，而且教师持有的大学生价值观已经形成的认知，也使价值引导职责经常被他们忽略甚至被认为不是职责所在。对于这种错误认识，曾任哈佛大学校长的德雷克·博克（Derek Bok）批评道："在过去一个世纪里，传统本科教育中有两大内容最容易被大学所遗忘——道德推理和公民教育。而这两大内容都与

---

[1]〔美〕爱德华·希尔斯.教师的道与德［M］.徐弢，李思凡，姚丹，译.北京：北京大学出版社，2010：1.

价值观问题有关，这绝非巧合。"[1]事实上，就教学而言，其本身即渗透着丰富的价值影响，不论是基于课程内容的价值引导，还是基于教师自身的为人师表。而且从教师职业来看，任何学段的教师都负有育人责任，都应该担负引导学生道德人格发展的责任。正如梅贻琦所说："教授责任不尽在指导学生如何读书，如何研究学问。凡能领学生做学问的教授，必能指导学生如何做人，因为求学与做人是两相关联的。"[2]

价值引导可以从多种途径发生，如前述论及的教师的专业正直。教师在课堂教学中通过言行流露出的对知识和学科专业的态度必定会向学生传递道德信息，构成道德影响，所以在宽泛意义上，价值引导的范围很大，可以等同于正直教学。但这里我们从狭义的角度分析教师的价值引导职责，具体指教师有意识地在教学中引导学生发展积极的价值观，养成良好德性的责任。

教学中，教师的价值引导责任主要表现在三个方面。

首先，教师要明确价值观层面的教学目标。大学教育培养专门人才，但专门人才必须是一个完整的"人"，即"具有独立、自主意识，兼具科学精神与人文精神，敢于批判，勇于创新的人"[3]。这是大学教师必须明确的完整教育目的观。同样，在教学中教师不仅要注重学生专业知识和能力的发展，而且要关注积极价值观、良好品德的养成。在习惯了关注知识目标的教学思维下，大学教师必须有意识地、认真地思考所授课程的价值观目标。每一科学领域的价值观各有不同，但从个体、社会和自然的共生角度而言，有几个重要的价值观目标在教学中是值得关注的，它们是求真、公正、善良、社会责任感、生命关怀、合作等。教师也应该在课堂教学中清晰地向学生阐明、渗透价值观层面的目标，使学生清晰地感受到并接纳教师的价值引导。

---

[1]〔美〕德雷克·博克.回归大学之道——对美国大学本科教育的反思与展望[M].侯定凯，梁爽，陈琼琼，译.上海：华东师范大学出版社，2018：26—27.

[2] 清华原校长梅贻琦1932年开学典礼讲话：教授的责任[EB/OL].https://edu.qq.com/a/20110901/000029.htm.

[3] 李菲.大学的良心——高校教师师德案例读本[M].上海：华东师范大学出版社，2016：43.

其次，教师要有意识地挖掘并展现教学内容蕴含的人文气息。知识反映的是人们对事物的客观认识，但它因与人、自然、社会的联系而蕴含人文气息。挖掘知识的人文气息是落实价值观层面的教学目标的重要途径，也会使知识富有生命力，使课堂散发人文精神魅力。为此，教师应该结合自己所授课程或学科的特点，从文化背景、产生过程、发展历史、社会联系、实际应用等方面挖掘课程内容的人文气息。如挖掘自然科学知识的人文气息应该侧重知识产生的过程、蕴含的方法论、学科发展历史、实际应用中的伦理问题等，注重科学思维、科学精神的启发和引导。挖掘人文社会科学知识的人文气息应该注重结合知识的文化背景、历史发展，蕴含的与人、社会发展的关系，解决实际问题中的作为等，也可以结合教师个体的人生经历、感悟，激发学生的人文思考、人性关怀和社会责任。教师还可以结合社会现实、热点问题等展开课程内容的教学，渗透积极价值观的引导。不难看出，挖掘课程内容的人文气息，需要教师有丰富的人文素养，要扩大课程内容资源或素材。当然，价值引导不能僭越、遮蔽了课程内容本身，不能削弱了教学的学术性，更不能为了价值引导而生硬地进行价值灌输。

再次，教师要保持言论的社会道义。言论自由是人的基本权利，大学教师由于学者身份对言论自由有更高的诉求，因而在教学中他们善于对各种社会问题发表看法，对不良倾向、不合理决策等进行批判。"言论自由、批判精神是大学教师担负学术责任和社会责任的重要体现之一"[1]，但教师的言论自由在很大意义上负有积极的社会责任，这是教师职业的示范性特点决定的。所以，进行价值引导，教师还必须保持言论的社会道义。2016年12月习近平总书记针对新时代师德师风建设提出四项基本要求，即"坚持教书和育人相统一，坚持言传和身教相统一，坚持潜心问道和关注社会相统一，坚持学术自由和学术规范相统一"[2]，其中"坚持潜心问道和关注社会相统一"

---

1 李菲. 大学的良心——高校教师师德案例读本 [M]. 上海：华东师范大学出版社，2016：47.
2 吴晶，胡浩. 习近平在全国高校思想政治工作会议上强调 把思想政治工作贯穿教育教学全过程 开创我国高等教育事业发展新局面 [J]. 中国高等教育，2016(24)：5–7.

即渗透了对教师社会责任包括言论的社会正当性的要求。对此,在课堂中教师不论是在讲授课程内容时,还是在组织讨论、与学生对话时,都应该牢记学者言论的社会责任,要客观、公正、理性、科学地发表个人看法,不能传递有违社会主流价值取向和舆论的言论。即便是进行批判,重要的也不在于批评、指责,而在于为社会开出"良方"和传递积极信息。这不仅有助于学生健康品德的发展,而且有助于教师积极价值观的完善。

3. 教学创新的责任

大学教学是追求卓越的生命化学习活动,"卓越"不仅是对学生成长状态的期许,也是对教师教学行为状态的要求。教师只有在教学上积极进取,不断革新,追求卓越,学生才能在生命化的学习中不断走向卓越。因此,从追求卓越的角度看,教学创新应该是大学教师的第三个教学责任。

教学具有复杂性和创造性,大学教学更是如此,高深知识的基础、探究性的特点都需要教师不断更新教学,就像有学者所说的:"老师们对待教学要像对待自己的学术或艺术创作一样,把教学当作严肃而且重要的智力创作。"[1] 但是,现实中很多大学教师却习惯于一成不变的教学形式,而且在科研量化考核的压力下不愿意多花时间、多花心思在教学上,导致大学课堂教学内容陈旧、形式单一、氛围沉闷等。事实上,学生在发展,学术在发展,教学也应该不断创新,教学创新应该是教师不容推卸的重要教学责任,这不仅能提高教师的教学水平,提升教学效能感,而且能营造积极愉悦的师生互动氛围,提升教师的教育幸福感。

教学创新责任包括两个内容:树立教学学术意识,进行教学反思。

第一,树立教学学术意识。

教学习惯被认为是一项技能工作,"技能"代表不断训练而至熟练,"学术"则代表不断探索而至创新,所以教学与学术一直被看作两个不同的领

---

[1] 〔美〕肯·贝恩. 如何成为卓越的大学教师[M]. 明廷雄,彭汉良,译. 北京:北京大学出版社,2014:21.

域,教师也容易忽视对教学的研究和创新,尤其在科研成为教师考核的首要标准的情况下。这严重影响了大学教学的质量,美国大学同样面临这样的问题。1990年,美国卡内基教学促进基金会主席欧内斯特·博耶在工作报告《学术反思:教授工作的重点领域》中对学术工作进行了新的划分,提出四种学术类型——发现的学术、综合的学术、应用的学术和教学的学术,"教学的学术"主要指知识传播和应用的学术。借此,他提出了"教学学术"的概念,主张把教学当作一项学术工作。虽然目前教学学术的概念尚没有一个统一的界定,但"把教学作为一项学术工作"正成为普遍的共识。所以简单来说,教学学术意识是指教师将教学作为学术工作,以对待学术的方式和品质来对待教学的态度。

  首先,教学学术意识表现为教师以科学、专业的态度从事教学。这意味教师应该尊重教学的科学性和复杂性,摒弃对教学的经验化、简单化、重复化的认识;将教学作为一项奠基于教育专业素养之上的专业性工作,确立"教学专业化"的观念;教师要掌握教育教学的基本理论和先进观念,实施教学活动注意遵循教育教学规律;知道科学地设计教学内容和教学活动,重视教学方法的规范使用;也要有意识与其他教师互助合作,相互学习,共同研讨教学。其次,教师要有学习意识,成为学习型教师。学术意味着研究、创新,研究的过程就是不断学习、更新的过程。把教学当成学术工作,意味着教师必须具有学习意识,尤其是教学专业的学习意识,不沉溺于或固守一套教学模式或套路,而是主动研究、更新教学内容和教学设计,尝试改变习惯化的教学模式。教师尤其要注意关心、研究学生,包括个性、需求、困惑等,因为"成为一名优秀教师的部分原因(不是全部)是懂得你总是有要学习的新东西——并非很多关于教学技巧,而是关于在特殊的时间有着各自不同的指向、疑惑、误解和无知的具体学生"[1]。再次,教学学术意识表现为

---

1 〔美〕肯·贝恩.如何成为卓越的大学教师[M].明廷雄,彭汉良,译.北京:北京大学出版社,2014:166.

教师有教育教学研究意识。作为一项学术工作，知识的传播和应用充满未知领域，需要不断探索，而且时代和高等教育的发展总是对教学提出新的挑战，这不仅需要教师主动学习，接受新的教学观念和方法等，也需要教师自觉地留心、关注学生发展问题、教学问题，有针对性地开展相关研究，尤其要重视以行动研究、案例研究等方法开展教育教学研究，将教学研究与教学改进有机地整合在一起，既切实地改进自己的课堂教学效果，也提升教师专业发展的水平。

第二，积极进行教学反思。

教学研究与创新不同于学术研究与创新，它具有很强的实践性。这种"实践性"既表现为教学创新的源泉来自教学实践问题，而且很多情况下是教师个体亲历的实践问题或教学困惑，也表现为从成果形态上说，教学创新不一定像学术创新那样呈现为系统的、严谨的理论或思想体系，它可能是具有普遍意义的教学理念、教学模式、方法等，也可能是教师个体化的教学哲学和实践风格。教学创新的实践性决定了教学反思的重要意义。反思是指向自我的发问和思考，教学反思是教师针对自己的教学活动、教学行为与观念等产生的思考，它审问"实践"又回到"实践"，所以教学创新责任要求教师必须进行教学反思。事实上，在教师专业化运动中，反思型实践者成为教师的重要角色，反思也成为教师专业发展的重要途径。

大学教师的教学反思不仅应包括对具体教学活动、教学行为的反思，而且应包括对教学责任的反思，这应该是首要的，因为不同于中小学教师，大学教师在教学与学术研究上存在碰撞或者说面临较大的责任失衡的风险。在反思教学责任上，教师应关注这样一些内容：是否尽到了理智能力引导的职责，是否尽到了正直教学的责任，是否尽到了教学创新的责任。对于教学行为的反思，大学教师应该关注教学活动的设计是否体现了探究性，教学中是否实现了师生互动，创设的学习环境是否符合学生和课程的需要，提供的阅读资料是否合适等。在反思的基础上，教师要敢于对教学的不良倾向进行批判和自觉抵制，勇于尝试教学改革。大学教师还应该积极关注教学理论的最新研究成果、发展动态，积极接受新的教学理念，尝试新的教学方法。

只有反思而没有改造的行动，反思是无用的，因此反思之后必然是探究、学习、改进，由反思走向改进，反思才有价值。舒尔曼说："将教学视为学术的一种，就要不仅将教学作为一种活动，而且要作为一个探索的过程。"[1]教学是一项充满未知的科学领域，有很多问题值得教师去思考、探索，这其实又回到"教学学术"问题上。把教学当作一种学术工作，就是把教学当作一项研究工作，所以一定意义上，教学学术、反思、创新是一体的。

1　王玉衡. 试论大学教学学术运动［J］. 外国教育研究，2005（12）：24–29.

第四章　大学师生交往与师生伦理

教师与学生是教育活动中的两大主体，教育活动是基于师生关系展开的，师生交往也构成了教育世界的基本生活形式。就是说，师生关系不仅是教育活动进行的手段，而且是教育生活本身，因此师生关系的质量一定意义上决定了教育的质量和学生教育生活的质量。自然，在大学教师专业伦理中，师生伦理是非常重要的一个内容。在大学中，教师与学生的活动主要发生于课堂教学中，某种意义上教学伦理包含了一定的师生伦理，如教学人道精神、教学责任中尊重理智自由都体现了教师对待学生的态度和道德方式，但二者仍有区别。教学伦理主要是从教学活动的伦理使命、目的或诉求角度出发的，师生伦理则主要是从教师与学生的交往角度出发的，所以师生伦理不仅涉及课堂教学场域，也涉及课堂教学之外的场域，即日常交往场域。

第一节　大学师生交往的特点

大学师生关系与中小学师生关系是有很多不同的，这主要受到大学独特的教育任务、教育生活方式、大学生的身心发展等因素的影响。研究大学师生伦理，清晰把握大学师生关系的特点和本质是非常必要的，因为不同的人际关系性质和交往方式决定了不同的伦理要求。

一、大学教师文化的特征

在学校中，由于教育关系的存在，师生交往中教师的主动性会在很大意义上影响师生关系的建立，这在大学教育层面同样如此。这种交往的主动性既来自于教师的个体因素，如性格气质、个人魅力、教学水平等，也来自于群体文化因素，因为群体文化反映了一个职业群体的性格、价值取向、兴趣偏好、职业行为方式等。大学教师的群体文化特征会影响他们与学生交往中的角色、行为风格，以及交往关系的质量如频率、方式、亲密度等。所以，在探讨大学师生交往的特征之前，有必要分析大学教师文化的特征。

（一）大学教师文化的基本特征

文化是社会生活中耳熟能详的词汇，也是众多学术研究领域中的重要研究内容。目前关于"文化"的定义仁者见仁、智者见智，虽然具体内容有区别，但一般都涵括三个方面：精神或信念方面、观念意识方面和行为方面，即文化是这三种的统一体。基于此，"大学教师文化就是大学教师在长期的学术生涯中所形成的共同价值追求、职业规范与行为方式系统"[1]。相比于中小学教师，由于工作性质、任务、职责等的不同，大学教师文化呈现以下特征。

第一，充满学术气息。大学教师的工作是奠基在崇尚、探索和发现真理之上的，相比于中小学教师，他们对探索新知有浓厚的好奇心和喜爱之情，这使他们的言谈举止中带有鲜明的学术气息。而且这种学术气息具有明显的专业或学科边界性，即限于专业或学科内，这使得他们在自己的专业领域内更具有学术自信和话语权。探索新知的兴趣和习惯浸透在大学教师的日常职

---

[1] 王洪才. 大学教师文化：特色·困惑·趋势 [J]. 大学（研究与评价），2007（2）：52-59.

业生活中，涉及学术研究、教学、社会服务，甚至融入与他人的日常交往中。在日常生活中，他们对问题极具敏感性，对事物形成了思考的习惯，对知识具有建构的欲望。他们不仅对真理充满好奇和热情，而且严格奉行学术至上的理念和学术研究规范，对任何亵渎学术发展的行为充满憎恨和鄙夷。对真理的崇敬和探索是将大学教师聚合在一起的根本动力，他们以与同事探讨、交流学术问题为乐、为荣。在教师个人的职业生涯中，学术成就是他们职业价值的重要体现，教学成就要基于学术成就之上。对于学术的追求和高深知识的崇敬，使大学教师形成了一种清高的性格，对于不能理解他们的观点、价值观、行为方式的人，他们会不屑与之交流。

  第二，自主性强。学术性的文化特质决定了大学教师文化具有较强的自主性，这表现在三个方面。一是崇尚自由。探索真理需要自由、民主的环境，反对理智或思想的受限，这形塑了大学教师崇尚自由的性格，使他们对自由有很高的诉求和敏锐性。他们不仅追求学术自由，而且在教学工作中喜欢自己决定教学内容和方式，在管理上更是厌烦各种过度和繁琐的规范或行政性安排。二是个体化倾向明显。虽然大学是教师组成的学术共同体，但崇尚自由的性格使大学教师形成了独立自主的思考方式和行为方式。而且明显的学科边界性以及对知识的尊重，使他们彼此之间形成了一种默许的互不干扰或"相敬如宾"的交往风格，彼此保持着很大的尊重和包容，这塑造了大学"兼容并包"的品格，也成就了大学教师个性鲜明的特质和个体化的存在状态。此外，弹性的工作体制也赋予大学教师更多独立工作的空间和时间，教师群体之间面对面的共事局面是较少的。三是自主决断性强。学术人的身份和工作性质使大学教师具有很高的专业自主权，在研究、教学，甚至个体事务上都能发挥充分的自主决断性，这是他们理性的认知特征，也是他们的行事风格和处事原则。同时，专业的壁垒容易强化这种自主决断性，这使大学教师容易形成较为"自我"的特质，即他们不仅喜欢自己决断，而且更信任乃至坚信自己的判断。

（二）大学教师文化的类型

除了在整体上大学教师文化具有学术性、自主性的特征外，美国学者伯顿·克拉克（Burton Clark）还通过对美国州立大学教师文化的考察发现，大学教师文化存在四种类型，分别是研究型、学术教学型、专业训练型、校外专业工作型。在研究型教师文化中，教师是"把自己关进实验室的入迷的科学家"；在学术教学型文化中，教师是"鄙弃专业化而致力于本科生教学的教书先生"；在专业训练型文化中，教师是"监督学生的训练和练习的学术牙医"；在校外专业工作型文化中，教师是"花大量时间在校外从事咨询工作，只是由于按新规则规定不得不花一定时间回校的商业教授、教育教授和工科教授"[1]。

伯顿·克拉克的分析形象生动地界定了大学教师文化的表现样态，每一种都寓意一种独特的教师教育生活方式和价值观体系。随着我国高等教育的发展和大学教师管理体制的改革，我国大学中也出现了如克拉克所言的几种大学教师文化类型。在我国大学中，较为常见的是研究型、学术教学型、校外专业工作型，后者相当于在校外兼职或忙于社会事务的教师。目前，学术教学型在我国高校教师中是较为普遍的，他们与学生的交往在数量、频率上相对是较高的，因此教学形成了固定的课堂交往时间和空间。在高等职业院校中，专业训练型较为常见。

克拉克的教师文化类型划分基本涵盖了教师文化的常态，但伴随高等教育的深化发展，大学教师文化也出现了新的特征。如在我国，21世纪以来，随着知识创新步伐的加快和产学研倡导力度的加大，以及高校教师评价体制尤其是量化科研的盛行，大学教师文化呈现出功利化倾向，即教师走出象牙塔象征的纯粹精神世界，开始追求知识的物质化或经济化效益。这表现在忙于走穴的校外专业工作型教师身上，也表现在追求量化科研成果的研究型和

---

[1] 〔美〕伯顿·R·克拉克.高等教育系统——学术组织的跨国研究［M］.王承绪，等译.杭州：杭州大学出版社，1994：99.

学术教学型教师身上。功利化的教师文化影响了师生关系。

二、大学师生交往的特点

大学师生交往不仅取决于教师群体的性格特征、价值观念和行为方式，也与学生群体的文化特征有关。一些学者对大学生的群体文化进行了研究，美国学者克拉克和特罗以大学生对所在大学的认同度和关心知识学习的程度为轴线，将大学生文化分为学业型文化、娱乐型文化、职业型文化、非顺应型文化。[1] 日本学者片冈德雄依据偏离教学—顺应教学和非主体性学习—主体性学习两条轴线把大学生文化分为探求型文化、娱乐型文化、顺应型文化、顺应探求型文化。[2] 这些学者对大学生群体文化的划分对我们把握大学生的文化特征，以及分析师生交往的特点是有积极意义的。

（一）知识探究是推进师生交往的主要动因

在学校中，教师与学生发生交往的场域主要是课堂，在课堂中围绕知识学习发生的信息传递、言语沟通、情感交流等是师生交往的基本形式。在中小学阶段，除了课堂教学，师生交往还可以发生在班级活动、校园文体活动以及家访中等。但在大学阶段，课堂占据了师生交往的绝对空间，于是探究知识的兴趣和需求，而不是简单的习得知识成为推动师生交往的主要动力源，师生在课下的交往也主要是围绕探究真知展开的。可以说，知识探讨推动了师生课堂上的互动和课下的指导。

同时由于教师文化的学术性，教师相对更喜欢、欣赏有想法、有思考、有批判力的学生。换句话说，学术型学生或探求型学生在大学师生交往中更容易占据主动性和优势，教师与这类学生的交往也会较为频繁和密切。

---

1 〔美〕伯顿·R·克拉克.高等教育系统——学术组织的跨国研究［M］.王承绪，等译.杭州：杭州大学出版社，1994：97.

2 郑金洲.教育文化学［M］.北京：人民教育出版社，2000：327.

（二）理性情感成分增加

良好人际交往关系的发展是经历一个过程的，从最初阶段的不熟悉、不亲密逐渐发展到熟悉、亲密。一般在最初阶段中，交往双方处于相互了解、认识中，交往关系的认知成分居多，熟悉后会发展出情感，如喜欢、信任、忠诚等。情感的出现会使双方关系进入亲密状态，由普通人关系转为熟人关系或朋友关系。所以，在亲密的人际关系中必定包含对他人的情感反应。在中小学阶段，由于青少年的情绪和情感等感性成分居多，所以在师生交往中，中小学生尤其是小学生容易对教师表达情绪或感受，如喜欢、讨厌、害怕等，师生关系中的情感成分较多。但是，大学师生交往是因知识学习和探究而发生的，对知识的共同好奇和探索兴趣始终贯穿交往过程。而且大学教学具有探究性，教师要传播真知，更要通过问题引导、激发学生对知识的思考和探究，在探究中发展学生的思维方式和价值观。可见，大学师生交往中求知欲占据主导，所以情感的理性成分增强，而且以对教师学识修养和人格魅力等产生的敬佩之情居多，但并不明显流露和表达出来。这与知识探索的交往基础有关，与大学生的理性能力、情感发展成熟有关，也与大学生对教师或师生关系本身的情感依赖较低有关。这说明大学师生关系的情感发展价值已弱于中小学阶段的师生关系，但认知价值则较为突出，师生交往中理性成分居多。

（三）大学生在师生交往中的主动权较大

交往是互动的过程，需要交往双方的主体性参与。大学生已经是发展成熟的学生群体，因而在师生交往中他们的主动权增大，表现在如下方面。第一，经过十二年的基础教育，大学生对好教师、好课堂有了自己的认知标准，对良好师生关系有了更高的要求和较强的辨识力，而且平等交往的意识增强，所以他们在选择是否与教师在课堂上互动，以及互动交往的方式和程度上具有很大的自主决定权，既不会轻易因感性因素而对教师做出判断，也不太容易受到外力的干扰。第二，当今大学生的权利意识较强，他们对教师侵害其权益的行为如敷衍教学、不公正评价等比较敏感，也会积极维护，这增强了他们在监督、维护师生关系上的力量。第三，大学生的主体性增强，心智发展成熟，判断力、选择力和需求层次提高，这在一定意义上增加了师生良好心理关系形成的难度。但是，一旦良好的师生交往得以启动和推进，大学生在交往中的主体性会明显强于中小学生，他们会基于知识探索主动推进师生交往，由此产生的教学相长会使双方受益更大，可以说大学师生关系的互促性增强。当然，这意味着师生之间更需要理智的平等与自由的交流，也即对师生伦理提出了更高的要求。

（四）师生关系的松散性加大

基于知识探索展开的师生交往是大学师生的正式交往，主要发生在教学活动中。虽然教学是大学教师的重要职责，但他们还负担学术研究和社会服务两项职责，这使得他们与学生交往的时间和空间是有限的，一定意义上也分散了对师生交往的关注。而且大学教师文化的学术性、自主性也使得他们在性格特点、能力倾向上等不像中小学教师那样善于与学生主动建立交往。再有，大学教师的教学工作不像中小学教师那样具有跟班性质，较为自由，基本上是随课程安排而与学生发生交往，而这种关系的最稳定持续状态通常是一个学期或一个学年，这种情形在公共课教师身上表现得最为明显。所以，综上而言，多种因素导致大学师生关系具有较大的松散性，进而导致大学师生关系中的情感体验成分不及中小学师生关系。

（五）教育交往的边界性模糊，私人交往的可能性增大

师生关系具有多重性质，如社会关系、心理关系、文化关系等，但这些关系一定是基于教育关系的，因为在教育世界中"教师"和"学生"是交往双方最基本的身份。教育关系或教育交往是师生关系最根本的性质，也是师生关系存在的最根本意义所在。在中小学师生关系中，师生间的交往基本都是教育交往，也就是基于教育需要、围绕教育任务而发生的交往。即便师生关系中有情感成分，也是基于教师的教育者角色的。换句话说，中小学师生交往很少有超越教育交往的私人交往。但是在大学中，由于大学生已经是成人，师生的主体性和价值观体系都已成熟，加之大学教育生活更加丰富和自

由，所以师生间除了有正式交往即教育交往外，还存在非正式交往的可能。这种交往虽然是因师生关系产生的，但会超越师生关系出现私人交往的行为，如教师或学生单独请对方吃饭或参加活动，教师要学生帮忙处理私人事务等。这种私人交往的背后隐藏的或是研究生阶段中出现较多的"老板式"师生关系，或是忘年的朋友关系。因此，在大学师生交往中，教育交往并不是唯一的交往状态，教育交往的边界变得模糊，存在灰色地带，即师生交往中的一些行为已经跨界到私人交往领域中，这使得大学教师在师生关系中面临的师生交往失范的风险增大，也更加要求大学教师注意把握师生交往的合理尺度。

三、大学师生交往问题的现实扫描

大学师生关系总体上是良好的，但不可否认，在时代飞速发展和高等教育阔步前行中，大学师生关系受到了一些不良因素的侵扰，出现了值得警醒的问题。

（一）功利化

"功利化"是20世纪90年代人们在对学校教育进行反思和批判时提及最多的一个问题，它指教育为了追求手段的最大化效益而牺牲目的性价值的一种倾向，它表现在教育目的、课程内容、教育管理上，也表现在师生关系上。功利化的师生交往典型表现为师生交往中的工具化或利益化心态，根本而言是师生关系本体价值被遗弃。

师生关系是教育活动开展的途径，也是教育生活本身，所以它不仅具有开展教育教学活动的手段价值，而且具有目的性价值即精神价值，如认知价值、情感价值和人格价值。简言之，良好的师生关系有利于学生身心的健康发展和良好学校教育生活氛围的营建。但是，在功利化的师生交往中，师生关系的精神价值不仅让位于手段价值，而且手段价值也越出了学习需要，这在学生和教师方面有不同的表现。在学生方面，功利化的师生交往表现为资源利用心理,如研究生在选择导师时更倾向选择有行政职务的教师,本科生会根据出国、考研等需要主动寻找或迎合一些教师。选择什么样的教师,已不完全是出于学习需要,而是基于教师所关联的社会资源,其背后是学生个体的利益考量。所以,钱理群教授提出了"精致利己主义"的说法,批评当前大学师生交往中的算计心理、资源利用心理、裙带心理等。在教师方面,师生关系的手段价值表现为学生对教师的可用价值,这在研究生阶段表现得较为明显。教师指导学生不是基于培养学生的考虑,而是基于自己的科研所需,学生要能为教师的科研任务贡献力量。在这种师生关系中,即便"做中学"的教导方式可以成立,但教师往往是疏于尽到应有的教育责任,学生成为担当教师科研任务的廉价劳动力。

造成功利化师生交往的原因,一方面是学生受社会功利化氛围的影响出现教育的职业主义倾向,把接受大学教育更多与未来的职业生存挂钩,忽视甚至蔑视大学教育对人的学识修养、人格完善的重要价值。同时,受到社会就业竞争压力的影响,学生希冀以便捷的渠道实现就业,因而会为就业提前有目的地做各种准备。另一方面,大学教师文化中出现功利化倾向,被经济利益所驱动的工作心理和行为倾向日益明显,这主要受到一段时间内我国科研量化考核体制的影响,受到学术研究所关联的经济利益和社会资本的影响。开展学术研究已不是单纯的以理智兴趣驱动的真理探索活动,而是糅合了很多利益驱动,如职称评审、职务评聘、资本和权力分配、评优奖励、晋级加薪等。所以,占据教师大量时间和主要精力的是科研,争取科研项目、发表科研论文、获得科研评优,成为教师更关心的事务。在功利化机制下,一些教授变成了"教授商人",负责争取项目,而学生成为教师"无怨无悔的""科研助手"。这种功利化心理最终侵蚀了教师的师者意识,使其遗忘了师者的角色,遗忘了教育之责,师者的仁心、责任心被遮蔽。

(二)疏离化

功利化的师生交往导致师生的情感联系淡化,师生间的心理距离较远,这是大学师生关系第二个问题——疏离化的表现。除此,还存在另一种形式的师生疏离状态。在这种疏离化的师生关系中，师生交往一般是单向的，总是学生或教师一方表现出交往的主动性或积极性，而另一方处于较为消极的状态。当学生有交往积极性时，教师却因忙于科研、校外兼职等而疏于关心学生的学业发展，典型表现是教学责任心淡薄，对待教学和学生指导工作敷衍、不尽心。这类教师往往将师生交往限在规定的时空关系中——教学时间、课堂空间，止于边界清晰的职责范围内——授课、完成规定的教学任务，师生之间缺乏沟通。当教师有交往积极性时，学生却缺乏对学业或课程的兴趣。在课堂上，师生双方处于一种"搭伙"的状态，教师有兴致、有激情地授课，学生却以沉默回应，教师讲学生听，"相敬如宾"而已，没有交流，没有互动。疏离化的师生关系显露的是体制意义上的师生关系，而不是心理、精神意义上的师生关系。

疏离化的师生关系除了与教育的功利化取向有关外，还有两个原因。

一是教师教育素养不足。大学教师在专业成长中更多关注学术造诣的发展，教育素养在职前和职后都缺少系统的培养，所以很多教师缺少高等教育教学观念、教学设计能力、教学方法等，也欠缺沟通能力。有调查显示，高校教师明显更注重对"可教"的本体性知识的及时获取与更新，而将有关"会教"的教学性知识放在了次要地位。[1] 教学理念落后、教学方法陈旧传统、教学缺乏探究性、课堂氛围沉闷，自然无法激起学生的学习兴趣。加之大学教师有时忽视对大学生心理的了解和把握，致使共鸣性话题减少，有效沟通不足，这也加剧了疏离化的师生交往状态。

二是学生缺少对教师应有的尊重。导致师生关系疏离的因素不仅来自教师，也来自学生，其中一个重要的因素是学生对教师及其工作缺少应有的尊重。很多学生在课堂上的"不作为"举动，是对教师的不尊重；对教师布置的学习任务公然不理睬，是对教师的不尊重；考试失败后向教师论争分数，

---

[1] 张家琼，陈亮. 提升教师教学素养是提高教学质量的关键——重庆市高校教师教学素养的调查研究 [J]. 重庆教育学院学报，2007（4）：90–92.

是对教师职业威信的不尊重。如此行为有多方面的原因，它与功利化的价值观、学习观、人际交往观有关；与学生权益意识出现偏差有关，他们将权利意识变成特权，出现对个人利益的错误争取和维护；与传统师道尊严观念遭到批判后被错误地理解为教师权威的去除有关；也与大众化高等教育发展中学生因收费而形成的错误的"教育服务观"有关。尊重是人与人交往的基本原则，没有尊重，就不会有交流和合作，更难以使交往双方发展出真挚、亲密的情感。

第二节 学术共同体中的交往：大学师生交往的观念前提

师生交往是教育世界中的交往，"大学"作为限定词，决定了大学师生交往必然具有独特的一面。所以，在分析大学师生交往伦理之前，需要明确大学师生关系的性质，为师生交往确立合理的观念前提，这实际上也是交往伦理的重要构成之一。

一、作为人际关系的师生交往

关于师生关系的性质，学者们做了很多研究，主要的观点集中在以下几个方面。一是师生关系是社会关系，教师与学生的权利与义务、社会地位等是探讨的主要话题。二是师生关系是教育关系即教育与被教育、指导与被指导、管理与被管理的关系。从职业工作的角度来说，教育关系即是工作关系。三是师生关系是心理关系，即人与人心理层面的关联，如信任、喜爱、崇敬等。四是师生关系是文化关系。相比于前三种关系，文化关系是最近出现的一种认识。就大学师生关系而言，有研究者指出："大学是由教师和学生组成的层次较高的文化组织，文化是大学之所以成为大学、师生关系之所以存在的基础和重要中介。大学师生关系不只是单纯的工作关系或人际关系,而是一种多维复杂的文化关系。"[1] 从这一认识不难看出,由于师生双方属于不同的文化群体,有各自的文化特征,所以他们之间不仅发生人类文化的传递,还有两种群体文化之间的交流、碰撞。

不同性质的关系表达了师生的不同身份,如社会个体、心理个体、教育个体和文化个体等,但不论是何种性质的关系,归根结底,师生关系应该是人际关系,人际关系是一切交往关系的基础。人际交往容纳了个体的多重身份,但作为"人"的存在是不能忽视的,进而伦理要求应该贯穿人际交往的始终,因为人们在交往中既希望避免利益冲突,也期盼发展良好的人际关系。人际交往需要伦理来规范,同时它也使人际交往发挥道德的意义——维护社会基本秩序,建立个体道德秩序,融洽人际关系,加强人与人的情感联结。伦理性是人际关系的基本属性之一,这意味着"一切人际关系都是人与人之间的关系,以人与人之间的平等、尊重关系为解放,人不再是双亲与儿女、长辈与晚辈、老师与学生、上级与下级、社会地位高者与社会地位低者之间的伦理关系的附属物或支配物"[2]。换句话说,在人际关系中个体是以真正的"人"的身份和面貌出现的,这是人际关系区别于其他性质关系的根本之处。

之所以在这里强调或重申师生关系的"人际关系"性质,是因为人们已习惯将师生关系仅仅看作教育关系或工作关系,而忽视了人际关系这一基础层面。赵汀阳曾将人的社会关系划分为事际关系和人际关系。他说:"一个人代表着某些事务功能而出现,与他代表着特定人格而出现所造成的关系显然有所不同,前者看上去虽然也是人与人的交道往来,但实际上是一种事际关系。……所以,当与某种人物打交道时实际上只不过是与某种职能在打交道。在这里,人与人的关系只是事际关系;后者则是以人对人的交往,这种交往不是人物间的职能性关系,而是人心之间的关系(当然也可以说,人

---

[1] 傅定涛. 文化视野中的大学师生关系研究 [D]. 长沙:中南大学,2005:4.
[2] 毕世响. 师生关系:以教学为交往实践的特指关系——亲缘伦理关系、契约伦理关系和人的关系 [J]. 上海教育科研,2009(8):27–29,48.

际关系就是心际关系），在此，一个人是个什么人物，是什么身份，这是无所谓的，所以是人际关系。事际关系或者是赤裸裸的或者是虚伪粉饰着的利益关系。……人际关系则是相遇相处的关系。"[1]大学生是心智发育成熟的个体，虽然他们在师生关系中的情感流露或情感诉求不及中小学生，但是他们对人与人之间本真关系的状态却有较高的需求，而且有敏锐的感知和判断，他们更愿意以"人"的面貌与教师发生平等、真诚，甚至志同道合的交往。但是，如果教师忽视师生关系中的人际关系基础，就会用教师与学生的身份伦理淹没人与人的基本交往伦理，从而剥离了师生交往的人际伦理基础，容易出现不尊重学生人格、滥用权威的失范行为。

二、学术共同体中的交往：作为教育关系的大学师生交往

在确认人际关系的基础之上，师生关系呈现出的是教育关系，教育关系是师生关系的根本，也是对教师职责的表达。但大学师生的教育关系有其独特之处，这决定了它对伦理的独特诉求。这种独特之处体现为大学师生是一种学术共同体，或者说师生交往是发生在学术共同体中的。所以综合而言，大学师生关系是以人际关系为基础，以学术共同体中的教育关系为根本的。

（一）学术共同体：大学师生关系的存在实体

众所周知，现代意义上的大学产生于师生结合而成的行会（universitas），探讨学问，碰撞思想，求索真理，是师生行会的基本活动形式，也是根本初衷。这实际上即是今天所言的学术共同体。但随着高等教育的发展，学生规模、教育目的、管理体制、教学形式等发生了新的变化，"学术共同体"日益与大学组织、大学教师及其学术研究相联系，师生作为学术共同体的存在相对被提及得少了，在我国有关师生关系的研究中，论及师生学术共同体这一话题的也较少。但事实上，学术共同体是大学师生关系的存在实体，是大

---

[1] 赵汀阳.论可能生活［M］.北京：中国人民大学出版社，2004：172.

学师生关系区别于中小学师生关系的重要方面。前面我们在分析大学师生交往特点时就指出，大学师生关系是建基于"知识探究"之上的，是以"学术探究"为基础和核心的，这应该是大学师生教育关系的本真状态。也就是说，"大学教师已非严格意义的教师，大学生也非真正的学生；大学生已在进行研究，教师不过是引导和帮助学生进行研究"[1]，他们"为科学而共处"。著名哲学家怀特海也认为，大学既是教育的机构，也是学术研究的机构，它"存在的理由是：它使青年和老年人融为一体，对学术进行充满想象力的探索，从而在知识和追求生命的热情之间架起桥梁"[2]。我国学者刘道玉也鲜明地指出："大学中的教师与学生以及校外的学者，通过学术而连接在一起，于是就组成了'学术共同体'。"[3]

大学是发现和传播高深知识的殿堂，它崇尚独立自治、学术自由、批判创新的大学精神，这体现在教师与学生共同参与、创造的大学文化中，体现在优良的学风、教风和师风上，归根结底它们是师生作为学术共同体的努力结果。没有师生的学术共同体，仅有教师的学术共同体，大学即便有大师，也没有大学教育之灵魂，因为教育之根本在于育人。当今大学教学出现的很多问题如学生学习功利化、缺乏问题意识和求知欲、教师教学方法僵化等，有很多原因，但不能否认，它与教师淡化或忽视了师生作为学术共同体的存在也是有关系的。承认并构建师生学术共同体，教师就会以学术探究的心态投入教学，也会以相应的观念和方式设计、组织教学活动，鼓励师生间的民主对话，鼓励批判性、创新性的思考。从这点来看，教学学术概念的提出不仅是对学术和教学本身的重新理解，而且推进了人们对学术共同体作为大学师生关系存在实体的认识。美国卡内基教学促进基金会主席博耶就指出："为了确保学术之火不断燃烧，学术就必须持续不断地交流，不仅要在学者

---

[1] 肖海涛.大学的理念[M].武汉：华中科技大学出版社，2001：63.
[2] 〔英〕阿尔弗雷德·怀特海.教育的目的[M].徐汝舟，译.北京：北京师范大学出版社，2018：98.
[3] 刘道玉.大学是"学术共同体"[J].书屋，2018（4）：51-54.

的同辈之间进行交流，而且要与教室里的未来学者进行交流。"[1] 师生学术共同体的发展不仅能推动师生关系、优良学风、教学现状的改进，也能推动大学作为学术共同体的发展。恰如洪堡所说："大学教育在教师和学生的共同努力下通过对学术深层的钻研具有最丰富的进程。"[2]

（二）学术共同体的内在伦理性

"共同体"这个概念最早是由德国古典社会学家斐迪南·滕尼斯（Ferdinand Tönnies）在《共同体与社会》中提出来的。关于"共同体"的研究涉及众多领域，如政治哲学、伦理学、社会学、人类学、教育学等，人们也在它前面加上了诸多限定词，如"政治共同体""伦理共同体""文化共同体""学习共同体""学术共同体"等。但对"共同体"一词的基本理解是较为统一的，这主要源于对它的词源考证。"共同体"的英文是"community"，由"com"和"unity"构成，包含"共同的"意思，即"common"。所以，"从词源上看，共同体表示一种具有共同利益诉求和伦理取向的群体生活方式"[3]。滕尼斯在《共同体与社会》中分析"共同体"与"社会"的区别时也指出，共同体是自然的实体，它或基于共同生活方式如语言、习俗，或基于共同利益、共同的信仰体系，所以他提出了三类共同体：血缘共同体、地域共同体及宗教或信仰共同体。之后，不论是马克思、恩格斯对共同体的论述，还是桑德尔、鲍曼的论述，都不难发现，虽然他们对"共同体"的理解各有侧重，但总体上都强调共同体成员拥有共同的思想信念或观念意识，就如滕尼斯所言的"默认一致"，它对共同体成员不仅发挥凝聚力，也发挥约束力。换句话说，共同信念是具有伦理意义的价值体系，遵从这套伦理体系即意味着接受并遵守共同体的生产、生活、交往图

---

1 〔美〕欧内斯特·L·博耶. 关于美国教育改革的演讲 [M]. 涂艳国, 方彤, 译. 北京：教育科学出版社, 2002: 88.

2 肖海涛. 试论师生学术共同体的构建——以潘懋元先生的家庭学术沙龙为例 [J]. 江苏高教, 2007（5）: 22–25.

3 王露璐. 共同体：从传统到现代的转变及其伦理意蕴 [J]. 伦理学研究, 2014（6）: 77–80.

式，认同共同体所倡导的愿景、观念、规范和行为，并尊重、关心和谋求共同善的实现。所以，不论是从共同体成员的价值取向、交往方式，还是从共同体存在的意义角度看，"共同体"这一概念及本身的存在都具有伦理意蕴。正如亚里士多德所说："所有城邦都是某种共同体，所有共同体都是为着某种善而建立的。"[1] 正因此，迄今虽然"共同体经历了从传统共同体向现代共同体的转变，但是，在这一转变中，共同体始终体现出强烈的道德指向和伦理内涵"[2]。

基于此，不难理解，学术共同体是具有内在的伦理规定性的，或者说它就是一个伦理共同体。学术共同体中的每一个成员崇尚追求真理，信奉学术之道，并以学术之道规范自身的言行，修炼完善人格，任何违背学术之道的行为都是被拒斥的，是受到强烈谴责的。一定意义上，学术共同体就是一套伦理价值体系的代名词。在这一基础上，学术共同体才被认为是"具有相同或相近的价值取向、文化生活、内在精神和具有特殊专业技能的人，为了共同的价值理念、目标或兴趣，并遵循一定规范而构成的群体"[3]。因此，师生关系作为人际关系具有伦理规定性，作为学术共同体，其伦理规定性更加明显。换句话说，大学师生交往不仅应该遵循基本的人际伦理、教育伦理，也应该遵循作为学术共同体所要求的伦理规范。

（三）意义关联与互促共进：学术共同体中的师生关系

在师生关系问题的探讨上，教师与学生的地位问题一直都是受到关注的重点内容之一，因为这决定了师生交往的方式和状态，决定了师生关系的最终伦理形态。在传统主客二分的思维下，教师中心、学生中心是两个泾渭分明的观点。20世纪后，受到主体间性思想的影响，师生关系出现了双主体和主体间性的认识。当今，主体间性是被普遍认可的师生关系的理想形态，

---

1 〔古希腊〕亚里士多德. 政治学 [M]. 颜一，秦典华，译. 北京：中国人民大学出版社，2003：1.
2 王露璐. 共同体：从传统到现代的转变及其伦理意蕴 [J]. 伦理学研究，2014（6）：77–80.
3 刘道玉. 大学是"学术共同体" [J]. 书屋，2018（4）：51–54.

它表达了教师与学生作为平等主体的自主、自觉的交往。主体间性对于大学师生交往同样具有重要的价值，它尊重学生作为独立自主的个体，强调教师与学生的积极互动。同时，由于大学师生交往是基于学术共同体展开的，因此从实质上来说，它是一种精神交往。精神交往意味师生是一种意义关联、互促共进的关系，是亦师亦友的关系。这是大学师生主体间性的独特表现。

1. 意义关联

所谓意义关联，是指大学师生因共同的目标或价值追求、共同的活动而形成的精神上的相通共鸣关系。

意义关联首先体现为大学师生有共同的学术志趣和愿景。在高等教育阶段，教师与学生之间的知识传递不追求标准化、确定化，相反鼓励学生对知识展开批判性思考和探究，原因是师生双方对知识探索有浓厚的兴趣，对发现真理有共同的愿景。而且对教师而言，追求真理的志趣和愿景在学生与自己身上是统一的。这就是说，追求真理的志趣和愿景不仅是大学教师希冀在学生身上努力实现的目标，也是他作为学者的特质、使命和为之奋斗的目标。因此，大学教师与学生可以实现志同道合和意义关联，实现真正意义上的相融，这比基础教育中所言的教学相长要更深一层。对真理的好奇和探索是将师生凝聚起来的纽带，它使教师和学生不再是组合在一起，而是相依在一起。"相依……是一种与他者的感情约定"[1]，在相依中师生实现共在和联合。

其次，意义关联体现为师生拥有并遵守共同认可的学术规范。在基础教育系统中，教师和学生往往有各自的规范，即教师要有教师的样子，学生要有学生的样子。但在大学教育阶段，教师与学生同为高深知识的探究者，共同的志趣和愿景决定了他们有共同遵守的规范，这就是学术规范。学术规范超越了师生各自的角色规范，它是师生同为真理探索者的规范。换句话说，学术规范不区分教师和学生的身份。如果教师在科研、教学中出现了学术不

---

[1] 〔英〕齐格蒙·鲍曼.生活在碎片之中——论后现代道德[M].郁建兴，等译.上海：学林出版社，2002：64.

诚信、学术攻击的行为是会被学生鄙夷的,同样如果学生在学习中出现了学术不诚信、不规范的行为也是会受到批评的。共同的志趣与共同的规范使师生双方能展开友善、自由、相互吸引的交流,能够"处于一种身心敞开、相互完全平等的关系中"[1],彼此的心灵和情感也能更容易实现相通。

2. 互促共进

互促共进表现了大学师生的交往方式与状态,师生在学术殿堂中是彼此的扶持者、促进者和共享者,也是亦师亦友的关系。在大学课堂中,教师和学生虽然在学识上有差距,但平等性明显增强,他们有共同的学术或求真的情结,有平等、自由对话的平台和基础。教师或是发起问题,引发学生讨论;或是学生对教师的讲述提起质疑,形成观点碰撞。不论何种形式,在质疑、解惑中,教师与学生互相激发思考,交流看法,探讨观点。他们相互激发、相互配合,彼此贡献智慧,共同铸就并经历学术探险之旅,也成为学术探险的共同受益者。在这一过程中,师生间不是一方为另一方服务的关系,而是相互支持、共同付出、共同受益的关系。任何一方的缺席或不作为,都无法成就师生学术共同体的存在,对双方都是一种损害。因此,大学师生关系更像是志友,而不仅仅是朋友。与之相比,在中小学阶段中,限于中小学生的心智发展水平,师生间的朋友关系仍带有成人的关怀倾向,或者说仍存在成人的先在优势,而且教学相长对学生构成的主体体验多是隐性发生的,或者说是在学生没有明确察觉的情况下发生的,因而互促共进的体验是不及大学师生关系的。

互促共进表达的是大学师生关系的一种应然状态,"互促"是"共进"的前提,师生双方只有共同参与、协同作用,才能有"共进"。但"互促"的发生是有前提的,这就是教师积极担负启发与引导之责,这是为师的根本,也是教育主体间性的基础。换句话说,师生的主体间性关系,不论表现为朋友关系还是志友关系,都必须建立在师者的引导责任之下,否则师生关

---

[1]〔德〕雅斯贝尔斯.什么是教育[M]邹进,译.北京:生活·读书·新知三联书店.1991:2.

系就会沦为一般的人际交往关系，失去教育意义。在这一意义上，互促共进应该是亦师亦友的关系。更具体来说，"互促"表现为梅贻琦先生所言的"从游"。在《大学一解》中，梅贻琦先生针对师生关系说道："学校犹水也，师生犹鱼也，其行动如游泳也。大鱼前导，小鱼尾随，是从游也。从游既久，其濡染观摩之效，自不求而至，不为而成。"[1] 一方面，师生学术共同体是由"教师导引、学生从游"营造出来的，教师要为学生的学习指明方向，打开问题视域，提供方法引导，推动他们自主探究，并给予鼓励、支持和耐心指导。另一方面，"从游"不是遵从、复制教师的观点，不是亦步亦趋跟随老师，"从游"的学生是独立的个体，在教师的引导下，他们要逐步发展独立探索真理的能力。某种意义上，学生是从游，教师是伴游，他们亦师亦友，互促共进。"在这种混合的情感中，他们发现师生之间同多异少。在他们（注：教师）与学生关系的中心矗立着对天地和人类地位的敬畏感。"[2]

第三节 师生交往的伦理原则与规范

在大学师生交往中，人际关系是基础，教育关系是根本。基于此，大学师生交往需要遵循如下伦理原则与规范。

一、师生交往的伦理原则

（一）坚持交往的教育性——育人为本

师生关系是一种教育关系，师生间发生教书育人的活动是标志教育关系实际存在的基本依据。在大学中，由于师生交往基于学术探究之上，学生交

---

[1] 涂又光. 中国高等教育史论[M]. 武汉：湖北教育出版社，2003：334.
[2] 〔美〕肯·贝恩. 如何成为卓越的大学教师[M]. 明廷雄，彭汉良，译. 北京：北京大学出版社，2014：138.

往的主体性增强，教育交往边界的模糊性增强等，师生关系的教育性质容易被遮蔽或弱化，这样的师生关系通常表现为老板式的师生关系和私人关系。在老板式的师生关系中，教师和学生处于异化的学术合作中，学生为教师进行学术打工；在私人关系中，教师会因不良的个人动机、情感而出现有违师德的行为。这两种师生关系都违背了教育性。因此，师生交往首先必须坚持教育性，即遵守育人为本的伦理原则。这对大学教师具有非常重要的意义，因为大学教师虽然既是学者也是师者，但师者身份是根本。

育人为本是一种教育观，也是一种学生观。作为教育观，育人为本意味教师在教书的同时必须承担育人责任，育人是教育的根本。作为学生观，育人为本意味教师要尊重学生作为"人"的权利和价值，尊重学生作为学习者的需要和诉求。作为一种师生交往伦理原则，育人为本则指教师在与学生交往中将学生发展放在首位，履行育人职责，恪守为人师表的风范。

1. 履行育人职责

大学教师身兼教学、科研、社会服务和文化传承多重职责，也兼具学者和师者的双重身份，而且学者身份是大学教师一切职责的基础。这种身份处境容易使大学教师不自主地放轻师者的角色，也容易使他们专注学生学术能力的发展而忽视人格引导。践行育人职责，教师要牢固明确并坚守教师的身份，深刻认识教师职业，尊重职业的价值，尊重教师的身份，尊重学生；要明晰教师引导者、指导者的角色，扎实践行教师的教育教学职责；尤其要正确认识育人的内涵，不仅要传播高深知识，引导学生探索高深知识，培养他们成为有学识、有能力、有创新精神的人，而且要关心学生健康人格的发展，发挥知识的德性涵养价值，发挥课堂的价值引领作用，发挥自身的人格示范作用，培养学生成为具有友善、同情、合作及高远志向和社会责任感等优良道德品质的人。

2. 恪守为人师表

示范性是教师职业区别于其他职业的典型特征，这说明教师要注意养成良好的言行。示范性也是对师生交往教育性的补充——师生交往不仅要保持教育底色，而且教师要以身示范发挥教育作用。德国教育家第斯多惠说，教师"希望引导他人走正确的道路，激发他人对真和善的渴求，使其素质和能力得到最好的发展，因此他应当首先发展他本身的这些优秀品质"[1]。恪守为人师表，总体上说教师需要加强自身的德性修养，发展真善美的品格和行为，严格要求自己，坚持自律，严谨地对待自己的言论和行为，不轻率地做出有违教师形象的事，做到以身立教、以身立德、立德树人。大学教师群体由于长期的学术工作而形成了追求独立自由、敢于质疑、好于批判的品格或气质，这使他们具有鲜明的个性，有时会因观点的碰撞而产生激动的情绪，有可能会在指导学生或批评学生的过程中出现过激言辞，所以教师需要注意言行举止的合理、得体，尊重、平等、礼貌、谦逊地对待学生。

此外，为人师表还需要教师处理好与学生交往的合理尺度和边界。一则教师不要将师生关系越界到私人生活领域中，不能利用教师的权威让学生为自己做超越教育关系或超出教育教学活动之外的事情。二则教师要注意交往的合适距离。交往的空间距离虽然不能决定交往的合理尺度，但是有助于规范教师的交往行为。在国外，当师生见面尤其是异性师生见面时，教师通常会敞开办公室的门，这既是对学生的尊重，也是对自己的自律。人际交往心理学研究证明，人与人的交往是存在安全和舒服的空间距离的。美国人类学家爱德华·霍尔（Edward Twitchell Hall）将人际交往距离进行了划分，各种距离都与对方的关系相称。它们依次是亲密距离（0.15～0.44米），这个距离内人们可以促膝谈心；个人距离（0.46～1.22米），这是非正式的个人交往中的一种距离，彼此之间有一定的分寸感；社交距离（1.2～2.1米），出现在较为正式的社交或礼节性的关系中；公众距离（3.7～7.6米），一般是陌生人之间的距离。显然，师生间的交往应该处于个人距离和社交距离之间，教师要有意识地创设这种交往距离，这也是一种交往礼仪。

1　〔德〕第斯多惠. 德国教师培养指南［M］. 袁一安，译. 北京：人民教育出版社，2001：24–25.

（二）实现交往的目的善——促进学生的自我实现

师生交往不同于一般的人际交往，它承载教育的使命和目的，彰显教育生活的状态。因此，我们认为，从伦理意义上师生交往的最高宗旨或价值是对教育使命的传递。对于一般人际关系，"人道"是交往的伦理总原则。人道的内涵包括两点：将人当人看，使人成为人。在教育伦理意义上，教育人道是教育的根本伦理原则，也应该是师生交往的总原则。由于不同教育阶段的教育使命和目的是有差异的，所以不同阶段的师生交往总原则也是有具体内涵的。大学是对基础教育的提升，它崇尚学术，追求真理，以发现真知为宗旨，以完善人的理智和人格，提升人作为自由主体的完满性为最终目的。这是布鲁贝克所说的大学发展的认知逻辑。虽然后期出现了大学发展的政治逻辑，但也是以认知逻辑为基础或前提的，因为认知逻辑是大学之为大学的根本。大学与真理是一体的，与人类自身的完善也是一体的，这种完善就是人的自我实现。事实上，人受教育的过程就是不断完善人性、发展自我的过程。相比于基础教育阶段，大学教育更展现了自我实现的取向。因此，在伦理意义上，师生交往的"人道"总原则体现为促进学生的自我实现。自我实现是一种精神自由的状态，是不断迸发潜能，发现新的自我的状态。

1. 秉持并传递大学精神

大学精神是大学独特品格的表征，是大学的灵魂和标志，也凝结了大学教育的根本目的——培养富有学识、智慧和优良道德的全面发展的人，所以大学生的自我实现无论具体达到何种状态，都应该具有大学的精神品格，这是一个受过大学教育的人应具备的特质。同时，大学精神也指明了大学师生应有的教育生存方式和精神气质，因此秉持并践行大学精神不仅应是师生交往的精神特质，也应是推动学生自我实现这一伦理原则的重要内涵。

"大学具有崇高的道德价值。……大学所致力的是对真理性知识进行无私追求的理想。大学的功能并不仅仅是实用性的；即使当大学发挥实用性功能时，它们也被认为是产生这种服务（例如健康护理或法律实践）所必需的真理性知识。大学的主要功能是管理、传播和扩充各种真知——尽管它们很少得到充分的表述。"[1]面对当今功利化的教育环境，这段话深刻地道出了大学应有的立场。因此，践行大学精神，重要的是教师要修炼崇尚真理、追求独立与批判精神的品格，并将这种大学品格渗透、贯穿在课堂教学、指导学生或与学生的交谈中。教师还要警觉当今不良观念对大学精神的侵害，坚持大学教师应有的独立品格。

2. 鼓励追求卓越

大学精神是大学的存在方式和信仰，它使大学追求真善美，使大学不附庸于世俗，努力进取，追求卓越。因此，有学者认为"大学所具有的与教会功能相重叠的功能是维系社会与一个超越的领域之间的关系，所谓超越的领域就是指一个超越了个人的和不同社会集团的物质利益并且提供了一种更崇高的理想的领域"[2]。追求卓越的信念和品格，根本而言反映在学生身上，鼓励学生追求卓越，既是延续大学精神，实现大学教育目的，也是推动学生的自我实现。因此，师生交往目的善原则的第二个内容是鼓励追求卓越。

作为一种师生交往的伦理原则，鼓励追求卓越，对教师而言意味着三个内容。其一，对学生充满期待，助其树立高远目标。追求卓越是人的超越性的表现，表现为对现实状态的反思，对可能状态的追求，"期待"蕴含的恰是对可能状态的憧憬，因此教师要对学生充满教育期待。一方面，教师在了解学生现有发展状态和水平的基础上，要为学生设立合理的学业发展目标和难度适当的学习任务，引导他们在不断挑战自我中激发潜能，对学习产生内驱力。另一方面，教师在教育教学中要帮助学生打开眼界，展现高深知识的魅力，激发兴趣，引导他们接近伟大崇高的事物，从而树立高远的发展目标。其二，鼓励学生追求精神的充盈。今天阻碍学生追求卓越的最大因素大概在于社会对知识价值的世俗化认识，于是大学生的学习走向了功利化。正

---

1 〔美〕爱德华·希尔斯. 教师的道与德 [M]. 徐弢，李思凡，姚丹，译. 2010: 218.
2 同1.

如雅斯贝尔斯所说："本来学生的学习目的是求取最佳发展，现在却变成了虚荣心，只是为了求得他人的看重和考试的成绩；本来是渐渐进入富有内涵的整体，现在变成了仅仅是学习一些可能有用的事物而已。本来是理想的陶冶，现在却是为了通过考试学一些很快就被遗忘的知识。"[1] 所以，在鼓励追求卓越上，教师要引导学生规避功利化的知识观和受教育观，同时教师要引导学生关注社会，从小我走向大我。梅贻琦先生就教导学子："吾们在今日讲学问，如果完全离开人民社会的问题，实觉太空泛了。在中国今日状况之下，除安心读书外，还要时时注意到国家的危难。"[2] 大学生是天之骄子，更是社会脊梁，他们承载参与社会发展、推动社会进步的重要责任。教师要与学生探讨学术问题，也要探讨社会问题，在观点争鸣中澄清思想，激发社会情怀和责任意识，摒弃"两耳不闻窗外事"的读书态度。在这样的师生交往氛围中，学生才能逐渐成为有思想、有品格、有理想、有精神追求的人，实现自我的成长和精神力量的增进。

二、师生交往的伦理规范

（一）真诚与信任

伦理是对善的表达和实现，善的东西必然应该是真实的，任何美德一旦是虚假的、带有欺骗性，就一定是不道德的。所以，在人际交往中，"真诚"是一个非常重要的美德。"作为美德，真诚是对真理的热爱或尊重，是唯一有价值的信仰。这是真理的美德，因为它以真理本身为目标。"[3] 师生关系本是与利益无关的人际关系，但功利化的师生关系却掺杂了利益考量，这使师

---

1 〔德〕雅斯贝尔斯.什么是教育［M］.邹进，译.北京：生活·读书·新知三联书店，1991：45.
2 清华原校长梅贻琦1932年开学典礼讲话：教授的责任［EB/OL］.https://edu.qq.com/a/20110901/000029.htm.
3 〔法〕安德烈·孔特－斯蓬维尔.小爱大德——美德浅论［M］.赵克非，译.北京：作家出版社，2013：187.

生关系偏离了其本应呈现的"真"，偏离了教育色彩，因此"真诚"应该是师生交往的基本规范。

真诚表达的是对真实事物的尊重，是遵从本心的活动，即他说的是他所相信是真实的东西，所以真诚意味着对他人不说谎，也对自己不说谎。在师生交往中，教师的真诚首先是一种真实或本真，不造作、不伪装，真实而自然地展现教师的形象，实现作为教师的人与作为人的教师的和谐统一。这是教师为人师表的基本前提，因为只有真实的才是可信的、可亲的、可感的。具体而言，真诚的教师对待自己的观点是诚实而谦卑的，不夸夸而谈，不刻意造势，不给学生制造学术权威感；真诚的教师是温和而谦卑的，对学生的关怀和指导是出于对学生的关爱，不附带私人利益。其次，教师的真诚是言行一致的。教师对知识的好奇，对真理的热爱，对探索的热忱，对社会不满行为的批判等都应该是言行一致的，不是一套理论或激昂之词，而是在教学、科研、学生指导中身体力行出来的。真诚还意味着教师耐心倾听、尊重学生的想法，自由对话，甚至愿意袒露心扉，以个人的经历和感悟引导学生，为学生寻找学习动力和方法提供真实的个体经验。

信任是真诚之上的另一个重要的交往美德。信任，从字义上说，是"信得过而托付重任"的意思。社会心理学家多伊奇（Deutsch）认为，信任是个体预期对方能够带来积极结果的信心大于对消极结果的预期。[1] 近些年高等教育发展中出现的一些问题，如教师疏于教学、学术不端、失范的师生关系及学生价值观功利化、无心学习等，导致了师生间的信任度受到伤害，影响了师生交往的质量。因此，信任作为重要的交往伦理规范应该引起教师的重视。

信任涉及信任方和被信任方。在师生交往中，教师既要信任学生，也要得到学生的信任。作为信任方，教师要表达出信任倾向，即信任方相信被信

---

1 Deutsch M. *The Resolution of Conflict: Constructive and Destructive Process* [J]. American Behavioral Scientist, 1977（2）: 248–248.

任方在言行、承诺和保守秘密等方面可以被依赖的倾向。[1] 面对个性鲜明的大学生，教师要客观地认识、评价他们的言行表现和时代特点，尊重、包容他们的个性，克服社会上存在的对他们的偏见，肯定他们的长处和能力，对学生积极的学习态度和学业表现，教师要积极地表达赞赏，给予鼓励。在与学生探讨问题时，教师要平等、宽容地看待学生的一些想法，积极给予指导和帮助，而不是一味地否定、打击。

作为被信任方，教师要具备一些特质。有研究表明，信任需要交往者具备五种基本特质：善良，它使人们感受到自身的利益会受到对方的保护，而不是遭受到损害；可靠，它让人们能够预测到对方的行为会保持一致；胜任，它使人相信对方有能力完成自己的托付；诚实，它让人们相信对方会实事求是，而不是弄虚作假；开放，它让人们彼此公开，乐于和对方分享一些自己珍视的事物。[2] 梅耶（Mayer）等人提出的善意（benevolence）、正直（integrity）和能力（ability）[3] 是目前公认度较高的三个可信特征。这启示教师要友善对待学生，不看轻学生，不妄加斥责学生，要积极关注学生的学业表现；教师要为人正直，不偏私，要展现正确的价值观和得体的行为方式；要保持民主、开放、包容的心态；要具备基本的教育教学能力和人格魅力，给予学生切实有效的指导和帮助。

（二）教育关爱

教育关爱是教师对学生的关爱，它浓缩了教师的教育责任和教育信念，是教师一切教育行为的根本动力。大学教师虽然有作为知识分子可以追求一生的学术事业，但是教书育人是其学术事业熠熠放光的助燃剂，这是大学教师与科研机构中的研究者所不同的，也是其职业幸福的重要源泉。相比于中

---

1 Rotter J. *A New Scale for the Measurement of Interpersonal Trust* [J]. Journal of Personality, 1967, 36（4）: 1086–1101.

2 张仙凤. 师生信任的教育人类学考察 [J]. 教育实践与研究（中学版），2009（7）: 4–7.

3 Mayer R, Davis J, Schoorman F. *An Integrative Model of Organizational Trust* [J]. Academy of Management Review, 1995（3）: 709–734.

小学教师的教育关爱，大学教师的教育关爱更需要强烈的责任意识，因为大学师生关系带有一定的松散性，感性因素如儿童的童真、中学生的朝气等带来的喜爱之情减弱，也会遭遇其他职责如科学研究的干扰。

1. 关心学业发展

作为教师，心中一定要有学生，教育关爱的核心体现即是"以学生利益为本"。由于大学师生交往主要是基于课业学习展开的，因此学业发展是大学生利益的集中体现。师生之间的交往如果脱离了学生的学业发展，就容易出现失范，所以教育关爱首先体现为教师要关心学生的学业发展。

关心学生的学业发展，是一个涵盖范围较广的内容，第三章所分析的教学伦理，从教师行为的角度来说间接意义上体现了对学生的学业关心，同时师生交往的教育性、目的善原则也体现了这一点。这里我们将从关心的起点——"关注"来主要探讨教育爱，因为大学教师中存在一种忽视关心的倾向。大学教师面对的是具有独立生活能力、自主判断和选择能力的大学生，所以他们有时会认为学习是学生自己的事儿，学生自己要有内驱力，教师只是一个支持者，进而容易忽视了有意识地对学生学业的关心。这里的"有意识"是指学生利益或学业发展在师生交往和教学中没有成为教师的直接关注点，某种意义上它只是教师教学工作必然牵涉的一个部分，或者说教学任务的完成才是教师的关注点。这种认识或观念限制了教师与学生之间关怀关系的建立，阻碍了教育爱的生发和实践。关怀伦理的主要倡导者美国学者内尔·诺丁斯认为，关怀或关心不是一种品德，而是一种关系。她说："关怀伦理不应该被看成是一种美德伦理。当然，在特定情况下人们给予他人关怀就是在发扬美德，但是倘若人们一开始就把注意力放在自己的品格或者美德上，被关怀者可能会有被敷衍的感觉。被关怀者不再是注意的焦点，相反，我们关注的是耐心、大方或者乐观等美德。这样一来关怀的关系就变得岌岌可危了。"[1] 诺丁斯的这一观点提醒我们，在教育关心上，教师首先应该建立

---

[1] 〔美〕内尔·诺丁斯. 培养有道德的人：从品格教育到关怀伦理[M]. 汪菊，译. 北京：教育科学出版社，2017：16.

关怀关系，而不是实践关怀品德，因为关系是一切品德的基础。

建立关怀关系，重要的是教师要"关注"或"注意"学生的学业发展。"关心"一词，不论是中文还是英文的"care"，都含有注意的意思，说明关注是关怀关系建立的起点。诺丁斯也表达了同样的观点。她说："在关怀的时候，意识到自己是关怀者要具备两个特征。第一个特征是，会特别注意他人，笔者称之为'专注'。这种形式的注意不会令人生厌，而且针对的是被关怀者。第二个特征是动机转移，关怀者产生关怀动机的力量会向被关怀者的需求转移。"[1] 关注表达了在意、重视以及动机转移，在这一意义上关心学生的学业发展，意味着大学教师要从学生利益的角度看待、重视教学，关注、在意学生的发展，破除从教师工作或评价体制的角度看待教学的思维或观念。在此之上，教师要有正确的教育教学目标，了解、把握大学生的学习特点和发展所需，要尊重学生的学习权利与主动性，要用心地设计组织教学，关注学生的学业发展表现，了解学习困惑，答疑解惑，推动学生学业的积极发展。只顾埋头上课，对学生的课堂表现和学业发展从来不闻不问的师生关系状态，是缺乏对学生的关注和教育关怀的。因此，关心学生的学业发展，大学教师需要树立"学生利益为本"的观念，为进一步的教育关怀举动奠定基础。

2. 用心指导

在学生成长中，教师担负重要的指导者角色，这是教师职责的体现，也是教育爱的体现。教师是学生学业发展的指导者，也是人生发展的指导者。指导者不是设计者、控制者，因此教师必须尊重学生的选择权利和个性差异。在学习上，教师要重在指导学生如何发现问题、思考问题、探索知识，引导他们形成批判能力，发展问题解决能力和实践能力，而不是一味地传授、讲解专业知识。在人生发展上，大学教师要引导学生关注、思考、探索

---

[1] 〔美〕内尔·诺丁斯. 培养有道德的人：从品格教育到关怀伦理 [M]. 汪菊，译. 北京：教育科学出版社，2017：30–31。

人生的重大命题，如知识的价值、人的社会价值等，要引导学生形成宽广的视野，关心社会。所以，大学教师经常被称为"导师"，其"导"的作用远胜于"教"的作用。

在指导学生上，教师要特别注意处理为学生发展还是为自己发展的问题，或者说学生作为手段还是目的的问题。有如此发问，是因为在大学中，"做中学"的方式是很多教师指导学生的常见方式。"做中学"是美国教育家杜威针对传统教学方式的弊端提出来的一种教学方法。它强调学生通过主动参与、尝试、实践来进行学习。当前不论是在人文社会学科专业还是在理工科专业中，"做中学"的典型形式是吸纳学生参与教师的课题研究。这是一举两得的方式，既能通过实际锻炼发展学生的科研能力，也能帮助教师推进课题。但是，受到经济利益的诱惑和科研压力增大的影响，"做中学"不知不觉间演变成"为老师做项目"——"他付我工资，我给他干活！"参与课题研究不乏是一种有效指导学生学业成长的方法，但"课题需求"大过"学生发展需求"，或者说用课题研究限制学生的学术兴趣，框住学生的整体学业发展，尤其疏于从专业、学生发展角度进行有目的的教育指导，对学生的成长和利益都是很大的损害。所以，"用心指导"必须以尊重学生权益，促进学生成长为宗旨。

3. 严格要求

大学追求卓越，对学生的学业就必须坚持高要求。目前大学通过各种制度如学分修习制度、考试制度、毕业制度等加强了对学生的学业管理，但教师的严格要求依然非常重要。一味依靠制度，既会造成学生的被动发展，也会使教师松懈教育责任，使学生轻视学业。在美国，一些大学和学者曾针对"分数贬值"问题做了分析，曾任哈佛学院院长的哈瑞·刘易斯对此给出了自己的分析。虽然他不认为分数贬值就意味着学术标准的降低，但是这种现象却是值得警醒的。分数贬值有各种原因，其中教师对学生学业的严格要求和教导的放松是值得重视的一个原因。我国的高等教育呈现一种"严进宽出"的局面，这使得一些老师确实在学业上降低了对学生的要求。所以，不论是基于大学的学术品格，还是基于大学教育的基本职责，严格要求都应该是重要的师生交往规范。严格要求表达了教师关爱的理性特征，展现了教育之意。

坚持严格的学术要求，教师首先要提高学生课程学习的要求，依据课程目标制定具体、可操作的学生考核指标和任务要求，包括课程不合格的标准。其次，教师要合理设计作业形式及要求，推进过程性考核。作业的功能是多样的，或者是为了巩固所学知识，或者是为了拓展学生对知识的思考，或者是为了形成学习反思，不论何种，教师要对作业的功能和难度进行准确定位，不能仅仅为了应付学校教学机构的考核而布置作业。再次，在最终课程考核、论文指导和答辩等环节上，教师要坚持严格的学术标准、学术规范和学术程序，对学生的不合格表现坚决杜绝"放水"行为。"一门课事小，可是一门课所折射出来的现象很严重，一个老师放水问题不大，可是我们都这样放水，那就成了冲垮我们教育的洪水了，蔓延出去就是冲毁这个社会的海啸！"[1]只有教师坚持严格要求学生，教育世界的严谨秩序、严肃风气和教育威信才能建立起来。

当然，严格要求应该做到严而有理、严而有度、严而有方。教师的要求必须出于合理的教育目的，要为了学生的发展，而不是为了个人的私利、权威或惩罚、训诫等，这是严而有理；教师的要求要考虑学生的能力基础、心理特点等，不能随意而为、妄自专断，要注意处理好严格要求与仁慈之间的关系，这是严而有度；教师的严格要讲究方式、方法，确保要求能起到实质的教育作用，尤其不能伤害学生的人格和身心健康，这是严而有方。

（三）教育公正

公正即公平和正义。大学生有强烈的自主意识和权利意识，对公正也有更强烈的需求和敏感性，因此推进师生交往必须坚持教育公正。在师生交往中，教育公正因所调节的不同关系而有两种表现。

---

[1] 大学教师的挣扎：严格还是放水 [EB/OL]. http://zqb.cyol.com/html/2015-08/10/nw.D110000zgqnb_20150810_1-09.htm.

第一，公正处理的是教师个体劳动与学生群体发展的关系，也就是教师作为教学的供给者与学生作为学习的需求者之间的供给与需求的关系，或者说学是否得到了教的公平对待的问题。教如果满足了学的需求，使学生学有所获，就说明学生群体的受教育权益得到了教师的公正对待。在这一意义上，教满足学，学生获得发展，是教育世界的基本善，也是教育公正的表现。进一步而言，在"公正"的意义上，教师教学责任的落实即是对学生的基本教育公正，如果教师不能履行教育责任，不仅是对学生利益的伤害，也是对学生的不公正。20世纪90年代末期，随着我国高等教育并轨制的推行，学生对自身的学习权益更加重视，这需要大学教师注重尊重学生的学习权益，公正地处理好教与学的关系。

教师个体对学生群体的公正，集中表现为教师尊重、维护学生的学习权益。首先，教师要具有换位思考的视野，要能站在学生权益的角度积极落实教学责任，努力提高教学水平和教学质量，满足学生的学习需求，推动学生的学业发展。"能设身处地地站在学生的角度思考、选择相处方式，是教师公正对待学生的关键所在。在这个意义上，公正相处比相互尊重更进一步，或者说是对尊重的延伸。"[1]同时，教师要规范、合理地行使教育权威，不能僭越学生的人格和学习权利。其次，教师要公正地评价学生的学业表现。人有得到公正对待的权利，学生的学业表现得到教师客观、公正的评价也是其正当权利之一。为此，教师要制定客观、严谨的课程考核依据和要求，并且在教学中向学生公开，不能因个人利益、教师权威等对学生做出有失公允的评价。在教学过程中，教师要客观记录学生的表现，不能模糊地评估学生的表现，这会损伤学生的学习积极性。同时，教师也要注意使用激励性评价，促使学生形成主动的学习。

第二，公正处理的是不同学生个体之间的利益关系，即在学生群体内部，每一位学生是否能得到教师的公正对待的问题。大学生的个体差异性较

---

[1] 李菲. 大学的良心——高校教师师德案例读本[M]. 上海：华东师范大学出版社，2016：107.

大，大学师生关系还具有相对的松散性，因而大学生个体在影响师生关系上发挥的作用较之中小学生会更加明显。也就是说，学生个体的表现会增大教师出现有失公正行为的可能性。比如，担任班级职务、课堂主动发言、私下与教师有沟通、参与教师的项目等，往往会使教师在课程考核中对学生有所偏重，提升分数。尤其私下与教师多有沟通会使师生的正式交往增加了私人交往的成分，这更会影响教师在处理师生关系上的公正表现。因此，在学业指导、学业考核评价和评优奖励上，教师都应该严格依据统一的标准，平等、客观地对待每一个学生，不能因生活背景、相貌、能力水平、专业所属、亲疏程度等在学生之间出现偏私行为。这就如夸美纽斯所言："他绝不应该走进任何一个学生，或让任何一个学生单独走到他的跟前，他只能坐在他的位子上，让所有的学生看得见、听得清，正如太阳把光线照在一切事物的身上一样。"[1]

---

1 〔捷〕夸美纽斯. 大教学论［M］. 傅任敢，译. 北京：教育科学出版社，1999：125.

第五章 学术职业与大学教师的学术伦理

众所周知,"在狭义上,学术职业指在大学和学院中以教学、科研、服务为工作内容的一种职业"[1]。"学术职业"是对大学教师职业特性的整体概括,也是审视这一职业诸多问题的重要视角,因此本章在探讨学术伦理时从"学术职业"入手。

第一节 学术职业的伦理属性

伦理属性意味着一种实践活动内在地具有伦理意义或伦理规定性,或者说这种伦理规定性不是外在的社会为其更好地推进职业行为而附加的,而是其职业本身就具有的。一些职业相比于其他职业具有较高的伦理规定性,这类职业通常内含较强的专业自律精神,或者说更需要从业者的自律来实现对职业伦理属性的领悟和道德使命的践行。在这类职业中,教师职业是典型代表,其中大学教师由于是学术职业,又展现出更加独特的职业伦理属性。

---

[1] 张英丽,沈红.学术职业:概念界定中的困境[J].江苏高教,2007(5):26–28.

论及学术职业的内在伦理属性，离不开学术职业的特点。学术职业的典型特点是它以高深知识为基础，崇尚学术自由精神。它们赋予了学术职业明显的伦理规定性，具体表现为高深知识的性质赋予了学术职业求真的价值追求和伦理内蕴，崇尚学术自由精神赋予了学术职业坚持独立、自由、民主与责任的伦理内蕴。实际上，这两点在第二章分析学术职业的特点中已经论述过，所以这里不再赘述。作为补充，这里主要从学术职业的职责角度分析其伦理属性，以为后面的分析做铺垫。

教师是教书育人的职业，育人是教师职业劳动的根本性质和归宿，这决定了教师职业相比于其他职业具有内在的伦理规定性。大学教师职业的伦理规定性也得自于此，但又不止于此，因为大学教师除了肩负培育卓越人才的职责外，还肩负发现知识、应用知识的职责。前者服务于人类科学的繁荣与发展，后者服务于人类社会的文明进步，每一项活动都内在地蕴含伦理诉求。

最初的学术活动是一些人围绕某个自然或社会话题展开的论辩活动，随着自然科学的发展，尤其是科学研究方法的出现，人们对知识的探索日益步入今天所言的"科学"轨道，提出假说、使用方法、严密推导、科学论证。学术活动的目的非常纯粹，就是求取真理，这完全来自个体对未知世界的好奇和憧憬，从事学术活动主要是满足个体的求知兴趣和探索欲。换句话说，探索真知是学术活动最原初也是最根本的价值，这是一种纯粹的个体价值，体现了人类的精神性需求。大学教师作为学术职业出现后，人类对知识的探索开始形成规模，这推动了人类探索世界的进程，也使人类的求知精神得以延续和扩大，因为教师自己不但成为求知精神的直接践行者，而且通过教育活动为推进人类的求真活动、弘扬求知精神培养了卓越人才。可见，学术职业本身具有弘扬人类求知精神的重要作用，这是一项具有重要伦理意义的活动。

随着高等教育、学术职业及现代社会的发展，学术职业与社会发展之间的关系日益密切，学术职业的政治取向逐渐凸显，并在社会发展中日益发挥作用，这依靠的主要是知识的转化与应用。知识的转化与应用，实现了知识和人类求真活动从精神价值向经济价值、政治价值的转向，大学教师或学术人逐渐从象牙塔中走出来，走入社会中，学术研究活动的动力在个体的知识好奇之上增加了对社会发展的关心，学术人的社会责任和情怀得以显现。在这一意义上，应用知识本身蕴含了学术人的社会伦理责任，这是科学知识和人类社会发展的必然所决定的。在现代化发展中，大学已经不能完全隔绝于社会发展的浪潮之外，知识转化与应用职责的出现，是学术职业主动回应社会发展需要的正确选择，也是学术职业作为一项具有伦理意义的实践活动的重要体现。如此，学术活动的价值从起初的发展求知精神拓展至推动人类社会政治、经济、文化等的进步，这是学术职业自觉伦理意识的彰显。只有具有伦理意识的活动才能主动回应人类发展的需求，担负应有的责任，所以从这一点上看，学术职业相比于其他职业，甚至基础教育中的教师职业更加具有伦理的自觉，其伦理属性是显而易见的。

第二节　学术职业的伦理困境与学术伦理

自中世纪以来，学术职业伴随人类社会的前进不断发展，其规模、组织结构、制度化建设等都逐渐壮大，同时其伦理内涵和要求也不断扩展。但是，这一过程中学术职业也遭遇了挑战，这导致学术职业的伦理失范问题日渐暴露。

一、学术职业的时代境遇

（一）学术职业日益强化的制度化管理

中世纪大学出现之前，学术活动是一些学人自由交流思想、论辩观点的活动，从事学术活动的人群还没有发展为社会中的一个稳定、成规模的行业，因此"这一时期学术活动与机构化的教育仅仅存在若即若离的松散结合"[1]。现代大学出现后，学术职业走上了职业化的发展道路，大学教师和学生构成稳定的教育主体群，围绕高深学问展开讨论、探索，此时的大学教师和学生享有高度的学术自由和独立自治权利，他们为了维护学术权利可以和当时的大学、教会或政府进行抗争。所以，这一时期，学术职业在大学教育机构中具有独立自治权力。随着工业革命和现代化进程的发展，德国大学模式和美国大学模式相继出现，现代大学经历了这两种发展模式后，逐渐形成了当今稳定的大学机构体系和发展格局，现代大学的职能不断完善，规模不断壮大，学术职业的专业化程度日益提升。但同时，伴随大学组织化、制度化程度的提高，学术职业被纳入制度管理系统中也引发了一些问题。

大学中有一套完备的学术职业管理制度，涉及教师教学制度、学术研究制度、教师评价制度等，它们为学术职业活动设定了统一化、规范化的要求，大学教师的活动或行为总会受到制度的指引和约束。于是，教师成为体制中的人，不再是中世纪大学意义上的完全独立自治的学术人。卓越的大学需要高水平的教师，卓越的教师一定是具备高超学术造诣的人，二者应该是互为主体、互相推进的关系，但处于体制中的学术职业日益受到管理思维的规训，而且管理思维逐渐胜于学术思维在学术职业的发展中发挥了越来越大的作用。20世纪80年代后，新管理主义理念进入西方大学中，更加影响了大学和学术职业的发展。"新管理主义"强调，"淡化组织结构中的科层管理规则；强调管理高于其他所有活动；监督员工表现，鼓励自我监督；经费与目标实现相挂钩；设计质量审计的方式；开发服务部门的准市场等"[2]。在这种管理主义的思维下，准市场方式被引入大学中，学术职业开始追求经济利益、效率等目标，学术聘任和晋升制度、学术考核制、绩效制与问责制等都与经济利益挂钩，大学教师与高校的关系越发呈现出企业式管理的样态。可

---

1 杜驰.高等教育发展与学术职业的制度变迁[J].高教探索，2008（4）：10-13.
2 黄亚婷，彭新强.新管理主义改革进程中西方学术职业的变革与坚守[J].比较教育研究，2015（2）：45-52.

以说，学术职业管理制度实现了对学术人的有序管理、监督和激励，实现了职业效益的最大化。在这一意义上，大学教师从学术精英变为学术经济人[1]，学术人之间的个体竞争随之增强。

同时，学术职业的体制化管理也使一些教师在学术活动之外步入了行政管理领域，成为行政领导者，学术职业内部出现分层——作为管理阶层的学术人与作为普通专业人员的学术人。行政领导者身上集合了学术权力与行政权力，甚至一定意义上，行政权力就意味着学术权力，学术职业内部的资源分配受到了行政权力的干预。这与学术职业的一般规则——拥有更多知识、拥有更高知识创新能力者、拥有更大的学术权力[2]是相违背的。总之，体制化管理使学术职业人在学术活动动机、学术理念、学术身份、学术权力等方面发生了很多变化。这使大学教师遭遇了来自经济利益、管理权力的道德挑战，出现了有违学术人独立自主、自由批判精神的行为。

（二）知识价值的功利化

人类探索知识源于对世界的好奇，希望通过获得真知解答对自然、社会生活和自我世界的疑惑，学术活动的出现源于人类这种纯粹的知识好奇和渴求。学术职业出现后，"知识的好奇"或"闲逸的好奇"在很长一段时间不仅继续推动了人类求真活动的发展，而且推动了现代大学和学术职业的发展、壮大。这就是布鲁贝克所言的高等教育的"认识论"发展取向，这一取向表现了学术职业劳动独特的精神价值。但是，现代化进程开启后，工业的发展，经济的繁荣，对知识、技术、效率的需求日益凸显，知识在社会发展中发挥的重要价值与日俱增，但同时也带来了其他变化：知识商品化、知识价值功利化。在经济市场上，知识可以像商品一样出售、购买，"是否产生经济效益"成为主导性评判标准，知识被"货币化"衡量，其精神价值的无

---

1 黄亚婷，彭新强. 新管理主义改革进程中西方学术职业的变革与坚守[J]. 比较教育研究，2015（2）：45–52.
2 陈伟. "从身份到契约"：学术职业的变化趋势及其反思[J]. 高等教育研究，2012（4）：65–71.

价性被忽视。知识与其生产者之间呈现出一种外在的关系，知识对生产者而言是一种换取社会生存甚或社会名望的手段。正如后现代哲学家利奥塔尔（Lyotard）所说："知识的供应者和使用者与知识的这种关系，越来越具有商品的生产者和消费者与商品的关系所具有的形式，即价值形式。不论现在还是将来，知识为了出售而被生产，为了在新的生产中增值而被消费：它在这两种情形中都是为了交换。它不再以自身为目的，它失去了自己的'使用价值'。"[1] 知识的经济价值或工具价值遮蔽、磨损了其精神价值，如理智发展价值、道德涵养价值、自我超越价值等。

知识价值的功利化，事实上只是现代化发展过程中人类精神状况的一个表现或缩影。韦伯关于价值理性与工具理性的分析，雅斯贝尔斯关于人类精神状况的分析，弗罗姆（Formm）关于人类"占有还是生存"两种生活方式的分析，都是对现代社会意义危机、精神危机的批判。在这种现代化发展取向下，加之大学服务职能的推动，以"知识探索"为职责的学术职业不再沉浸于自己的学术思想家园中，而是走向了市场和社会。学术职业通过知识生产参与到经济生产生活中，获得经济回报。知识的经济价值不仅在学术职业上显现，而且日益成为一种学术资本，"学术资本主义"就是西方学者针对此种现象提出来的新概念。于是，现代大学不再是一个完全独立于社会之外的学术机构，市场逻辑、经济利益吸引了学术人的注意力，"教师对经济利益的追求甚至变得比知识的发现、探索的兴趣和学术认可本身更重要"[2]。

（三）学术职业的去神圣化

对知识的好奇和探索欲望，使学术职业自诞生之初就具有一种"高贵"的气质——热爱真理、追求创新、崇尚自由、独立批判，这也使它具有了某种独特而神秘的色彩。中世纪大学出现后，学术职业与现代大学融于一体，大学教师不仅掌握高深知识，而且从事高深知识的发现与传播活动，培

---

[1] 〔法〕让–弗朗索瓦·利奥塔尔.后现代状态：关于知识的报告[M].车槿山，译.北京：生活·读书·新知三联书店，1997：3.

[2] 晏成步.大学教师学术职业转型：基于知识资本的审视[J].教育研究，2018（5）：148–153.

养专门人才，这使他们享有较高的社会地位和职业声望，普遍受到人们的尊重。在西方大学发展历史上，由于大学逐渐与教会、政府取得共处关系，大学教师或是神职人员或是公职人员。作为神职人员，大学教师拥有宗教身份；作为公职人员，他们享有诸多权力和较高的社会地位，所以在这种以"身份传统"为依托的学术职业发展过程中，学术职业具有较强的神圣性。[1] 在我国的文化传统中，教师职业也被赋予较高的地位，具有强烈的神圣性。所以，不论是从高深知识的基础来说还是从教师职业的职责来说，学术职业的神圣性都是不言而喻的。但是，在现代社会发展中，学术职业的神圣性却遭到侵蚀。

一方面，学术职业的体制化管理和知识价值的功利化取向，使学术研究不再隔绝于物质利益、世俗名利之外，而且随着大学社会服务职能的兴起与发展，学术职业与物质利益之间的关系似乎取得了保护伞，一定意义上这种联合推动了学术职业与社会发展之间的联系，但也影响了学术职业或大学的独立性、尊严与社会声誉，因为"大学之所以受人尊重，是因为他们所关注的主题被认为是非常重要的主题，而且因为他们对这些主题的关注被认为是诚实的和无私的，即没有考虑到个人的经济利益和名望"[2]。学术职业不再是人类某种精神或理想的象征，而降落为作为生存手段的普通职业。另一方面，不论是在我国还是在西方，高等教育的规模化发展，尤其是大众化发展，引发了高等教育质量的下滑。高等教育大众化体现了为学生、为社会服务的理念，主要是对学生进行专门化知识的训练以适应社会发展的需要。这使学术职业传播真理的使命受到了社会劳动力市场需求的左右，大学教育的学术取向受到了实用取向或职业取向的冲击，大学教学的学术性降低，大学教师在高深知识的传授者、探索者之外也兼顾了学生未来的职业发展需求，

---

1 陈伟."从身份到契约"：学术职业的变化趋势及其反思[J].高等教育研究，2012（4）：65–71.

2 〔美〕爱德华·希尔斯.教师的道与德[M].徐弢，李思凡，姚丹，译.北京：北京大学出版社，2010：218.

于是不少大学教师渐渐缺少了对学术职业的理性和深刻认识，缺少了学术职业人的学术理想和信念，大学教育目标面临平庸化风险，这影响了公众对大学和大学教师的信任和赞誉。总之，学术职业遭遇的上述状况改变了学术人的本有生存方式和精神追求，动摇了它的高贵精神和纯净品质，动摇了公众对学术职业的敬仰之情，其神圣性光环逐渐褪色。

二、学术职业的伦理困境

时代境遇是社会发展、高等教育发展带给学术职业的客观环境，伦理困境则是学术职业在客观遭遇中未能坚守自身的学术品格而呈现出的伦理状况。所以，下面所分析的"学业职业的伦理困境"只是在"学术职业品格"包括学术研究品格的意义上，而不具体涉及学术职业的其他两项职责领域——教学和社会服务中的表现。

（一）学术精神式微

学术精神是学术职业的象征，是学术职业人的信仰。简言之，学术精神是表达学术职业性质、劳动特点和根本宗旨的价值取向，求真、独立、自治、自由、理性、批判、创新等都是学术精神。在当今时代境遇中，学术人的学术精神出现式微，集中表现为学术活动的本体价值退让，学术人的自由精神弱化。

1. 学术活动的本体价值退让

随着高等教育体制的发展，学术职业被纳入体制管理中是发展所必需的，但学术职业有其特殊性，它是基于对高深知识的探索，知识兴趣是学术研究的本源动力，但行政化、管理化的思维使大学教师的教学、科学研究日益被暗示为高校管理教师的任务要求，而不是学术职业的内在职责所在。尤其是教师的科学研究工作被当作高校竞争和教师晋级的工具，学术研究的原初动力被遮蔽。同时，教师的学术研究与学科或学术发展之间出现脱节，学术研究并不完全基于推动学术的繁荣与发展，而是为了符合高校管理考核的成果指标，这被称为学院化研究。在学院化研究中，学术研究的独立意义或本体意义出现迷失，其标签价值占据了主导。正如有学者所说："以真理为最高报酬的自由原创学术，日益异化为以名利为最高报酬的充斥大量、低水平重复劳动的学术制造业；驱动学术创新的自由自觉的精神驱动力，日益让位于制造学术泡沫的名利驱动力。"[1]

2. 学术人的自由精神弱化

在学术活动本体价值的退让下，隐藏的是学术人自由精神的弱化。自由精神是人作为实践主体的独立、自决的意志状态，是不被束缚、控制和强制的状态。当学术活动被赋予了工具价值后，影响学术人职业发展方式的就不是学术逻辑而是其他，或者是市场逻辑，或者是管理逻辑。这就是说学术活动不再源于学术人的理智兴趣与自由，而是出于各种利益考量，或是权力或是物质利益。学术人与学术活动处在了一种异化的关系中，是一种如弗罗姆在《占有还是生存》一书中所说的"占有"关系。"在我与我所拥有的东西之间没有了活的关系。我所有的和我都变成了物，我之所以拥有这些东西，因为我有这种可能性将其据为己有。可是，反过来关系也是这样，物也占有了我，因为我的感觉和心理健康状态取决于对物的占有，而且是尽可能多地占有。在这种生存方式中，主体和对象之间的关系不是一种活的、创造性的过程。"[2]即使学术人有学术信仰，也会变成其自证的"理由"，因为"在重占有的生活方式中，信仰只不过是对一些没有合理证明的答案的占有"[3]，"是所有那些希望有可靠感和寻找生活意义的人们的支柱，因为他们没有勇气自己去探索"[4]。学术人的精神世界不再纯粹，独立性、自由性受到限制，

---

1 王善平. 量化统治与中国学术危机 [J]. 社会科学论坛, 2007（8）: 81-87.
2 〔美〕埃里希·弗罗姆. 占有还是生存——一个新社会的精神基础 [M]. 关山, 译. 北京: 生活·读书·新知三联书店, 1989: 83.
3 同2: 47.
4 同2: 48.

"学术自由、学术自治等学术工作的核心价值理念受到侵蚀"[1]。

（二）学术能力与学术人格分离

学术能力和学术人格是学术人的完整素养结构，这里的学术人格主要是学术道德人格。通常意义上，学术知识和能力与学术人格是统一的，有渊博学识和高水平学术能力的大学教师，其学术人格应该是积极向上的，甚至具有一定的崇高性，因为知识具有涵养德性的价值，具有充盈精神世界的价值，而且大学教师通常要经历较长时间的学术培养过程，其整个职业生涯乃至生命旅程也都与知识、科学研究捆绑在一起。因此，人们在以"学术修养高"形容大学教师时，不仅指他们具有高超的学术造诣，而且指他们拥有令人尊敬的学术品质。然而，在知识资本和学术绩效制度等多种因素的影响下，大学教师的学术能力与学术人格出现了分离。

1. 学术不端行为暴露

学术研究是一项求真活动，坚持科学精神，使用科学方法，严谨推理、论证，是学术研究的基本要求。换句话说，学术研究绝不允许造假，也不允许剽窃、抄袭，因为它们产生的都不是真知，这些行为都违背了学术研究的本义。"追求真理"的职责和使命决定了学术研究是一项具有伦理规定性的活动，"求真"是最基本的学术道德。学术不端主要指科学研究中破坏科学界的纯洁性、道德性的行为，如伪造、更改数据或记录等；剽窃、侵犯他人的著作权等；破坏其他科学家的工作成果、记录、调查报告等；作为审阅者或指导者，违反保密原则。[2] 学术不端历来是科学研究领域严厉惩治的行为，西方国家很早就对学术不端建立了严格的审查和惩处制度。20世纪90年代以来，受量化科研体制的影响，我国高校中的学术不端行为逐渐暴露，从最初的伪造、剽窃、抄袭、篡改，发展为高价购买论文、侵占学生论文、疏通

---

1 张银霞. 新管理主义背景下西方学术职业群体的困境[J]. 高等教育研究，2012（4）：105–109.
2 欧洲科学基金会关于研究和学术领域科学行为规范[EB/OL]. http://www.edu.cn/rd/special_topic/315dajia/201103/t20110307_584843_1.shtml.

论文发表渠道、恶意攻击他人观点等多种形式。今天，学术不端行为的范围再次扩大，不仅包括科学研究中的不端行为即有违真理产生的行为，也包括有违社会道德的行为如2018年出现的基因编辑婴儿事件，还包括影响学术研究健康生态的行为，如"学官"横行、"近亲繁殖"、学术寻租和腐败。有调查显示，很多青年教师认为在学术竞争中存在明显的"便利科研"和"学术霸主"[1]。学术不端行为的暴露严重影响了大学教师的职业声誉。

在量化科研的体制下，学术成果剧增，如果以量化成果标识学术能力，那么大学教师的学术能力普遍提升，但同时学术能力却与学术人格相分离。学术不端行为的暴露恰恰说明，量化的学术成果既很难与学术造诣或素养相等同，也很难与学术人格相关联，甚至对一些教师而言，在高水平的学术能力之下隐藏的是学术价值观、学术道德的异化。

2. 学者与师者分离

大学教师是一种特殊的学术职业，因为他们不仅是学者，而且是师者。大学产生之初，师者与学者的身份是自然融合于一体的。作为教师，学术研究是开展教学的重要基础；作为学者，学术研究也应该服务、助力教学。换句话说，对大学教师而言，学者身份和学术能力是基础，师者身份和育人能力是根本。所以，大学教师的学术人格既应该是作为学者的人格，也应该是作为师者的人格。因学术研究而懈怠、敷衍教学，从来都是遭到批判的，因为这违背了大学的育人使命。当今大学教师学术能力与学术人格分离的另一表现，就是学者与师者的分离。

在科研压力与经济利益的共同作用下，一些大学教师在科学研究与教书育人之间做出了让渡师者职责的选择，他们投入大量时间、精力和心思在科研上，对教学缺少责任心和热情，应付、得过且过、"差不多就行"的心理增多。学术研究的成果、积淀的学识没有有意识地渗透到教学中，以丰富教

---

1 杨秀芹，戴锐，李婷. 高校青年教师学术生态：危机与平衡[J]. 当代教育科学，2020（2）：37-42.

学内容，深化学生对课程的学习，甚至出现了学术研究专长与教学学科相脱离的情况，从事教学不过是为了完成规定的任务。大学教师作为学者要么不热衷于为师，要么不能做好教师，后者主要是因为学识和学术能力与教学素养和育人能力是有距离的，只有愿为老师的人才会自觉地建立起二者之间的联系，让学识与学术能力服务于育人工作。

此外，学者与师者的分离，也反映为学者的自律与师者的为人师表出现断裂，不能相互作用，彼此督促。作为学者的学术自律和作为师者的为人师表，有异曲同工之处，它们都对主体行为构成内在的约束力，而且由于师者与学者本该是一体的，所以学术自律与为人师表可以相互迁移、相互影响。但是，学术职业的种种境况使学术自律限于学术活动领域，因为这背后关联的是学术利益，离开学术研究领域，这种学术自律就无法内化成教师的为人师表。同样，作为教师的为人师表只对属于教师的教育教学行为发生作用，无法对作为学者的学术研究活动发挥自律作用，为师者与为学者变成相互割裂的两件事。

（三）学术共同体意识淡薄

学术职业具有明显的共同体性质，它有共同的价值追求和信奉的价值理念、原则，有共同活动的平台，可见学术共同体不仅是学术人的存在实体，也是他们的精神居所，因此学术共同体意识应该是大学教师的重要职业伦理意识之一。学术共同体意识指大学教师对存在于其中的学术共同体的觉知，以及由此生成的认同感、归属感、荣誉感、忠诚感与责任感等。在学术职业遭遇的种种处境之下，当今大学教师的学术共同体意识受到消解。

一方面，从"学术作为精神上的志业"[1]的角度看，学术职业具有很强的符号意义或象征意义，它寓意了使命、责任、荣誉、忠诚、信任等，但当今学者身份在一些大学教师心里并不与使命、责任、民众信赖等相关联，反而代表着地位、权力和资源，他们对学术共同体所蕴含的精神、品格缺少感

---

1 〔德〕马克斯·韦伯.学术与政治[M].钱永祥，等译.桂林：广西师范大学出版社，2004：161.

知，也缺少敬畏感。在精神上和心理上，他们对自己所在高校、院系的组织认同要高于对学术职业作为共同体的认同和归属体验。这使学术职业更多停留在韦伯所言的"学术作为一种物质意义下的职业"[1]层面，即被看作获得社会物质生存的手段。另一方面，基层学术组织如教研室作为实存状态的学术共同体对大学教师产生的凝聚力和归属感式微。基层学术组织最初是一个学术共同体，教师依托其开展各种教学、学术研究、学科发展、学生教育等研讨活动，但如今它主要成为一个管理组织，倾向于负责制订教学计划、安排教学任务、组织教学考核等事务，学术共同体所赖以依托的共同活动、交流互动、团结合作等要素被抑制，基层学术组织的共同体意义衰弱。其结果是，每一位大学教师像是学术的孤行者，独来独往，各行其是，他们看似在一起，实则彼此疏离，缺乏共在感和联合感，基层学术组织的感召力和凝聚力也较为匮乏。

此外，不良的学术竞争也在损害学术共同体的凝聚力。同事之间本是志同道合、相互支持、互助合作的关系，但学术资源和晋升利益的竞争使大学教师之间出现了相互防范，甚至相互诋毁的现象，学术共同体内部出现了分立，共同体成员的团结意识受到侵蚀，甚至学术共同体异化为某些人的学术家族或学术集团，这严重影响了大学教师对学术共同体的归属感、忠诚感和责任感，他们不再忠于学术职业和学术共同体的精神召唤，而是忠于某些学术威权。于是，大学教师失去了学术反思和自律意识，在坚守学术伦理操守上失去了判断力和批判力。

三、对"学术伦理"的理解

学术职业的良性发展，需要学术制度，尤其是需要针对学术不端的学

---

1 〔德〕马克斯·韦伯. 学术与政治[M]. 钱永祥，等译. 桂林：广西师范大学出版社，2004：155.

术问责制度。但是制度不能代替伦理，制度主要是对行为的规范和引导，而伦理还涉及对观念、情感、信仰等的引导。比如学术不端问责制重在从法律层面对已发生的学术不端行为进行惩治，但是从伦理层面审视学术不端，就会发现它不仅仅是学术伦理规范问题，也是学术道德心理或态度问题。换句话说，从伦理角度来说学术不端是个体的内心道德秩序或道德自我出现了问题，虽然可能在行为上还没有出现违反学术规范的表现，但已经潜藏了伦理失范的风险。正是在这一意义上，学术职业的健康发展，大学教师学术人格的完善，都需要伦理的引导，因为伦理能发挥更全面、更细致的引导，能提升学术职业人的道德自律。

在西方，学术伦理或学术道德是一个很宽泛的概念，通常指"拥有大学教职的人士所负有的责任的总合"[1]，包括教学伦理、学术研究伦理和社会服务伦理等多个领域。与此不同的是，在我国，学术伦理被较多地认为是大学教师作为研究者从事学术研究工作中应遵守的伦理规范，即研究伦理或科研伦理，也习惯地被称为"学术道德"。但在本书中，我们认为学术伦理不完全等同于研究伦理。学术伦理是指大学教师作为学术人在职业活动中应遵循的符合学术人角色的一系列伦理规范。所谓作为学术人，是相对于大学教师的师者角色而言的，是就教师作为发现、掌握高深知识的学者形象而言的，因此这里的学术伦理的范围要大于研究伦理，不仅表现在学术研究工作中，也表现在对待学术职业的态度和同侪关系上，它体现了教师作为独立学术人的人格面貌或作为学者的道德品格。具体而言，学术伦理主要包括大学教师在科学研究中的伦理即面向知识探索的伦理，也就是研究伦理；教师作为学术人面向学术职业的伦理；以及面向学术共同体的伦理。

---

[1] 〔美〕爱德华·希尔斯. 教师的道与德 [M]. 徐弢, 李思凡, 姚丹, 译. 北京：北京大学出版社，2010：86.

第三节 学术伦理的构成

如上所分析的，与西方学者对学术伦理的广义理解不同，本章所论及的学术伦理是基于教师作为发现、掌握高深知识的学术人身份和角色的。作为学术人，大学教师所处的伦理关系主要包括教师与知识及知识探索之间的关系，教师与学术职业之间的关系，以及教师与学术共同体之间的关系。这些关系蕴含了大学教师的基本学术责任，因此学术责任是学术伦理的凝结，不同关系体关涉的学术伦理实则是大学教师学术责任的不同展现。

一、面向知识探索的伦理

大学教师之所以是学术职业，根本原因在于它以高深知识的发现、探索为根基，缺少这一点，大学教师和大学都将失去存在的价值。所以，美国学者爱德华·希尔斯（Edward Shils）指出："大学教师对于他们的学生、同事、大学和社会所负有的一切特殊义务都来自于他们的基本职责，即要在他们的研究、学习和教学中探索真理，认真评价那些被作为真理而传授下来的知识，并且培养和传播一种积极追求真理的理想。"[1] 这说明，学术伦理是基于教师与知识探索之间的责任关系生成和展开的，学术伦理的首要构成是研究伦理，即大学教师对知识及知识探究的责任。

（一）坚守学术的内在价值

学术研究是一项独立、纯粹的求真活动。独立，是因为它拒绝探索真理之外力量的干预，它本身即是其存在的根据、目的；纯粹，是因为它只出于对未知世界的好奇，满足人的理性兴趣需要，它本身即意味着一种信念，所

---

[1]〔美〕爱德华·希尔斯.教师的道与德[M].徐弢，李思凡，姚丹，译.北京：北京大学出版社，2010：35.

以"学术"被看作是一种志业。今天，学术研究中渗入了太多因素，学术研究功利化，学术研究与学术追求出现分裂，学术研究与学者人格出现断裂。美国学者约翰·布鲁恩（John Bruhn）通过研究指出，学术失范大多是由学人的"价值错乱"（value dissonance）引起的。[1] 我国学者阎光才等人也通过实证调查发现，学术不端与大学教师等学术人的学术工作价值观的失落相关。[2] 可见，正确的学术价值观是学术研究伦理的重要基础。任何事物都具有内在价值与外在价值，但内在价值是根本。学术研究的内在价值主要体现在两个方面：一是对知识进步的贡献，二是对人类心智发展的推动。不论是推动知识进步还是心智发展，学术研究都帮助人类获得增益生活、改进行为的知识或技能，以及"思想的方法、思考的工具和训练"，但更重要的是韦伯所说的"清明"[3]，它使人对自身和周遭的世界有更多的认识，能更加明白、透彻、合理地选择行为，规划自己的发展。可见，学术研究的内在价值并不直接关乎物质利益，归根结底，它旨在提升人在世界中的存在能力和生命质量。所以，正确的学术价值观即是学术研究的内在价值观，大学教师应该积极理解、认同和坚守学术研究的内在价值。

坚守学术研究的内在价值，大学教师需要协调学术研究的目的价值与手段价值之间的关系。当今知识的经济价值日益凸显，学术研究也被赋予了功利意义，如获得职位晋升，扩大学术影响和声誉，占有学术资源等，树立正确的学术价值观变得艰难。为此，大学教师要立足学术职业生涯的整体发展角度，在通过学术研究实现晋升的前提下应该立志高远，从推动学术进步和社会发展的角度关心、研究具有深刻意义的问题，并将推动学术进步作为一

---

1 John·G·Bruhn. *Value Dissonance and Ethics Failure in Academia: A Causal Connection?* [J]. Journal of Academic Ethics, 2008,6（1）: 17–32.
2 阎光才，张银霞. 高校学术失范问题的探索性实证研究 [J]. 北京大学教育评论，2010(2): 121–133.
3 〔德〕马克斯·韦伯. 学术与政治 [M]. 钱永祥，等译. 桂林：广西师范大学出版社，2004: 183.

种学术责任和学术信仰，实现学术研究的心智价值与功用价值的统一。学术信仰是大学教师的精神内核，而不是手段支撑，也就是弗罗姆所说的："信仰主要不是对一定的观念的信仰（虽然这种信仰也会成为一种观念），而是一种内在的价值取向，一种态度。与其说有信仰，不如说在信仰中生活。"[1] 坚守学术信仰，就是坚守学术的内在价值。只有这样，学术与人格才是一个统一体，否则大学教师可能只是一个研究者而不是一个学者，因为学者是有深厚的学术理想和情怀的，是顶天立地的。当然，坚守学术理想，不能成为"学术霸权"的保护伞，这是追求学术研究内在价值需要克服的不良心理。

（二）严格遵守科学研究的伦理规范

真理是依靠科学研究方法，经过严密、严谨的实验、推导或论证过程得出来的，它反映了学术人对待真理和探索真理的严谨态度与方法。大学教师之所以受到人们的信任，是因为他们是真理的化身，不仅掌握着令人渴慕的高深知识，而且拥有令人钦佩的对待真理的态度。所以，"当一个人决定从事大学教师这个职业的时候，他就承担了一个内在的责任，即必须遵守严格的研究方法，对研究成果必须进行严格的评价"[2]，也就是遵守科学研究的伦理规范。

科学研究的伦理规范对于科学研究、学术进步、学术职业、社会发展具有非常重要的作用，所以它受到了普遍的重视，国家、大学、学术组织或专业协会都制定、颁布了科学研究行为准则或学术道德规范。科研伦理规范通常涉及科学研究活动的整体环节，从科学研究过程如资料搜集、对象选择、实验或论证过程到学术成果的发表、学术评价和学术批评等。总体上，科研伦理规范坚持"求真、客观、严谨、公正"的原则，如 2004 年我国颁布的《高等学校哲学社会科学研究学术规范（试行）》在"学术成果规范"中

---

1 〔美〕埃里希·弗罗姆.占有还是生存——一个新社会的精神基础[M].关山，译.北京：生活·读书·新知三联书店，1989：48.
2 〔美〕爱德华·希尔斯.教师的道与德[M].徐弢，李思凡，姚丹，译.北京：北京大学出版社，2010：8.

指出，不得以任何方式抄袭、剽窃或侵吞他人学术成果；应注重学术质量，反对粗制滥造和低水平重复，避免片面追求数量的倾向；应充分尊重和借鉴已有的学术成果，注重调查研究，在全面掌握相关研究资料和学术信息的基础上，精心设计研究方案，讲究科学方法，力求论证缜密，表达准确。2009年《教育部关于严肃处理高等学校学术不端行为的通知》中界定了学术不端行为：抄袭、剽窃、侵吞他人学术成果；篡改他人学术成果；伪造或者篡改数据、文献，捏造事实；伪造注释；未参加创作，在他人学术成果上署名；未经他人许可，不当使用他人署名；其他学术不端行为。学术不端目前成为研究伦理或学术道德惩治的重点。大学教师应该熟知并自觉遵守这些科研伦理规范，并在学术研究中有意识地审查自身的研究行为。

  在研究过程上，科研伦理规范除了涉及研究方法和过程的实事求是外，还涉及对研究对象尤其是人和动物的伦理观照。近年曝光的一些心理学实验虽然获得了重要的心理学规律或原理，但对实验对象构成了严重伤害，遭到了人们的谴责，也引发了一定的思考。社会科学研究如社会学、人类学、教育学的研究也涉及研究对象的伦理问题。如一位研究者谢勒·瑞德在其女权主义教育研究中就曾为研究的伦理问题所困惑——"我在尝试处理一些相互矛盾的要求时，不仅有主流社会的伦理要求，还有……不同于其他女权主义社会学的伦理要求。同时我还遇到了一些有关女权主义研究的特殊伦理问题。这些问题是关于对忠实的定义、研究者与被研究者之间的权力关系以及研究者对被研究者的责任范围"[1]。涉及研究对象的伦理是一个隐性的伦理问题，它不像研究方法上的行为问题那样易于被发现，但这恰恰显示了学者应有的人文关怀和研究的人道性。对此，有学者在"知识的道德规范"问题上指出，在处理人和动物时要小心体谅，在获取知识的过程中不过分伤害他们[2]，这应

---

1 〔英〕罗伯特·G. 伯吉斯. 教育研究伦理学 [M]. 卜玉华, 李云星, 等译. 北京：北京大学出版社，2013：70.
2 〔美〕克拉克·克尔. 高等教育不能回避历史——21世纪的问题 [M]. 王承绪，译. 杭州：浙江教育出版社，2001：169.

该成为研究对象伦理的一条重要原则。除此，取得研究对象的同意即知情同意原则，尊重、保护研究对象的隐私，客观、公正地使用研究对象的资料信息，以及研究者的合理价值取向等，都是研究对象伦理的内容。新世纪之前，在我国的学术研究中研究对象伦理被关注得较少，近些年它得到了越来越多学者的注意。

总而言之，严格遵守科学研究伦理，既需要大学教师严谨、严格地遵守科学的研究方法和过程，也需要注意研究对象伦理问题，确保学术研究的科学性和伦理性。

二、面向学术职业的伦理

面向职业的学术伦理是指大学教师对学术职业及其发展所应肩负的伦理责任或具备的伦理品质。论及对于职业的伦理品质，"爱岗敬业"是最耳熟能详的，"爱岗"指对工作的热爱之情，"敬业"指对工作尽心尽力、全心全意的态度，它是任何职业人对本职工作应具备的首要品质。除此之外，大学教师对待职业的伦理品质还应该包括学术敬畏和自由精神，因为学术敬畏是爱岗的深化或升华，学术自由是敬业的基本前提。

（一）心怀学术敬畏

敬畏是因敬重而产生的畏惧，它源于人对自身有限性的认识，源于对他者神圣性的感知，所以康德说，真正能使人具有敬畏感的大概莫过于两个事物：一是对头顶苍穹无限星空的敬畏，一是对自己内心的道德律的敬畏。[1] 前者是对未知世界的敬畏，后者是对良善秩序的敬畏。拥有敬畏之心，人才能看到自我与世界的联系，领悟更大的意义关联，对他者保持尊敬，对自我保持自律，因此舍勒说："我们一旦关掉敬畏的精神器官，世界就立即变成一道浅显的计算题。只有敬畏才使我们意识到我们自我和世界的充实与深

---

1 胡景钟，张庆熊.西方宗教哲学文选［M］.上海：上海人民出版社，2002：451.

度。"[1] 敬畏是道德的重要基础。

学术职业以探索真知为己任，兼具了康德所说的两种敬畏之物，所以"学术"值得敬畏，也应该被敬畏。具有学术敬畏心，应该是大学教师重要的专业伦理品质。学术敬畏心指大学教师因敬重学术职业的神圣性和精神性而产生的畏惧之情。心怀学术敬畏，至少需要教师注意两个方面。一是保持对学术神圣性的深刻理解与认同。"敬畏不只是一种感情；它也是一种理解方式，是对比我自身更伟大的意义的洞察"[2]，所以保持学术敬畏心首先要深刻理解学术的伟大意义，也就是理解学术的神圣性。作为一项真理探索活动，学术不是一件普通而简单的工作，它是对伟大世界意义的追索活动，是人类取得与世界联系的重要精神活动，它表达了人类对神秘未知世界的好奇、谦卑，对真理的献身，象征了人类的进步，所以学术应该是一项志业，一种信仰，而不是一种技艺，不能被平庸化、功利化、工具化。二是保持对学术职责的崇敬。大学教师肩负重要的学术职责，通过创新知识推动社会发展，通过传播真理培育新人，通过著书立说为社会建言，通过身体力行彰显社会良知，所以他们既是学者，肩负学术研究之责，同时也是"知识分子"，或者如费希特所言的"学者就是人类的教师"[3]，肩负社会公共责任。学术职责是大学教师取得与他人、社会、世界、人类意义联系的重要媒介。敬畏是对自身与更大世界的意义联系的体悟，缺少对伟大关系的认知，人就容易进入自己的窠臼中，失去对他者的敬畏感。因此，心怀学术敬畏，教师要深刻认识自身肩负的学术职责在社会发展中具有的重要地位和意义，并扎实践行学术职责，在践行中领悟自身与世界的联系，感受职业的伟大价值，生发职业的崇敬感，同时保持行为的自律和节制。这是因为人类敬畏感的缺失一定意义上与人类主体性的膨胀有很大关系，法国思想家史怀泽正是看到了这一

---

1 刘小枫.二十世纪西方宗教哲学文选[M].上海：上海三联书店，1991：1408.
2 〔德〕赫舍尔.人是谁[M].隗仁莲，译.贵阳：贵州人民出版社，1994：80.
3 〔德〕费希特.论学者的使命 人的使命[M].梁志学，沈真，译.北京：商务印书馆，2003：43.

点才完成了极具影响力的著作——《敬畏生命》。

（二）坚守学术自由精神

学术职业最重要的精神品格是自由精神。众所周知，自由与人的意志有关，"离了思想，离了意欲，离了意志，就无所谓自由"[1]。"自由是没有外在强制从而能够按照自己的意志进行的活动。"[2]学术本身关乎思想，没有自由精神，就不会有理智的好奇、自由的思考和尝试，也不会有创新性思想和事物的产生，人类将一直处于重复性工作中。学术自由精神是学术职业的灵魂和大学发展的命脉，也应该是大学教师重要的职业精神。

作为一种社会生存手段，通过学术职业取得经济报酬理所应当，但学术职业一旦处处以经济利益的回报为出发点，大学教师的任何劳动，不论是知识创新、传播还是应用都会被货币化，大学教师必定是不自由的。同时，体制化管理使制度成为左右大学教师行为的重要力量，在制度面前学术职业的内在价值和准则退却。有研究显示，青年教师的学术动机最倾向于"晋升职称"，其次倾向于"完成岗位职责"和"个人兴趣爱好"。[3]制度规约会影响大学教师的学术自由精神，使他们形成"揣度制度""投其所好"的职业思维和工作方式，降低学术职业的尊严和价值。所以，今天坚守学术自由精神，大学教师要抵住经济利益、制度规约对学术职业及其尊严的冲击。

为学术而学术，在今天或许并不容易，但不以"学术之名"争名夺利，不成为学术的投机者，不趋附于制度的不合理规定，不钻营、利用制度的不完善之处，应该是大学教师学术自由精神的底线，因为自由是免于自身被外在障碍物束缚的，是人的意识、意志的自我裁决。对于学术人而言，理智的好奇才是学术的根本动力，发现真知才是学术的根本目的。在这一意义上，学术自由精神意味着要保持理智的好奇，保持对学术的真诚态度。"一

---

1 （英）洛克.人类理解论［M］.关文运，译.北京：商务印书馆，1959：208.
2 王海明.伦理学原理［M］.北京：北京大学出版社，2009：186.
3 杨秀芹，戢锐，李婷.高校青年教师学术生态：危机与平衡［J］.当代教育科学，2020（2）：37-42.

个人对真理与知识有绝对真诚乃至进入宗教感时，则真正达到言行一致，表里无违的田地。"[1]另外，大学教师要有一种学术勇气，它既是学术创新的勇气，更是保持学术品格或学术个性的勇气。学术职业形成了学术人独特的个性，其中独立、求真、批判是典型表现，在大众眼中这些特征被理解为清高、不媚俗、较真、喜好挑刺等，但恰恰是这些个性使大学教师能保持独立性，保持对经济利益、权力诱惑等的辨识和抵抗。自由的最终价值是为个体的个性发展创造空间，促使个体获得自我实现。反过来，当人可以保持良好的个性，敢于冲破阻碍个性发展的因素，勇于追求本真自我时，他一定是自由的。所以在这一意义上，坚守学术自由精神，就是要听从学术本身的价值召唤，保持学术人的独特个性，保持学者的尊严。

三、面向学术共同体的伦理

学术共同体是学术人的栖息之地，它大到可以是所有学术人的群体、某个学术领域的学术人群体，可以跨越大学、地区和国家，也可以具体到一所大学、一个院系，甚至一个教研室。学术共同体是一个实体概念，也是一个伦理概念，也就是学术共同体"为它的成员提供一种从事高标准的学术活动的环境。这种由许多热心学术事业的个人所构成的环境还可以化为一个没有名称的、集体性的学术活动标准的典范"[2]。可见，学术共同体是学术人的群体精神象征，它需要大学教师来维护，因此对学术共同体的责任是大学教师应有的学术伦理之一。

大学是教师最基本和最有力的学术共同体，在大学学术共同体中，教师主要面临两种关系：一是与其他教师之间的同事关系，二是与所在院系、大学之间的关系，所以我们主要基于这两种关系分析教师应具有的面向学术共

---

[1] 金耀基.大学之理念（增订版）[M].北京：生活·读书·新知三联书店，2008：15.
[2] 〔美〕爱德华·希尔斯.教师的道与德[M].徐弢，李思凡，姚丹，译.北京：北京大学出版社，2010：63.

同体的伦理。

（一）尊重与互助

学术研究虽然有学科或领域之分，但不应该因学科或领域形成壁垒，学术研究应该是一个开放、海纳百川的活动，"百花齐放，百家争鸣"是理想的学术状态，"兼容并包"是学者的应有风范。这意味着每一项学术研究工作都应该是平等的，都应该得到尊重。我国学人自古有一种"文人相轻"的性格倾向，这在当今是不利于学术发展的，因此尊重应该是学术人交往的首要伦理。第一，大学教师应该对他人的研究保持尊重、谦逊的态度，尊重他人的研究工作，慎重地评价他人的研究成果，不以自己的喜好武断地给出判断，对他人的有价值的研究积极给予肯定，同时诚恳接纳他人对自己研究的评价和批评，以开放的心态接受各种声音。第二，以民主、包容、文明、礼貌的方式参与学术交流和论争，尊重学术交流的规则，不盗取他人思想或观点，论争中以尊重人格为根本原则，不将学术问题变为个人问题，更不因个人私利而诋毁他人的名誉，不因学术亲缘关系而阻碍学术批判。第三，在参与教师职称晋升、教师考核和新教师聘任中，严格遵守学术标准和准则，客观、公正地进行评价。

大学教师的工作具有独立性、自由性和时间的灵活性，但这并不意味着大学教师的工作状态就是孤立的，学术本身拒绝孤立，因为孤立就会封闭，造成思想的偏狭和僵化，不利于学术创新。学术需要表达和交流，也需要互助、合作。互助包括两层基本含义：友善之心与助人之举。友善是人际交往的基本德性，友善的起点是"善意"，表现为"相互间都因对方自身之故而希望他好"[1]，有善意才会启动助人行为。今天由于学术竞争和利益分配，大学教师间出现了一些不友善的行为，如争名夺利、互相排挤、嫉妒诋毁等。同时，随着现代大学规模的扩大，基于现代管理理念，大学中的组织机构日益细化，教师与行政人员之间的来往有时会多于一个学院甚至一个系的教师

---

1 〔古希腊〕亚里士多德.尼各马可伦理学[M].廖申白,译.北京：商务印书馆,2003：233.

间的来往，很多教师彼此不熟络，尤其是年长教师与青年教师之间，同事间的感情稍显冷淡。因此综合而言，实现互助包括以下三个内容。首先，大学教师要认识到同事间是相互支持与共进的关系，而不是竞争的关系。正如有学者所言："共同体这个词本身就含有互动、相互支持的意义，而一个学术共同体的维系，也是靠具有学术价值认同的人们内聚在一起，彼此尊重、相互支持。在大学这个学术共同体里，每个人都是其他人的外部环境，和谐的整体正是由每一个'互为外部环境'的个体共同营造的。"[1]其次，要正确对待竞争，打破狭隘的竞争心理，树立交流、学习的开放心态，对待同事要友善、真诚、谦卑、豁达。最后，在工作中大学教师要相互帮助，可以是研究和教学上相互鼓励、彼此分享、团结合作，也可以是相互监督、相互约束、发现问题、批评指正等。年长教师还应该发挥长者风范，提携、帮助、指导青年教师。大学、院系也要积极创设各种活动，加强教师间的往来和沟通，推进相互了解。

（二）组织认同与勇担责任

大学、院系是大学教师职业生存所依托的实体，"是为它的成员提供学术支持的源泉"[2]，所以大学教师有责任为大学、院系的发展贡献力量。

首先，教师对大学、院系要有基本的组织认同感。人有归属需要，在社会生活中人总要为自己找到一个群体，在群体中取得与他人的联合存在。获得归属感不仅是加入一个群体或组织，更是与群体建立休戚与共的关系，这蕴含了个体对群体的一种重要的认知和情感基础——组织认同。组织认同指个人相信并且信服组织的价值观，并且个人会因为成为组织的一分子而感到光荣。[3]发展组织认同，大学教师要尊重、认同大学及院系的学术传统、

---

[1] 黄达人.大学是一个"学术共同体"[N].中国教育报，2009-3-23（5）.

[2] 〔美〕爱德华·希尔斯.教师的道与德[M].徐弢，李思凡，姚丹，译.北京：北京大学出版社，2010：62–63.

[3] 姜红，刘斌.高校教师组织认同的现状及其与工作绩效的关系[J].经济与管理研究，2015（12）：75–81.

办学理念、发展目标、学术规范等，认识大学，热爱所在的大学；要具有共同体意识，将个人的专业发展与大学及院系的命运联系起来，克服封闭的个人式学术发展思维；合理地看待、评论大学及院系存在的问题，维护大学及院系的声誉。

其次，大学教师要勇担大学发展之责。大学的发展离不开教师的积极作为，这是大学教师面向大学应有的担当精神。在组织认同之上，勇担责任是更加积极的伦理行动，对每一位大学教师而言，它意味着"通过他自己的努力、成就和举止来加强这个非人格化的学术集体，使它变得更加合理并且更容易被现在和未来的同事和学生们所了解"[1]。换句话说，每一位大学教师都应该为大学赢得更好的发展前途和学术声誉而积极贡献力量。勇担责任，大学教师要有命运共同体意识，恪守大学的使命和精神，坚定高等教育和学术职业的初心，严格坚持学术标准，恪尽职守，推动大学教育质量的提升；要关心大学发展，合理地为大学、院系的发展建言献策，推动大学日益改革创新；要主动融洽各种关系，包括教师与行政人员之间的关系，构建良好的大学学术环境；要自觉遵守学术共同体的规则，坚持自律，提高学术伦理修养，维护学术职业的尊严，不做违背学术职业伦理的行为和有损大学声誉的行为，对有损大学声誉的行为要敢于揭露、批评和制止。

事实上，大学教师对知识探索、学术职业的伦理，以及教学伦理和师生交往伦理的坚守，在宽泛意义上都可以看作是履行对学术共同体的责任，因为它们都体现并维护了大学教师作为学术共同体成员的身份和角色。

---

[1]〔美〕爱德华·希尔斯.教师的道与德[M].徐弢,李思凡,姚丹,译.北京：北京大学出版社,2010：63.

第六章 社会、大学、自我与大学教师的服务伦理

教师与知识存在密不可分的关系，大学教师自职业产生之初就承担着知识的发现与传播责任，所以教学与学术研究是大学教师最主要且历久弥坚的两项职责，虽然二者的地位在高等教育发展过程中发生过争论和变化，但对于大学教师这项学术职业而言，教学与研究始终是缠绕在一起的。伴随工业革命和现代化的推进，知识在社会发展中的作用日益凸显，知识的转化、应用成为社会发展之需。大学教师作为高深知识的发现者、掌握者参与社会生产生活成为大学回应社会需求的一种必然选择，于是社会服务逐渐成为大学教师的另一项重要职责，服务伦理随之成为大学教师专业伦理的重要组成部分。

第一节 社会服务及其面临的伦理挑战

一、社会服务与大学教师的社会责任

大学教师的社会责任有广义和狭义之分。在广义上，大学教师的社会责

任体现在人才培养、学术研究和社会服务上，在狭义上，社会责任是专门针对社会服务职能而言的，即大学教师以专业学识参与到社会经济、政治、文化活动中，也就是"在发挥教学和科学研究职能的基础上，利用自身所具有的智力优势，根据社会需要，直接参与服务社会的活动"[1]。本章是在大学教师社会责任的狭义含义上分析其服务伦理，所以本章所论及的服务伦理是指大学教师在校外参与各种服务社会的活动中所应遵循的伦理原则与规范。

  作为学术职业，大学教师最初只是在大学中进行高深知识的探索、传播，对于社会的政治、经济活动，采取的是"不进入"的态度，这与大学维护其作为高深知识殿堂所需的学术自治与自由精神是密不可分的，所以大学一直被喻为"象牙塔"。但是，随着科学技术的不断发展与繁荣，以及工业革命的兴起，社会的经济发展和政治民主日益依赖科学知识，各个职业领域中的专家人士出现，人们对专家的信赖表达了对专业知识的信赖，于是大学教师开始走出大学，参与到社会活动中。社会服务思想被认为最早兴起于19世纪中叶的美国赠地学院，之后在威斯康星大学校长查里斯·范·海斯（Charles Van Hise）的推动下被正式确立。范·海斯指出："教学、科研和服务都是大学的主要职能，更为重要的是，作为一所州立大学，它必须考虑每一项社会职能的实际价值。换句话说，它的教学、科研、服务都应该考虑到州的实际需要。大学为社会，州立大学要为州的经济发展服务。"[2]这就是著名的威斯康星思想。威斯康星思想提出后，社会服务职能逐渐成为在教学、科学研究之外的大学的第三大职能，这也使现代大学发展迎来了新的面貌。越来越多的大学开始接受并实践社会服务职能，它们"走出围墙，把大学的知识和技术优势推向社会，传播于社会，让大学中的专家、学生直接参与当地的农业生产，实现大学与社区、社会的一体化"[3]。作为实践社会服务职能的先行国家，美国的大学在其经济、政治、社会文化等方面做出了巨大

---

1 冯刚.科学发展观高校读本［M］.北京：人民出版社，2009：199.

2 肖海涛.大学的理念［M］.武汉：华中科技大学出版社，2001：67.

3 张应强.高等教育现代化的反思与建构［M］.哈尔滨：黑龙江教育出版社，2000：157.

的贡献，在社会服务职能推动下，我国大学在参与国家建设中也日益发挥了科技创新、技术支持、专家咨询、文化普及和推进等作用。今天，在学生、学术之外，社会发展成为大学和教师关心和思考的一项重要事务，大学及教师所担负的社会责任日益扩大，恰如德里克·博克所说："大学凭常规的学术功能，通过教学项目、科学研究和技术援助等手段承担着满足社会需求的重要职责。"[1] 社会服务职能使大学与社会之间的联系日益密切。

与教学、学术研究相比，社会服务是大学教师的一项较为特殊的社会责任。一方面，社会服务使大学教师的角色更加多样化，师者、学者和服务者交织在一起，而且社会服务者的角色将教师的工作空间从大学之内延展至大学之外的宽广社会中，从单纯基于理智好奇探索、传播高深知识，拓展为满足社会发展需要而进行知识的探索、应用。服务者角色也凸显了大学教师作为社会公民的一面，表现出了作为公民应承担的推动国家、社会发展的积极责任，教师与社会的关系被明朗化。可以说，社会服务更鲜明地融合了教师作为职业人与作为公民的双重角色和责任。

另一方面，在空间上社会服务是发生在大学之外的社会政治、经济、文化等领域中的，在时间上社会服务不像教学活动那样有严格的时间规定，也不像学术研究那样有必要的任务规定。前者意味着大学教师需要协调大学内的工作和社会服务之间的关系，后者意味着社会服务行为的监管较为不易，这给教师带来较大的伦理风险。再有，大学教师的社会服务与其他专业人士的社会服务存在一些不同。如医生可以在正常工作之外通过开办诊所或坐诊的方式参与社会服务，律师、会计师、设计师等也都可以。大学教师虽然也是运用自己的专业所长从事社会服务，但与他们不同的是，作为一种学术职业，大学教师的工作具有强烈的精神象征意义，他们的独特精神气质之一就是与世俗尤其是物欲要保持必要的距离。但社会服务本身是充斥利益交

---

[1]〔美〕德里克·博克.走出象牙塔——现代大学的社会责任[M].徐小洲，陈军，译.杭州：浙江教育出版社，2001：12.

换的，这使大学教师在社会服务中会遭遇物质利益与精神气质的纠结，也会使社会民众对大学教师的社会服务行为产生社会公益性的认识倾向或心理期许，就是说一定意义上他们并不像看待医生等职业人一样秉持利益对等原则，而是对大学教师的社会服务有更多的社会责任或义务层面的期待，这对教师在社会服务中的伦理表现提出了更高的要求。

总之，社会服务虽然加强了大学教师与社会之间的联系，提升了学术职业的社会价值，但也使教师处于大学、社会与自我的复杂关系网络中，面临更加复杂的利益关系体，如在职业内部要处理社会服务与教学、学术研究之间的关系，在社会层面要处理个人经济回报与社会责任之间的关系，这使他们面临了一些新的伦理冲突或难题。正如唐纳德·肯尼迪（Donald Kennedy）所说："校外活动是涉及教师忠诚度、责任和利益的一个比较复杂和没有被人们充分认识清楚的领域。只要校外活动影响了教师以全部精力投入其所在大学的工作，就会产生职责冲突问题。这些问题有时无意中与利益冲突问题交织在一起，但两者又有很大的不同。后者指教师个人获益，有可能是以损害学校利益方式（往往不是经济上）进行的；而前者则往往只是由于教师把过多时间投入到校外事业之中，因而降低了大学科研和教学的质量。"[1] 这表明了探讨服务伦理的重要意义所在。

二、社会服务中教师遭遇的伦理挑战

虽然威斯康星思想早在 20 世纪初就得以确立，但是在第二次世界大战之前，大学教师卷入社会政治、经济活动中的程度是有限的，二战后随着国际和平局势的稳定，各国纷纷注重综合国力的发展，尤其是知识经济的来临，强有力地推动了大学教师社会服务范围、形式的深入发展，随之暴露出的伦理挑战日渐明显。

---

[1] 〔美〕唐纳德·肯尼迪. 学术责任 [M]. 阎凤桥，等译. 北京：新华出版社，2002：298.

（一）经济利益与社会责任之间的碰撞

一般情况下，大学教师的经济收入是由其所在大学支付的，是根据其完成的教学和学术研究任务而定的，社会服务职能使大学教师有了新的经济收入渠道。当今，大学教师参与社会服务的形式非常多，除了参与函授、培训、讲座外，还有为企业经济发展提供技术支持，为政府机构或组织提供政策咨询，借助各种媒介形式如撰写通俗类杂志文章、作为嘉宾参与电视节目进行文化传播和教育启蒙等。这些都会给大学教师带来额外的甚至丰厚的经济收入，同时还会赢得社会认同。而且社会服务带来的经济回报往往比大学内的经济收入要大得多，甚至一些教师成为"商人"，开办起公司，其经济收益更是可观。参与社会劳动，取得相应的劳动报酬，本是合情合理的，但大学教师的社会服务不是普通人利用一技之长的创业或兼职，而是基于学者身份的社会责任，背后蕴含的是社会民众对高深知识和大学教师学者品格的信赖。

所以，经济利益是社会服务的附带效益，而不是其动机或出发点，履行社会责任，服务社会，推动社会发展和进步才是大学教师社会服务职责的根本目的所在。这应该是大学教师参与社会服务的前提性认知。就此而言，社会服务蕴含了大学教师的社会伦理责任，这是社会服务的内在伦理之义。事实上，早在威斯康星思想中，范·海斯就指出："教育全州男女公民是州立大学的任务，州立大学还应促成对本州发展有密切关系的知识的迅速成长。州立大学教师应用其学识专长为州做出贡献，并把知识普及于全州人民。"[1]这表明服务公众利益是社会服务职能的根本宗旨和目标。忽视这一点，教师必然会忽视、懈怠社会责任，导致服务对象、国家和社会的利益受损。在我国的经济发展中，大学教师参与社会服务的程度日益扩大，但逐渐地一些教师成为"走穴"群体，变成"教授商人"，人们质疑"名师可风光走穴，教书匠不能有偿家教"，原因即在于社会服务变成了教师走穴的保护伞，在"社会服务"的名义下，教师贪图经济利益，甚至为此出现违背社会责任和

---

[1] 陈学飞.当代美国高等教育思想研究[M].大连：辽宁师范大学出版社，1996：31.

学者风范的行为。

社会服务是作为大学教师的一项职责而存在的。大学教师既不能遁于社会之外，不关心、不参与社会的发展，也不能以经济收益作为参与社会服务的唯一动机，尤其不能受经济利益的蛊惑做出有违社会责任的行为。在社会服务中，教师必须处理好经济利益与社会责任之间的关系。

（二）服务社会与忠诚大学工作之间的碰撞

社会服务和人才培养、科学研究同是大学教师的重要职责，但它们具体关联的群体是不同的，社会服务关联的是所服务的社会对象，而后两项是隶属于大学学术共同体内的。所以，在服务社会与尽责或忠诚大学工作之间必然存在碰撞。具体而言，这表现在两个方面：一是进行社会服务与完成基本的教学、学术研究工作之间的冲突，二是服务社会与利用大学资源、声誉等之间的协调问题。

一方面，虽然高校对教师的社会服务没有硬性的时间或任务的规定，一般情况下社会服务也是在教学、学术研究之外的时间进行的，但教师的时间是有限的，加之社会服务还涉及经济利益，所以社会服务与规定的教学和学术研究任务之间存在发生冲突的可能。而面临冲突最终选择的结果往往是，大学教师让渡了教学和学术研究，或者说牺牲了对大学的忠诚而转身于服务对象，其根本原因是经济利益的诱惑。常见的表现是，一些教师忙于社会服务而懈怠教学工作，如私自调停课、请他人代课、不认真备课、敷衍教学等。在学术研究中，一些教师或者逐渐失去兴趣，不愿进行重要理论问题或基础问题的研究，或者降低了对学术研究的严谨态度，出现捏造、拼凑、买卖论文等学术不端行为。

另一方面，很多大学教师从事社会服务是利用大学的校内资源的，如利用办公室、实验室进行所承接的企业技术研发项目，但它并不作为横向课题。甚至有些老师会利用自己的研究生开展社会服务项目，结果疏于对学生进行学业指导。2004年发生在华东一所高校的博士生导师被自己的博士生联名"罢免"的事件即起因于该老师"雇佣"学生为其开办在校园内的公司打工。除此之外，一些教师还会利用所在大学的声誉为自己从事社会服务"筑路"，以增加自己的专家光环，取得服务对象的信任。在开展社会服务时，不论是利用大学的有形资源还是无形资源，都涉及对大学的尊重、忠诚和责任心问题。这就是说，利用大学的资源为从事社会服务助力、加码，是有违大学教师作为大学学术共同体一员的责任的，因为这里牵涉了利用集体利益而谋求个人私利的问题。

（三）学术权力与民众信任之间的碰撞

社会服务是建立在民众对大学教师作为学者的高深知识或学术专长的信赖基础上的，而并不主要是基于其教师身份。即使会牵涉教师身份，也是以学者身份作为前提的，因为在社会服务中教师身份凸显的主要是其专业学识素养，而不是教育教学素养。所以，在社会服务中，大学教师面对的其实是与自己在专业知识、学术视野、学术思维和判断能力等方面存在较大差距的普通民众，而"那些缺乏专业知识的普通人，无论他们是立法者、公务员或一般市民，他们之所以会更加专注和更加恭敬地听取大学教师的意见，是因为他们相信大学教师对于相关问题有着公正客观的思考和大量可靠的知识"[1]。可见，普通民众对大学教师的信任不仅涉及他们的专业学识，也涉及学者的品格，后者尤其蕴含了对大学教师社会责任的期待。

大学教师与服务对象之间的这种关系有利于他们从事社会服务，因为信任是人际交往的重要基础，但也会给社会服务带来伦理风险。因为如果大学教师不能尊重、担负起民众的信任，履行应有的社会责任或服务伦理，他们手中所掌握的学术权力就会演变为滥用民众信任的武器，以此欺瞒服务对象，弱化专业知识及其应用的严谨性、客观性，降低服务质量，造成社会和人民利益的损失。2007 年，西安交通大学六名老教授举报本校一位教师奖项造假，该教师的涡轮压缩机技术在陕西泰德公司投入使用后并没有给企业

---

[1] 〔美〕爱德华·希尔斯.教师的道与德[M].徐弢，李思凡，姚丹，译.北京：北京大学出版社，2010：77.

带来明显的经济效益，相反造成了巨额亏损，并最终导致该企业被迫停产。[1]在经济利益、荣誉奖项面前，企业和社会的利益被放置一边，学术权力、社会信任变成了行驶学术欺瞒的保护伞。显然，这不仅是社会服务伦理问题，也是基本的学术道德问题。所以，面对民众的信任，大学教师在社会服务中运用学术权力必须要有服务伦理的指引和规范。

（四）自律意识容易松懈

通过第二章对大学教师专业伦理特点的分析，我们知道，大学教师专业伦理具有自主监督性，也就是说，学术共同体的同行评议和监督对大学教师的伦理发展起到了非常重要的作用，但是这主要适用于教学和学术研究领域。在大学内，教师的教学会受到大学、同事和学生的监督、评价和反馈，学术研究会受到同行的监督、评价，这对大学教师的专业伦理发展构成了他律作用，对自律意识起到了有益的督促作用。但是在社会服务中，大学教师运用知识和技术的情况很难受到普通民众有效的监督和评价，一般也不会受到同事的监督和评价。这表明，大学教师的社会服务行为较难或较少能受到他人的评价和监督，再加之经济回报的诱惑，这会使他们容易放松自律意识。所以，"对于大学教师来说，在公共和政治活动中遵循这些必须遵循的规范要比他在学术领域遵守这些规范更加困难"[2]，这意味着遵守服务伦理对大学教师的社会服务行为是非常必要的。

综合而言，社会服务是大学教师的基本职责之一，它蕴含伦理责任，体现了大学教师作为学者的社会情怀，也体现了其作为社会公民所应承担的社会责任。社会服务一旦无视伦理规定，就会沦为走穴，教师的服务行为会演变成"学术商人"的行为，此时社会、大学、教师都将受到不良影响。这种不良影响不仅使各方物质利益受损，而且是对民众信任、学生信任、大学声誉及学术职业精神意义等的伤害。

---

1 西安交大六教授联合举报长江学者造假 [EB/OL]. http://news.sina.com.cn/c/sd/2009-07-24/050618286291.shtml.

2 〔美〕爱德华·希尔斯. 教师的道与德 [M]. 徐弢，李思凡，姚丹，译. 北京：北京大学出版社，2010：79-80.

第二节 社会、大学和个人之间的伦理平衡

服务伦理是大学教师以专业知识、技术在参与社会生产生活活动中应遵守的伦理规范及形成的实践品质。在社会服务中，大学教师既作为社会一员、大学一员，也作为一名个体，三种角色之间彼此交织，形成不同的责任碰撞。基于不同的角色责任，我们构建了大学教师的服务伦理体系。

一、以忠诚于大学为社会服务的观念前提

大学教师首先是大学中的教育工作者，在社会服务中扮演服务者角色，在大学工作者和社会服务者之间关联的是教学、学术研究责任与社会服务责任之间的关系。从时间总量上说，社会服务必然会对教师投入教学准备和学术研究的时间构成冲击，而且由于经济利益的驱使，社会服务一定意义上更具有吸引力，这导致社会服务与其他两项职责之间容易发生冲突。但是相比于社会服务，教学和学术研究是教师更根本的职责，这是学术职业的性质所决定的，也是大学的使命所决定的，而且学者身份是社会服务得以存在的基础。因此，在参与社会服务上，大学教师必须以忠于和尽责大学为前提，这是协调大学内的本职工作与社会服务之间关系的重要基础。换句话说，忠诚于大学是社会服务伦理的观念前提。当然，"对大学的忠诚不仅仅是对一所特定的大学的忠诚，也是指对一所大学的真正理念的忠诚"[1]。

（一）以尽责教学、学术研究为本

与教学、学术研究相比，社会服务是居于其后的。无论国家如何倡导社会服务，它都是不能僭越教学和学术研究的根本地位的。美国学者爱德华·希尔斯说："只要这些活动（指社会服务活动）不能有助于教学和研究

---

[1]〔美〕爱德华·希尔斯. 教师的道与德 [M]. 徐弢, 李思凡, 姚丹, 译. 北京: 北京大学出版社, 2010: 87.

等主要任务,他们就仅仅具有次要的意义。"[1]因此,参与社会服务,教师首先必须明确要以忠于并尽责教学和学术研究为本,不能本末倒置。一方面,教师要深刻认识到大学教师的职业价值根本性地体现在传承文化、培育新人和推动科学进步上,而不是在社会服务带来的经济利益或社会头衔上。教师不能以社会服务为由敷衍教学工作,疏于指导学生。在学术研究与社会服务的关系上,教师尤其要清楚地认识到,学术研究是大学教师的生存之根,懈怠学术研究,没有高水平的学术研究,不仅会使职业失去生命力,而且会使社会服务陷入低质量的境地,缺乏创造性、进步性。曾任复旦大学校长的杨玉良指出:"为社会服务是大学应该有的责任,但必须在深入细致的学理研究基础上,为社会提供高水平的服务。"[2]事实上,从宽泛的意义上说,教学和学术研究也是教师服务社会的方式,而且是一种根本性的方式。范·海斯就曾告诫威斯康星大学的教授们,不应忘记最大的服务是自己创造性的研究工作和培养新一代的学者。[3]

另一方面,教师要善于发挥社会服务对教学、学术研究的积极价值。参与社会服务可以让教师走进社会生产生活实际,为教学发现、积累丰富生动的案例和素材,这有助于教学实现理论与实践的相结合,对提升学生的理论理解和问题分析能力是有助益的。社会服务中也蕴含学术研究资源。教师既可以借助合作形式参与技术创新,展开实用研究,也可以更好地了解社会发展所需,发现新的问题,激发学术研究灵感,但这里要处理好基础研究与实用研究之间的关系。社会服务主要是实用研究,尤其是对于一些理工学科而言。实用研究直接面向实际问题,具有较强的实用效益,但它也具有片段性、任务性,如果不能深入挖掘、思考、探索其中蕴含的基础理论问题,就

---

1 〔美〕爱德华·希尔斯. 教师的道与德 [M]. 徐弢,李思凡,姚丹,译. 北京:北京大学出版社,2010:74.
2 复旦校长批大学教师走穴成风学生太急功近利 [EB/OL]. http://edu.qq.com/a/20100918/000038.htm.
3 康健. "威斯康星思想"与高等教育的社会职能 [J]. 高等教育学报,1989(4):39-44.

会影响实际问题的解决效果，也会错失学术研究深入化、创新性发展的机会。所以，教师既应该积极捕捉社会服务中的学术研究资源和灵感，也应该注意协调应用研究与理论研究之间的合理关系。

在尽责教学、学术研究的基本职责上，教师特别需要始终铭记、坚持师者和学者的身份和品格。不论是作为教师、学者还是作为社会服务者，大学教师在社会上都是一个备受关注的公众人物，社会公众对其角色的期待和要求是较高的，这是学术职业较高自律性的体现。这需要教师严格要求自己，恪守人格示范作用，保持教育情怀与责任及学术精神，始终追求积极乃至高尚的价值观。

（二）忠于学术精神

社会服务职能的出现将大学从象牙塔推向了社会，使大学、教师与社会的联系日益紧密，大学的社会价值日益凸显，但同时大学教师也面临了市场逻辑与学术逻辑的协调问题。在社会服务中，市场逻辑奠基于需求与供给的平衡关系上，满足被服务者的需求是服务者提供服务的基本立足点。如此，知识为何而用，满足何种需求就成为教师面临的重要问题。然而学术逻辑信奉的是真理及其学术价值，而不是追求知识的实用效益，尤其是经济效益。事实上，二战后，大学社会服务力度的增大不仅与社会的需求有关，也与大学自身的发展有关，因为社会服务满足了大学对于经费的补偿需求，也满足了教师补偿经济利益的需要，于是社会服务在一些教师身上诱发了功利主义取向，影响了学术独立与自由精神。一些教师不问知识的道德性和社会价值而只关注被服务对象的需求和经济收益。面对这种情况，大学教师必须明确一个立场，这就是要忠于学术精神，尤其要坚守学术自由精神。博克就明确指出，大学应该坚持的一个原则就是，拒绝任何可能明确地限制学术自由的社会服务。[1]

---

[1] 〔美〕德里克·博克.走出象牙塔——现代大学的社会责任[M].徐小洲，陈军，译.杭州：浙江教育出版社，2001：34.

学术精神是学者面对学术事业的基本品格和精神追求，包括理性精神、自由精神、批判精神、创新精神、自我超越精神等，其中学术自由是学术精神的核心。在社会服务中，坚持学术自由精神，意味着教师要警惕被经济利益、政治权势或各种利益关系等左右，坚持学术的独立地位，坚持学者的独立判断，维护学术的尊严。比如，在教师参与担任学术期刊或刊物的编辑或审稿人的学术服务中，不能将与发表者有私人关系、利益关系等作为审核通过的主要条件，忽视成果的学术质量与学术价值。大学教师必须要清晰地认识到，社会服务是基于学者身份之上的，是以学术自由为前提的，社会服务如果背离学术自由精神，既会出现违背科学精神的行为，导致社会服务质量的含金量降低，也会导致社会服务偏离公共立场，背离了大学教师的社会责任，还会影响学术的尊严和大学教师的声誉。

总之，在现代社会中社会服务对大学和大学教师均构成了很大的挑战，也制造了新的困境，这就是"大学既要按学术逻辑发展自己，又要通过学术服务社会，引导社会，也就是说，大学处于既要走出象牙塔，又要固守象牙塔精神的痛苦的两难境地"[1]。所以，面对学术的传统价值与现实价值，学者的独立人格与社会责任，以及学术与经济、政治之间的独立与联系等可能引发伦理冲突或困境，大学教师必须做出正确的伦理判断与选择——坚持求真精神和学术自由精神。正如有学者指出的："如何更密切地联系社会而又不陷入它的盲目、迷茫和无序？如何在满足社会即时需求的同时而又不忽视大学对人类文明应承担的更重要的责任——发展它的文化、解释它的过去以及增进对人类自身的了解？……（那就）努力做到把服务外部世界和较少功利性的学术追求结合起来。"[2]

---

1 刘贵华. 大学学术生态研究 [D]. 上海：华东师范大学，2002：30.
2 赵卫平，陈贵青. 博克对美国现代大学社会服务功能的反思 [J]. 江苏高教，2003（4）：125-127.

二、以引领社会进步、增进社会利益为服务宗旨

在当今科技和经济迅速发展的时代中,社会服务的作用和地位日益重要,正如布鲁贝克所说:"大学现在不仅是美国教育的中心,而且是美国生活的中心。它仅次于政府成为社会的主要服务者和社会变革的主要工具,……它是新思想的源泉、倡导者、推动者和交流中心。"[1] 在这种形势下,大学教师参与社会服务,必须树立引领社会进步、增进社会利益的服务宗旨,以这一宗旨指导自己的服务行为。

(一) 具有服务社会的责任意识,增进社会利益

大学教师曾一度被誉为"象牙塔中的人",这是对他们的精神追求及独立品格尤其是不媚于世俗利益品质的赞誉,但也或多或少地流露出对他们远离社会现实的嘲讽。社会服务职能的出现打开了他们远离社会的大门,这是时代和社会发展对大学教师提出的必然诉求。大学教师参与社会服务,需要他们打破传统观念,发展积极服务社会的责任意识,即对自身所担负的社会服务责任的确认和认同,它集中表现为教师要有正确的服务观。

受学术传统的影响,一些大学教师会认为从事社会服务是不务正业的表现,它们远不及学术研究必要和重要,因而会抵触、回避,甚至拒斥参与社会服务。当今大学已经与社会发展日益不可分割,社会发展越发需要大学教师的积极力量。回避社会服务,既回避了大学教师作为公民的社会责任,也回避了其作为大学共同体一员的社会责任,因为"如果大学拥有大量的为社会服务的知识,但缺乏把这些知识勇于实践的决心和责任,那么公众就会认为大学是无用的,失去了存在的根据"[2]。从大学与社会关系的角度看,利用学识与技术为民众提供帮助,为社会发展提供助力,是大学教师社会价值的重要体现,是其社会情怀和公共精神的体现。因此,大学教师应该克服不良

---

1 〔美〕约翰·S·布鲁贝克.高等教育哲学[M].王承绪,等译.杭州:浙江教育出版社,2001:24.
2 同1:22.

认知，树立积极服务社会的责任意识。

在明确服务社会的责任意识之上，大学教师应该树立正确的服务观，只有正确的服务观才能导引教师合理的服务行为，这涉及对"社会服务"的理解。"社会服务"的英文使用较多的是"social service""public service"，相比而言，"public service"可能要比"social service"更能鲜明地表现"社会服务"的意涵。从"public service"一词不难看出，"社会服务"是具有公共性的，或者说它是出于公共利益或公共动机的，而不是基于私人利益考量的。事实上，社会服务职能的出现本身就是建立在服务"社会公共利益"基础上的，教师的经济回报是社会服务职责的附带品。因此，"社会服务"不仅体现了教师作为公民所应承担的社会责任，而且体现了学者对公共利益的关心。大学教师不仅要具有参与社会、服务社会的责任意识，而且要有关心、增进社会利益的责任情感，以及积极参与社会服务的举动，尤其不做出任何有损公众和社会利益的服务行为。

基于此，大学教师要克服两种功利化的服务导向——经济利益导向和名誉导向。取得经济回报是大学教师作为劳动个体参与社会服务的一种合理、正当要求，但囿于和贪于经济利益则是不合理的。学术职业的特点、教师劳动的特点以及大学精神都使大学教师的工作充满神圣性、良心性，因而大学教师的工作无法与普通职业工作一样将劳动回报作为动机，而应该是责任先于劳动回报，换句话说，大学教师的社会服务本身就带有责任大于回报的伦理诉求。正如有学者指出的："作为大学教师应该树立服务社会就是'回报'社会的理念，将服务社会作为自身应尽的义务和重要职责。这种'回报'性服务既有实用性和经济性层次的服务，又有'形塑社会'层次的道德性服务。"[1] 名誉导向是指大学教师在社会服务中只享有各种头衔而不履行相应的责任，这主要表现在客座教授、兼职教授等服务形式上。受名誉导向影响的社会服务为从事服务的教师个体和所服务的大学增加了"光环"，

---

[1] 梁永平. 高校教师服务社会的主体化分析[J]. 当代教育与文化, 2016（2）: 93–98.

但由于对学生缺乏指导，对学科或专业建设与发展也没有贡献实质性力量，因而这种服务不仅有违服务伦理，而且最终会损害教师的声誉。

归根结底，社会服务不是一种单纯的服务者与服务对象之间的市场行为，它是大学教师与社会之间的责任关系，不仅反映出大学教师对社会的贡献、回报，也反映了学术人与社会民众之间的紧密关系，因为社会服务很大意义上表达了人们对知识、对大学、对教师的尊敬和信任。总而言之，"在社会服务中，教师应该注意认识社会服务的意义，将其与个人教育职责的履行、社会价值的实现、良好社会形象及声誉的建立等联系起来，积极体验在服务中获得的专业成就感和社会认同感，而不仅仅专注于服务带来的经济效益"[1]。

（二）发挥批判精神，引领社会进步

增进社会利益是社会服务的一个目的，在此之上它应该还有另一个目的，这就是引领社会进步。在社会进步的基础上，增进社会利益才具有根本意义。引领社会进步对大学教师而言是一种独特的内在使命和职责，也是社会服务的重要伦理诉求，因为他们是高深知识、深邃思想和高尚精神的代表，应该在纷繁复杂的社会发展环境中发现问题，诊断原因，澄明方向，提供策略，引领发展。具体而言，在服务伦理上，引领社会进步意味大学教师要积极发挥理性批判精神。

大学教师具有宽广的视野、深邃的思想、缜密的思维、严谨的逻辑、科学的方法等，能运用理智思维依据客观标准对事物做出深入本质的剖析和立足长远的预判，从而为社会的发展出谋划策。因此，他们具有一项与众不同的社会责任——理性批判责任，即一种"动用自己所拥有的文化、知识和精神力量，对现实社会中的不良倾向进行独立的批判"[2]的责任。美国教育家弗莱克斯纳说过："大学不是一个风向标，对社会每一流行风尚都做

---

1 李菲.大学的良心——高校教师师德案例读本[M].上海：华东师范大学出版社，2016：181.
2 钱焕琦.高等学校教师职业道德概论[M].南京：南京师范大学出版社，河海大学出版社，2006：53.

出反应。大学必须经常给予社会一些东西，这些东西并不是社会所想要的（wants），而是社会所需要的（needs）。"[1] 这表达的就是大学教师的社会批判精神。

批判精神要求教师既要立足现实，又要放眼未来。一方面，大学教师要对社会发展现实保持理性审视的眼光，对社会不良倾向保持清醒的头脑和理性的思考，为社会发展建言献策；另一方面，要对社会发展具有未来视角和长远眼光，要运用专业所长对社会政治、经济、文化等发展趋向做出预测，也要对知识或技术的未来价值有清晰和准确的研判。换句话说，在社会服务中，批判精神需要教师处于观察社会、澄明问题的状态中，也要坚持可持续发展和科学发展的理念，坚持真理，追求创新与进步。

同时，批判精神要求教师保持学者的独立品质和积极的社会情怀，既不能处处考虑明哲保身，对不良问题采取"鸵鸟"政策，也不能因个人情绪产生偏激的认识，蛊惑民众的认知。批判必须是有理有据的，客观公正的。尤其在参与社会公共活动时，教师不能以个人的政治立场或偏好武断地进行评判，甚至向民众大肆传播或灌输自己的观点，以及对于社会现象或政府行为发表不正当的言论。在这一意义上，批判精神表明大学教师在参与国家政治或公共活动中要坚持学术逻辑，要基于真理做出客观公允的批判。正如有学者所说："有些社会观点和政治态度可能比其他的社会观点和政治态度更加符合大学教师的责任，但是当大学教师的学术责任与他所倾向的政治学说发生冲突时，他同样没有责任去调和这种冲突。作为一名大学教师，他的首要责任是坚持学术道德并且在参与政治或公共活动时坚持学术道德所赋予他的责任。"[2]

批判精神表达了大学教师作为智者的智慧与勇气，也就是独到深刻的视

---

[1] 〔美〕亚伯拉罕·弗莱克斯纳. 现代大学论——美英德大学研究 [M]. 徐辉, 陈晓菲, 译. 杭州：浙江教育出版社, 2001：3.

[2] 〔美〕爱德华·希尔斯. 教师的道与德 [M]. 徐弢, 李思凡, 姚丹, 译. 北京：北京大学出版社, 2010：85.

野、忠于真理的精神、捍卫真理的胆识，表达了学者坚定的社会理想和社会责任。坚持批判精神，引领社会进步，这是社会服务的深层意义所在。

三、以坚持学术诚信和知识的道义责任为服务的根本原则

众所周知，大学教师兼具师者和学者双重身份，但社会服务主要是基于学者身份的，社会民众需要并且信赖的是大学教师作为学术职业人所掌握的高深知识和技术。换句话说，在社会服务中，他们"是作为研究并且精通某些学科的专家才受到青睐的"[1]。因此，大学教师要用真知灼见和真才实学服务社会，助益社会发展，这不仅是一个求真的过程，也是一个求善的过程。真善相携，才是社会服务的应有状态。基于此，我们认为大学教师要坚持学术诚信和知识的道义责任，这是社会服务的根本原则，是服务伦理的重要支柱，它体现了大学教师作为学者的科学品质和社会良知。

（一）坚持学术诚信

求真精神是科学精神的集中体现，它表达的是对认识的客观性、真理性的态度，具体到教师的品质上，在学术研究中它表现为学术诚实，但在社会服务中它主要体现为学术诚信。学术诚信，即学术诚实和守信用。在社会服务中坚持学术诚信，主要是基于社会服务中教师要面对两种基本的关系：一是大学教师与知识及其探索、应用之间的关系，二是教师与服务对象之间的关系。前者要求教师在对待知识的态度和运用知识的行为上要诚实，因为知识的科学性是教师社会服务职责存在的前提；后者要求教师在积极实现作为服务提供者与服务对象之间的承诺关系上要守信用，要基于双方达成的诉求，以高质量的服务满足服务对象的需求。而且大学教师作为社会服务者具有先在和优势的心理基础——社会信任，即人们对其专业知识和学者品质

---

[1]〔美〕爱德华·希尔斯. 教师的道与德[M]. 徐弢, 李思凡, 姚丹, 译. 北京：北京大学出版社, 2010：81。

的信赖,学术诚信是维系这种信任关系的基础。此外,普通民众由于缺乏专业知识,在评判大学教师社会服务质量上缺乏足够的辨识能力,这也要求教师对服务对象要诚实。

坚持学术诚信就是坚持以真知、真才服务社会。真知是对知识客观性和正确性的要求,真才是对教师自己所具备学识专长的要求。

一方面,在社会服务中,教师要像在学术研究中那样坚持真理标准,严格遵循科学规律和科学探究的规范,参与满足服务对象所需的科技创新活动,严格把握知识的客观性和准确性,而且要深刻认识到"虽然满足社会的即时需求可能有它的直接重要性,但对基础知识和认识能力的探求则是一个更为重要的目标"[1],也就是说坚持求真精神要先于且重于满足服务对象的需求。在此之上,教师还要实事求是地分析、判断知识的实际价值,严肃、审慎、规范地转化、应用知识,以真知服务社会,不能为了个人私利违背真理标准,不能在知识的正确性存疑或技术的成熟性、稳定性尚未确定的情况下将其运用于社会生产生活中,不能卖弄知识,不能弄虚作假,夸大知识和技术的价值。总之,对"真理的高度尊重是内在于大学教师的工作实践中的一项道德要求,而且这项要求不允许他们以蔑视的态度去对待真理以及真理所需要的证据"[2],大学教师必须将尊重真理、严守真理标准作为社会服务的重要原则。近年,社会服务中已经出现大学教师为了经济利益而不负责任地将科研成果投入生产实践的事件。这不仅是学术伦理失范问题,也是社会服务伦理失范问题。

另一方面,大学教师要以真才实学服务社会。在利益的诱惑下,不论是经济利益还是名誉光环,一些大学教师往往在不擅长的领域或自知不能胜任的情况下依然参与某些社会服务活动如讲座、培训等,这不仅会降低服务质量,而且是对公众信任的欺瞒。公众信任是大学教师有效开展社会服务的重

---

1 〔美〕德里克·博克.走出象牙塔——现代大学的社会责任[M].徐小洲,陈军,译.杭州:浙江教育出版社,2001:78.

2 〔美〕爱德华·希尔斯.教师的道与德[M].徐弢,李思凡,姚丹,译.北京:北京大学出版社,2010:78.

要心理基础和保障，任何时候"作为学者或科学工作者的他们一定不能滥用公众对于他们的信任"[1]。因此，大学教师必须尊重服务对象的利益，认真审视他们的需求，谨慎、负责任地权衡自己的胜任能力，不能为了经济利益大包大揽各种服务活动。在可以胜任的情况下，大学教师更应该认真与服务对象沟通、合作，准确把握需求，认真准备，不能以敷衍的心态，用缺乏学术水准的才能应付服务活动，更不能将服务内容重复化地使用在不同服务活动中，无视服务对象的需求。在一些不涉及科技创新的社会服务中，教师也需要对服务内容不断进行更新、完善，以切实履行对服务对象的承诺。

（二）实践知识的道义责任

科学技术是一把双刃剑，运用科学技术不仅是一项关涉求真的活动，也是一项关涉求善的活动。正如著名科学家杨振宁所说，学术研究"基本的最终的价值判断就不会取决于为了科学的科学，而是取决于科学是否对人类有益"[2]。科技只有展现了伦理价值，对人类才是真正有价值的。所以，在社会服务中大学教师应用知识和技术的行为既要符合科学原则也要符合伦理原则，发挥知识的社会道义责任，即对社会发展产生正当、积极的作用，无疑应该是大学教师的一项重要道德责任。如果说"坚持学术诚信"解决的是知识的真理性问题，那么"实践知识的道义责任"解决的就是知识的伦理性问题，后者也是学者社会责任的重要体现之一。

目的论和义务论是伦理学史上的两大理论。目的论认为道德的判断依据是行为的结果是否增进最大多数人的最大幸福，义务论则认为道德的判断依据是行为的动机，即是否出于人的义务，是否为了完善人的道德。我国学者王海明认为，道德的终极总标准是增加全社会和每个人的利益总量，分标准是最大利益净余额和不损害一人地增加利益总量[3]，总标准和分标准的并用表

1　〔美〕爱德华·希尔斯.教师的道与德［M］.徐弢，李思凡，姚丹，译.北京：北京大学出版社，2010：78.

2　徐少锦.科技伦理学［M］.上海：上海人民出版社，1989：36.

3　王海明.新伦理学［M］.北京：商务印书馆，2001：154–161.

明道德的最终目的是维护、增进人的利益，但在发生利益冲突时，最大利益净余额和不损害一人地增加利益总量，是更根本的原则。在社会服务中，服务行为关联的利益主要涉及教师个人的私利与公众、社会、国家层面的公共利益，虽然市场逻辑往往偏向个人利益，但就伦理意义而言，在个人利益与公共利益之间，大学教师必须要以服务社会、增进社会利益、推动社会发展为根本目的，一旦知识被应用于满足不正当的个人或某一群体的利益，是要坚决予以制止的。当知识的应用存在道德风险时，大学教师应该非常慎重地思考知识的价值问题，既要考虑目的论也要考虑义务论，这种情况下应该以"不损害一人地增加利益总量"为原则，这样才能保证社会的正义和伦理道德的存续。当今时代人类已经进入一个风险社会，道德风险也是随处可见。《维也纳宣言》中就写道："科学家由于他们具有专门的知识，因而相当早地知道了由于科学发现所带来的危险和约束，从而他们对我们这个时代最迫切的问题也具有一种特殊的能力和一种责任。"[1] 这种责任其实就表现为，科学家和大学教师要运用自己的专业学识、道德思维预判知识和技术的道德风险，调整行为以坚守、践行知识的道义责任，也就是确保知识的伦理价值，为增益社会发展贡献力量。

实践知识的道义责任不仅涉及经济利益问题，也涉及政治利益、文化利益等。换句话说，知识的道德责任不仅反映在推动社会经济利益的增长与增进人民的福祉上，也反映在推动国家政治稳定、文化自信与繁荣上，而且后者往往更能鲜明地彰显出知识的道德责任。因此，任何有损国家政治利益和文化发展的服务活动，都应该坚决杜绝，更不能歪曲知识以为谋求自己的政治利益服务。

总之，知识的道义责任取决于应用者，这对大学教师的科学素养、道德素养和政治素养都提出了高要求，教师要勇于、敢于担起学者的社会责任，

---

[1] 王恩华. 大学教师的学术责任：一个责任伦理视角 [J]. 湖南师范大学教育科学学报，2010（4）：63–67.

做有社会良知、有担当的学者。

四、以遵纪守法、合理获利为基本服务准则

受到知识的经济价值凸显的影响，以及一段时期内我国高校教师尤其是青年教师的工资待遇不理想境况的影响，大学教师在社会服务中出现了过度重视经济利益的取向，如动辄几十万的"出场费""报告费"，违规挪用合作经费于个人所用等。因此在社会服务中，大学教师要遵守基本的经济伦理规范，如质量第一、诚实守信、公平竞争等。这里，我们认为教师在社会服务中应遵循的经济伦理规范主要是遵纪守法和合理获利。

法律是人们社会生活的行为规范底线，遵纪守法是每个人的基本行为要求。在社会服务中，大学教师必须知法懂法守法，依法从事服务活动。在参与公众服务活动中，他们要注意言论的正当性，引用材料要尊重他人的名誉权、肖像权等；在参与经济服务活动中，要遵守国家的经济法律法规及相关法律法规，如公司法、个人投资法、金融法、环境法、自然资源法、反垄断法、反不正当竞争法、消费者权益保障法、产品质量法及税法等，不能利用学术专长钻法律的空子，更不能行非法之用。同时，对于服务对象的不合理甚至不合法需求，教师要坚决制止和拒绝。

在获取经济回报方面，大学教师应该把握好社会服务与经济回报之间的关系，以服务社会、造福社会为服务动机，而不是以追求经济利益为首要甚至唯一动机，要坚持以义取利的原则。这里的"义"包括依法获利、平等获利。平等获利强调的是社会服务的义务与获取利益的权利之间的对等关系，大学教师要负责任地履行对服务对象的承诺，要以高质量的服务赢得经济回报，而不是以"头衔""称号"等换取经济回报。

同时，青年教师要处理好现实生活境遇与长远发展之间的关系，正确看待社会服务中的物质利益问题，因为相比于短期内的经济生活压力，教书育人、学术成长才是他们的立足之本。青年教师要认识到，频繁参与各种社

会服务活动尤其是忙于走穴，既会影响职业初期的专业成长，不利于教学和学术研究的发展，也会影响其积极职业价值观的形成。面对功利化的生活取向，大学教师参与社会服务更应该督促自己保持学者的崇高学术追求和精神境界，不屈膝于世俗的实用观念，自觉抵制膨胀物欲的冲击。

第七章　大学教师专业伦理的提升路径

人的道德发展需要个体的自觉修养,需要家庭和学校教育的引导,也需要良好社会风气的熏陶。相比之下,作为一种职业伦理,大学教师专业伦理的发展则与之有所不同。它除了要依靠教师个体的自觉外,作为职业人所在的机构组织——大学有责任关心并助力教师专业伦理的发展,因为教师与大学有着密不可分的命运联系。此外,国家在教师专业伦理发展上也担负重要的责任,因为教育是一项关乎国家发展的重要社会实践活动。教师专业伦理关乎教育的发展,关乎民心所向,更重要的还在于在现代教育的发展过程中,国家的师德建设能为教师专业伦理的自觉修养提供有力的制度支撑和保障。

第一节　大学教师的自为与自律

从一般特点上说,教师伦理具有较高的自觉性和自律性,大学教师作为学术职业群体,其学术职业的特点决定了大学教师专业伦理有更明显的自觉性和自律性。因此,在提升专业伦理素养上,大学教师个体的自为和自律是非常重要的，而且某种意义上自为和自律容易被教师所接受，因为崇尚自由的职业风格使大学教师一般对外在约束力量会先在地有一种不情愿的心理。

一、树立崇高的职业价值观，增强道德敏感性，为践行专业伦理奠定观念基础

道德敏感性，通俗地说，是个体在道德情境中对道德事件蕴含的道德关系及其伦理要求的敏锐捕捉和积极响应，它可以表现为意识上的洞悉和认知上的判断，也可以表现为情感上的触动和行为上的激发。道德敏感性是道德品质中的重要部分，蕴含在知情行等品德结构要素中。它不像人的各种感觉敏感性一样具有先天的机体基础，如触觉需要皮肤的敏感性。它是主客观相互作用的结果，主观是个体的道德基础，客观是道德情境的激发。在主观上，道德敏感性依赖个体的道德意识和情感，其中道德意识是道德敏感性的重要生成基础，它是由各种价值观念形成和促发的。大学教师的学者和师者身份本应使其具有较好的道德敏感性，但事实上，在功利化的知识价值观和科研为重的氛围中，知识与美德的关系日益分离，知识的修养价值逐渐被放逐，这使教师淡化了伦理意识，或者说知识遮盖了德性，其道德敏感性弱化。所以，增强道德敏感性应该是大学教师提升专业伦理的基础，为此教师需要强化正确的职业价值观。

（一）树立崇高的职业价值观

大学教师在人才培养、国家发展和人类进步方面发挥着非常重要的作用，因此相比于中小学教师，大学教师的社会地位和受尊敬程度往往要高一些。但是，目前大学教师的职业价值认知出现了低俗化倾向，职业作为生存手段的意味增长，教师与职业之间的精神联系、职业的崇高性被淡忘，或者说职业的内在价值日益被外在功利价值所遮蔽，"老板""教授商人""行政官员"等称呼一定意义上是这种职业价值倾向的表现。因此，提升专业伦理意识，大学教师需要树立正确的职业价值观，尤其是重塑崇高的职业

价值观。

树立崇高的职业价值观，大学教师要对职业的本质属性有深刻的认知。大学教师属于教师职业，但又不是一般的教师职业，其崇高性至少表现在三个方面：一是大学教师职业承担高深知识的继承、传播和发现的使命；二是承担国家高素质创新人才的培养之责；三是承担指引社会进步发展之责。大学精神是对大学教师职业本质属性的概括，也是对大学教师人格的精炼表征。每一位选择成为大学教师的人都应该明确职业的崇高性，这需要对大学教师职业有正确和深刻的认知，经验化、常识化的职业认知缺乏牢固的根基，既不能为教师专业发展提供源源不断的动力，也不能使教师在面对各种内外挑战时拥有坚定的自我确证性。为此，大学教师有必要自觉学习高等教育哲学、高等教育学、教师学等内容，从理论上端正、深入地认识高等教育和大学教师职业，明确职业的特点和崇高使命，树立正确的职业价值观和职责观，理解大学精神并矢志不渝地实践大学精神。

同时，教师要树立崇高的职业理想。大学教师的职业理想具有双重性——学术性和育人性，就是说教师既要有崇高的学术理想和信念，努力攀登学术高峰，为人类的科学进步贡献力量，也要有崇高的教育理想和信念，潜心培育新人，为学生的成长进步和教育事业的发展奉献心力。这需要教师处理好两组关系：一是学术发展与物质利益之间的关系，大学教师要端正学者的人格，秉承纯粹的学术兴趣和热情，克服学术的功利心态，勇于创新进取。二是学术研究与教书育人之间的关系，大学教师要明确学术研究是基础，教书育人是根本，要站在国家、社会发展的高度看待教书育人工作，以学术提升教学，以教学带动学术，切实担负起培养具有家国情怀的创新型人才的历史重任，担负起提升高等教育发展质量的重任。

（二）确立发展的专业伦理观

随着社会分工和职业专业化的发展，职业伦理逐渐从人的个体伦理和社会公共伦理中分化出来，成为独立的伦理类型。这有助于职业伦理的发展，也有助于职业人专业素养的完善。但是，随着现代社会制度化和法制化进程的推进，伦理或道德逐渐被隐藏到法律和制度背后，人的伦理意识被遮蔽，"去道德化"问题表达了学者们对伦理此种境遇的担忧。在教师伦理上，这种问题也出现了。法律、规章制度成为教师的行为准则，践行职业伦理变为遵守规章制度，"不犯规""不出事"逐渐成为一些教师的伦理心态和职业伦理标准，专业伦理意识被压制，伦理的精神性和对人的发展价值被遮蔽，如赵汀阳所说："人们已经不再追问深刻的道德问题，而满足于那些最简陋的伦理教条。"[1] 面对这种情形，提升专业伦理意识，教师需要树立发展的专业伦理观，正确地认识专业伦理的价值，摆正伦理态度。

所谓发展的专业伦理观，主要是基于伦理对人的德性、生活的提升或发展价值而言的，具体可以从两点解释。一是教师伦理具有较高的境界性，因此发展的专业伦理观强调教师要正视并克服教师伦理观念上的平庸化倾向，即把专业伦理锁定在底线规范层面，教师要超越底线规范，确立"取法乎上"的伦理立场，为此教师不仅要树立崇高的职业理想，而且要深入认识教师职业具有的内在伦理规定性，理解专业伦理与教师职业的本体关系。二是作为一种工作伦理，专业伦理的出发点是为了更好地完成工作，但停留于此会容易造成人与伦理的隔离，人被伦理所束缚。发展的专业伦理观强调人与伦理的和谐，即伦理不仅规范教师的行为助其高效地完成工作，而且帮助教师感受、体验工作的价值和乐趣，获得职业幸福感，换句话说，专业伦理是教师积极职业体验和幸福职业生活质量的保障。为此，教师应该从思想上转变对专业伦理的狭隘认识，认识、体悟伦理与教育幸福之间的不可分割关系。

此外，树立发展的专业伦理观，大学教师还应正确认识学术自由与专业伦理之间的关系。伦理是一种规范系统，在一定意义上对自由构成限制。大学教师对自由有强烈的诉求，也有极为敏感的反映，因而在实践中一旦强调专业伦理，他们容易激动甚至偏激地认为是向教师的学术自由提出挑战，是

---

[1] 赵汀阳. 论可能生活 [M]. 北京：中国人民大学出版社，2004：70.

对学术思想的规训,这是对专业伦理的误解。大学教师要正确认识学术自由,懂得自由与规范是一体的,没有规范的自由是放纵,没有自由的规范是强制,道德发展的最高阶段是自由;要明确学术自由与专业伦理是相互支撑的关系,不能将学术自由变成学术特权,克服对专业伦理的偏见、抵触和排斥心理;要牢固树立"学者师表"的意识,在发展专业学识的同时积极涵养道德素养,真正达到"学识高,道德素养高"的统一状态。

二、保持职业敬畏,强化育人责任,为践行专业伦理累积情感

教师职业具有示范性,在专业伦理上体现为"为人师表"。今天教师出现的诸多伦理失范问题与伦理意识的淡化有关,归根结底是为人师表意识的淡化。为人师表意识不仅是职业观念问题,还关涉另一个问题——职业敬畏。古语讲,"天、地、君、师",这不仅指出了"师"的地位,也蕴含了人们对"师"怀有同"天、地、君"一样的敬畏之情。在古代社会中,这种敬畏感源于"师"所象征的威权,但对教师本人而言,它象征着对教师职责的坚定和敬畏,对民众信任的尊重和敬畏,于是在行动上要有强烈的为人师表意识,注重教师的职责和形象,严格要求自己。然而,在现代化进程中,受高等教育内外部多种因素和学术职业变迁的影响,教师的职业敬畏感受到冲击,表现为教师不仅对知识和科学探索活动缺少了敬畏,对教育职责也缺少了敬畏。"敬畏是人对自身之外的其他存在的敬重和畏惧。这种'畏惧'不是因恐惧而产生的惧怕,而是因敬重而产生的一种肃然起敬的神圣感。"[1]一个职业人或许可以对工作没有浓烈的热情,但不能没有基本的敬畏,尤其对于教师职业而言,失去敬畏感,就会失去对职业的严肃态度和敬重之情,就会模糊、降低职业良心的底线,而且职业敬畏感能使教师强化教育责任,所以发展专业伦理,教师应该增强职业敬畏感。

---

1 李菲.学校德育的意义关怀研究[M].北京:教育科学出版社,2009:110.

"敬畏是对万物尊严的直观,是认识到事物不仅是它现存的样子,而且代表着某种最高的东西,不管它们多么遥远。"[1]发展职业敬畏感,教师需要对职业的伟大意义有深刻的认识和理解,也就是前述所论及的树立崇高的职业价值观。在此之上,我们认为,发展职业敬畏感还特别需要教师能坚定并强化育人责任,因为育人是教育和教师职业的根基,为此教师需要两方面的努力。

一是坚持以学生利益为本。教育责任说到底是为学生谋福利,为学生的发展负责。忽视学生的利益,就会懈怠教育职责,因此教师要始终将学生的利益放在首位,尊重学生的学习权利,不能让渡、敷衍学生的需求,更要尽心实践大学教育理念,尽心教书育人、立德树人,推动学生获得知识和人格上的卓越发展。教师也要清楚地认识到,师生是一个学术共同体,他们同是知识的探索者、思想的交流者、真理的分享者,而且是利益关联体,如果无视学生的利益,疏于教书育人,教师的职业利益和价值都将受到影响。

二是坚守大学精神。大学精神是大学发展所秉承的基本价值取向,是大学教育发展的根本指引,也是大学教师核心精神气质和伦理品质的凝结,所以坚守大学精神内含在每一种具体的教师专业伦理中,也贯穿在本书的不同章节中,故在这里不再赘述。但需要说明的是,大学精神的崇高性、神圣性使其成为教师职业敬畏的来源,一定意义上坚守大学精神就是践行育人责任,就是保持职业敬畏。为此,大学教师要理解大学精神——学术自由精神、独立自治精神、科学精神与人文精神、开拓创新精神、理性批判精神[2]的深刻内涵,将大学精神作为坚定的职业信念,以大学精神指引自己的职业生活;也要铭记社会和民众对大学的期望,坚定地践行大学精神,自觉抵制社会不良取向对大学精神的侵蚀,保持大学教师的独立品格。

---

1 〔美〕赫舍尔.人是谁[M].隗仁莲,译.贵阳:贵州人民出版社,1994:80.
2 钱焕琦.高等学校教师职业道德概论[M].南京:南京师范大学出版社,河海大学出版社,2006:48-53.

三、提升教育素养，增强育人能力，为践行专业伦理提供行动力保障

践行伦理需要个体具有伦理行动力，即人在实践道德时所需的各种道德能力，如道德判断力、移情能力。基于此，教师的伦理行动力是指教师在教育活动中实践伦理品质时所具有的各种道德能力、策略等。缺乏伦理行动力，会架空伦理意识和情感，使教师成为"语言的巨人，行动的矮子"，也会冲淡伦理意识和情感，使伦理人格缺乏魅力。教师伦理行动力包含两个内容：一是专业伦理素养，二是教育素养。专业伦理素养涉及伦理行动力的一般化内容，包括道德观念、道德思维、道德行动策略等，这里的"教育素养"是一个狭义的概念，是相对于伦理素养而言的，特指教师的教育教学知识、技能、智慧等。事实上，教师践行专业伦理离不开教育素养，因为专业伦理是发生在教育世界中的，处理的是教育伦理关系，它不是一般伦理在教育中的简单迁移，这就必须依靠教育素养。换句话说，教育素养其实是渗透在教师专业伦理素养中的。但是，大学教师特殊的培养和成长过程使很多人缺乏应有的教育教学知识、理念和能力等方面的系统学习，这在不同程度上影响了教师的伦理行动力，阻碍了专业伦理素养的提升。因此，教师需要提升教育素养，加强育人能力，为提升专业伦理素养奠定重要的行动基础。

基于学者和师者的双重身份，大学教师的专业素养可以大致分为专业学识素养和教育素养两个方面。教育素养是一个较大的范畴，包括教育情意、教师伦理素养、教育知识与能力、个性心理品质等，但诚如上面提到的，这里的"教育素养"是相对专业伦理素养而言的，是一个狭义概念，主要指教育情意、教育知识与能力，其中教育情意包括教育专业理念与精神、专业自我。提升教育素养，首先教师要摒弃错误的教师素养观。在一些大学教师看来，专业学识素养胜于教育素养，因为大学课堂的教学不像中小学课堂那样讲究精妙的教学设计、独到的教学模式和方法等，教师只要有渊博的专业知识就可以胜任教学工作。而且教学不过是一个熟能生巧的过程，教育素养并不发挥重要作用。这种错误的观念已经影响了我国大学课堂教学的质量。转

变狭隘的教师素养观,教师要树立正确的大学教师专业化观念,认识到作为教师不仅要有高深的专业知识,也要有教育专业素养,不能用学者的专业化代替教师的专业化。教师要坚定师者的角色和职责,强化教师专业化意识,并对教育素养形成积极的态度。

其次,教师要积极通过各种途径提升教育素养。专业型教师的成长要经历从新手到熟手再到专家的长期过程,这是一个需要学习、反思、研究、实践的有意识、有目的的过程。因此,在工作中教师要通过多样的途径主动提升自己的教育素养,如通过自主学习、参加培训或网络课程等学习教育学、高等教育学、教学论、课程论等方面的内容;有意识地阅读教育经典名著和优秀教育家和教育者的教育心得,汲取先进的教育思想;通过听课研讨、参加教学比赛、请教老教师等方式提高教学技能。教师还要积极了解、学习、接纳和尝试新的教育教学理念、模式和方法,如深度学习、翻转课堂、任务驱动法等,把握高等教育发展的新趋向。更重要的是,教师要关心大学教育、教学和学生发展问题,积极进行教育教学思考和研究,并对自身的教育观念和行为进行反思,提升教育反思与研究能力,增强教育实践能力。

此外,教师还要理解、把握大学教师伦理的特点,了解国家、大学的师德政策,熟知各种师德规范,为伦理行动力奠定基本的知识基础。

四、建立教学、学术研究与社会服务间的良性互动关系

教学、学术研究和社会服务作为大学教师的三项职责,对教师伦理来说,不仅意味着大学教师伦理的复杂,而且增加了教师伦理实践的难度,原因有两点。一是不同职责所关联的伦理体系遵循不同的逻辑,有不同的要求,彼此间会发生碰撞,如在社会服务中既要遵循市场逻辑,又要坚持学术逻辑。二是在现代社会中学术研究经济附加值的凸显使学术研究和社会服务充满了利益诱惑,容易导致教学被疏忽和搁置,出现职责的失衡和伦理的失

范。所以，教学、学术研究和社会服务之间的良性关系以及职责的协调统一，对于确保教师有效践行专业伦理非常重要。

建立教学、学术研究与社会服务间的和谐关系，主要在两个方面：一是处理好职业发展与物质利益之间的关系，二是实现三方面职责的相互促进。

首先，在职业发展与物质利益之间，大学教师应该认识到学术职业人的精神性、独立性和批判性，保持学者的自由、独立品格，以及对真理的敬畏和热爱之情，追求专业的精进和对社会的贡献，不把教学、学术和社会服务作为晋升、获利的工具，做到"以实求名"，并能在名利面前保持自律和自制。同时，他们要坚定践行崇高的教育使命，坚持为人师表，把学生利益放在首位，扎实做好立德树人工作，积极创造教师的职业价值和乐趣。

其次，建立教学、学术研究与社会服务之间的良性互动关系。作为学术职业，教学和社会服务都是建立在学术研究之上的，所以雅斯贝尔斯说"大学教师首先应是研究者"[1]，反之教学和社会服务既可以为学术研究提供问题源，也可以扩展学术研究的价值，激发学术动力。同样，教学与社会服务之间也存在彼此增益的作用。因此，教师应该认识到教学、学术研究与社会服务之间是相互激发、相互促进的关系。之所以一些教师认为教学与学术研究、社会服务存在冲突，既因为学术研究和社会服务产生的经济利益远大于教学，也因为他们没有深入认识到三者之间的良性互动关系，而是功利化地从时间投入角度进行取舍。在正确认识三项职责的互动关系的基础上，教师需要特别强化教学责任，因为教学是师者的根本职责，也是实现三项职责协作发展的最佳平台。为此，教师要有意识地利用学术研究和社会服务为教学提供助力，拓展教学的问题资源，加强理论与实践相结合，增强教学的探究性和思想性。

---

[1]〔德〕雅斯贝尔斯.什么是教育［M］.邹进，译.北京：生活·读书·新知三联书店，1991：145.

第二节　大学在推进教师专业伦理发展上的积极作为

作为学术共同体，大学是教师职业生存的家园，它从制度、院系组织、教师文化等多个方面为教师专业伦理素养的提升提供支持力量，为教师个体的自为、自律营造重要的群体氛围。

一、改进大学教师发展与评价制度

（一）制度影响下的教师伦理发展困境

现代教育的一个重要特征是制度化，制度化使教育得以系统化、有序化地发展。目前学术界讨论的制度（institution）主要是程序、规则、规范的意思，如美国经济学家道格拉斯·C·诺斯（Douglass·C·North）认为"制度是一个社会的游戏规则，更规范地说，它们是为决定人们的相互关系而人为设定的一些制约"[1]。制度通常包括正式制度和非正式制度。正式制度指人们有目的地制定的一些成文的规定如各种政策规章，非正式制度指在长期的社会生活中形成的并被人们不约而同认可的价值观念、伦理规范、风俗习惯、意识形态等。这里讨论的"制度"指正式制度。作为规范系统，制度对行为具有导引作用，而且由于制度是制定者基于一定的国家、社会、机构组织等的发展或管理需要而制定的，具有明显的利益关联性，这使制度相比于伦理更能迫使人调整自己的行为，以满足相应的要求。于是随着现代教育制度的发展，"按制度行事"逐渐成为教师习惯的行动思维和准则，这实现了对教师行为的有效管理，但也对教师的伦理发展产生了不良导向。教师的伦理意识不再来自对教师职业伦理规定性的体认，而是来自制度的要求。

在教师伦理问题上，当教师的行为关注点转向依赖制度，教师伦理就将

---

[1]〔美〕道格拉斯·C·诺斯.制度、制度变迁与经济绩效［M］.刘守英，译.上海：上海三联书店，1994：3.

遭遇如下困境。

1. 修养困境

教师伦理修养本身是一个不断提升、完善的过程，没有一个明确的终点或最佳结果状态，但是受制度的影响，教师关注制度的变化，新制度的出现意味新的要求导向，制度成为伦理的风向标，伦理失去了自身的独立性或本体性。随之，教师可能不再意识到并自觉进行伦理提升，教师的伦理观照容易停留在要求的表层，伦理境界可能会降低。伦理修养是一个精神充盈和自我享用的过程，但制度导向容易使伦理走向行为的趋同或僵化，抽离了道德情感和道德信念。

2. 本体价值困境

伦理不仅具有工具价值，而且具有自足价值。这就是说，伦理的价值不仅在于解决利益冲突，融洽人际关系，更根本的在于完善人性和提升生命价值，这是伦理的本体价值，所以伦理是人的一种存在方式。同样，教师伦理的本体价值在于创造幸福的职业生活和获得自我实现。但是，一旦教师的意识和行为受制于制度，那么制度要求就会代替伦理发挥工具价值，而伦理的本体价值将被遗忘，它对教师的发展作用将弱化甚至消失。

3. 自律困境

道德的发展要经历由他律到自律再到自由的过程。由于教师职业劳动关系的调整具有灵活性，而且失范行为具有不易觉察性，因而发展专业伦理更需要教师的自律。自律的动力和意志来自对教育使命和职责的深刻理解与认同，对教师伦理的高度内化与坚定践行。但当制度要求成为教师行为的出发点或参照系时，伦理自律的动力和意志源泉是匮乏的，因为制度具有一定的行政命令性，如果缺乏对制度的充分解读，制度在教师心中更多地显现出的是规则的强制性，这是一种他律。所以，教师在教育工作中过度依赖制度生存会造成伦理自律的缺失。尤其当某一制度含有较多的惩戒内容时，基于利益损失或防范惩戒的动机会被放大，由此教师的道德举动就会更加缺乏自律性。

4. 伦理失范的风险

制度对行为的导引作用在很大意义上是因为它具有一定的强制力，而且渗透了惩罚或奖励的理念。20世纪90年代后，我国大学教师管理制度逐渐推行奖励机制，主要采取的是经济奖励形式。为了激励教师遵守制度，必要的奖励是可行的，但奖励的形式、方法、程度等如果违背了一种职业活动的性质，就会诱发职业人出现伦理失范的风险。大学教师工作具有较强的精神追求特征，当教师科研考核制度、职称评审制度与奖酬薪金挂钩，各种评审荣誉称号、奖项的制度与学术资源挂钩时，教师劳动的功利价值就会遮蔽职业的精神诉求，导致教师出现功利化心理，诱发伦理失范行为，这在学术伦理、教学伦理、服务伦理等领域已有所表现，其中量化科研导致的学术伦理失范是较为突出的。

（二）建立尊重学术职业的教师发展与评价制度

教师管理制度体系包括教师的任用、考核、培训、晋升、奖励等制度，目前对大学教师伦理发展构成主要影响的制度是教师考核、晋升制度。改革教师发展与评价制度是一项复杂而艰巨的工程，涉及宏观的制度价值取向和微观的具体操作。就助力教师伦理发展而言，我们认为，教师发展与评价制度的改革应基于大学教师职业作为学术职业这一根本性质，应该尊重学术职业的特点，以有利于学术职业发展的方式实现对教师的服务、管理，推动教师的发展。

众所周知，学术职业以高深知识的探索、发现和传播为基本职责，以求真、独立、自由、进取、批判为精神追求。学术职业的发展与繁荣来自学术职业人对学术的崇敬、热爱和求索精神，因此大学的制度建设应该尊重学术职业，即尊重学术职业的精神性、独立性，应该以激发学术职业人的学术责任、维护学术精神为旨归，为学术职业的发展创造健康、充满活力的环境。然而，目前从我国大学教师发展制度历程来看，"支配大学教师发展的制度逻辑始终无法与大学的学术本质相耦合。大学教师要么在政治重压下被迫放弃学术，要么在各种利益诱惑下主动偏离学术"[1]，因此大学教师发展与评价制度改革需要警惕并克服以下两种不良倾向。

1. 警惕唯管理主义的制度倾向

制度的重要功能之一是管理，但管理的意义又是什么，这对制度而言是更重要的问题。教师管理制度的根本意义是推动教师发展，进而推动教育质量的提升，因此教师发展与评价制度的根本宗旨或目的应该是为教师服务，关心并满足教师的发展需求，提升教师专业发展的动力和质量，实现大学与教师的互助互促，而不是仅仅为了管理、监督教师服从学校或制度的安排，以有序地完成既定工作。后者是明显的唯管理主义倾向，把管理当作目的，教师与大学构成单向的依附关系，追求管理的效率化，注重事务性、监督性管理，忽视管理对教师的支持性和发展性。必须承认，一段时间内一些大学的教学、科研管理制度存在这种唯管理主义倾向，对教学制定各种要求，如规定试卷批阅分数的书写规范，科研项目申请、审批、检查、结项的程序繁琐，教师参与学术活动的管理"层层设卡"。同样，教师专业发展被学校作为一项任务纳入教师考核中，硬性规定教师要完成的培训内容、时长、评价形式等，而不是由教师根据自身的问题和需要自主选择。"过多的行政干预使得大学教师的专业发展趋于形式化、官僚化和低效化。而这本质上是一种霸权文化，它使教师处于被动的、弱势的地位，长此以往容易使教师对自身的专业发展产生迷惘、倦怠甚至抵触的心理，对教师的专业发展是极为不利的。"[2]因此，大学教师管理制度应确立基本的立场——尊重、信任、依靠教师，在此之上制度的具体要求应该考虑调动教师的主体性，减少不必要的程序环节，为教师安心、顺心投入教育教学和学术研究提供支持。

大学还要关心教师的专业发展，为其提供多方面的发展支持。一是切实落实学术休假制度，为教师提供闲适、自由的学术工作时间。二是为教师创

1　姜超. 大学教师发展制度创新的主体关系与路径突破 [J]. 全球教育展望，2018（11）：72–86.
2　林浩亮. 大学教师专业发展的文化桎梏及其破解 [J]. 河北师范大学学报（教育科学版），2010（6）：7–13.

设学习发展的良好机制。澳大利亚国立大学（ANU）为大学教师的发展创立了互帮制，基于互相学习（mutual learning）、鼓励（encouragement）、信任（trust）、行动（action）的原则，通过互帮活动，将教师集中在一起学习、分享、讨论相关问题。[1] 目前，我国很多大学已经设立了大学教师能力发展中心或教学中心，应该充分发挥这些机构的指导作用，通过讲座、项目参与、教师研讨、活动帮扶、咨询服务等方式，为教师的教育教学发展提供帮助和支持，同时创造同事间互相学习、帮助的机会，营造大学教育共同体的和谐氛围。

2. 改变功利化的制度倾向

20 世纪末，在强调科技创新推动国家经济发展的背景下，高校教师的科学研究工作被提到重要位置，并在教师考核和职称评审中日益占据主导地位。1999 年，教育部发布了《关于当前深化高等学校人事分配制度改革的若干意见》，提出要形成激励竞争机制，真正实现按劳分配、优劳优酬，这一措施推动了科研奖酬机制的落实。双管齐下，大学教师的科研成果骤增，但科学研究却出现了功利化倾向，表现为科研成果数量化、等级化、速成化和物质化，学术研究逐渐成为晋升考核的筹码，功利化的职业生存观和价值观在教师中滋生，并陆续导致了专业伦理失范，影响了大学教育的质量和社会信任度、满意度，损毁了大学及大学教师的声誉。

学术职业发展的根本动力是学术职业人对真理的热爱和探索欲望，而不是知识的功利价值。学术事业是大学的生命力所在，任何大学的制度如果不能维护和推进学术的健康积极发展，就是不合理的。教师管理制度应该激发教师的学术活力，增进教师的学术能力和素养，因此扭转功利化取向是大学教师发展和评价制度改革的重要内容，也是大学教师专业伦理发展的重要依托。为此，首先要破除唯量化的学术研究倾向。我国已于 2020 年 12 月正式颁布了《关于深化高等学校教师职称制度改革的指导意见》。该文件指出

---

1 刘丹凤，李晓波. 澳大利亚国立大学教师发展机制与启示 [J]. 当代教育科学，2015（5）：47–50.

要克服唯论文、唯"帽子"、唯学历、唯奖项、唯项目等倾向，不得简单把论文、专利、科研项目和经费规模、获奖情况、出国（出境）学习经历等作为限制性条件。[1] 其实稍早时间，教育部已印发了《关于破除高校哲学社会科学研究评价中"唯论文"不良导向的若干意见》的通知，科技部也印发了《关于破除科技评价中"唯论文"不良导向的若干措施（试行）》的通知，这吹响了改革高校量化科研取向的号角。大学要严格执行国家的政策，弱化科研量化和物质奖励的机制。同时，教师管理制度更要明确回归学术之基和学生发展之本的立场。回归学术之基指教师考核和职称评审制度要尊重学术研究活动的内在规律，要考虑不同科学研究的特点，注重学术成果的理论和实践价值，更要激发教师的求真精神和献身精神。回归学生发展之本指教师评价制度应该注重优化教师职业价值的实现机制，调动教师的教育责任，增加对教学和学生指导工作的考核。其次，大学要探索、制定合理的教师评价制度。一方面，大学应该立足学术职业、教师和大学的可持续发展，从推动教师发展和教师职责有机统整、协调互进的角度确立具有激励性、发展性的评价目的、宗旨，充分考虑教师工作的实际情况和发展需求，也要制定合理的评价指标或标准。另一方面，大学要保障不同制度间的相互配套，确保制度的严谨和有效落实，如在科研成果评审中，落实同行专家评审制度，落实学术委员追责制度，以确保专家组成员的学术道德和评审的公正、公开、透明。

二、发挥学术共同体的道德力量

（一）道德氛围及其修养价值

在《辞海》中，氛围指"笼罩着某个特定场合的特殊气氛和情调"。当

---

[1] 人力资源社会保障部办公厅 教育部办公厅关于《关于深化高等学校教师职称制度改革的指导意见》[EB/OL]. http://www.moe.gov.cn/jyb_xxgk/moe_1777/moe_1779/202101/t20210126_511116.html.

人们聚集在一起共同交往、活动时往往会形成某种氛围，道德氛围就是其中一种。宽泛地说，道德氛围指在某一场合中影响人的道德发展的精神、心理气氛。有研究发现，"个体的道德判断、道德行动并不仅仅由个体的道德认知发展阶段所决定，而且还受制于个体进行道德决策时所处的群体的道德氛围；在良好的道德氛围中，个体的道德判断表现出较高的发展阶段，且道德行动与道德判断具有较好的一致性"[1]。美国心理学家科尔伯格（Kohlberg）较早地对道德氛围展开研究，他认为培养学生的道德，学校应该营造一个良好的道德氛围，这被称为"正义社群法"[2]（又名"公正团体法"）。当前，一些研究者专门对学校道德氛围展开研究，认为学校道德氛围是教师、学生和环境彼此交互作用所形成的调控学校及班级社会关系、影响学生道德发展的规范和价值观系统，具体表现为笼罩于校园并对学校成员的道德行为产生影响的文化心理气氛。[3] 道德氛围对人的道德发展或伦理修养发挥积极的引导作用，主要表现为认知发展功能、情感熏陶功能和行为导引功能。

认知发展功能。在日常交往与共事中，人们通过言谈举止总是流露出一定的道德信息，包括规范、价值观、行为习惯、情感态度等，这些信息在某一群体中不断被认可并沉积，稳定下来后就形成了道德氛围。生活于群体中，人们必然会从人际交往、群体规范、习俗与舆论中获得道德知识，形成道德认知。

情感熏陶功能。道德氛围是精神、心理层面的感受和体验，从结构上看它包括情绪、情感。就情感层面而言，一个群体中的道德氛围不仅来源于人际间的亲密情感，而且来源于人在道德情境中展现出的同情心、爱心、正义感等道德情感。情感的发展是一个长期浸染的过程，个体只有在充满道德情

---

1 鞠玉翠，梁磊. 学校道德氛围量表的编制与验证［J］. 华东师范大学学报（教育科学版），2017（3）：80–93，170–171.
2 〔美〕L·科尔伯格. 道德发展心理学——道德阶段的本质与确证［J］. 郭本禹，等译. 上海：华东师范大学出版社，2004：247–253.
3 同1.

感的环境中才能逐渐发展起道德情感，道德氛围蕴含的情感性使它具备了此项功能。而且道德氛围的情感熏陶作用是隐性发生的，是在个体不断的感受和体验中发生的，所以在良好的道德氛围中个体的道德情感一旦形成就会非常稳定，而且被个体融于生活中。这与通过专门的道德教育活动发展道德情感的方式是不一样的。

行为导引功能。人有归属需要，群体及其氛围为人提供了归属感。反之，为了获得归属感，作为群体中的一员，每个人必须接纳并服从群体的规范、价值观，依据群体认可的行为方式调整自己的行为，所以道德氛围对道德行为具有导引作用。此外，道德氛围还通过舆论对成员的行为产生评价和监督，从而形成导引力量。

（二）松散的学术共同体及微弱的道德氛围

学术共同体是大学教师作为学术职业独有的存在形态，相比于"大学"这一机构，学术共同体更具有象征意义，更预示某种精神联系，这是"共同体"内蕴的共同奋斗目标和信念所决定的。学术共同体的涵盖范围较广，由于我们是在大学层面探讨学术共同体对发展教师伦理的价值问题，所以这里的"学术共同体"主要是大学内部的，包括教师组成的学术共同体和师生组成的学术共同体，二者相比更侧重前者。

大学教师的工作形式较为自由，不同于中小学教师有规定的时空要求。而且他们的学术专长领域划分较细，即使是同一学科同一方向，不同的教师都有不同的学术关注点，因而每位大学教师在教学、学术研究和社会服务上都有独特的内容，这使他们的工作相对呈现出"单打独斗"或"各自为政"的局面。这种状态体现了学术人的学术自由，但也会在一定程度上影响学术共同体的发展，使得大学内部的学术共同体表现出松散的一面。一方面，教师形成了心照不宣的"独立"的学术职业生存方式，不论在教学上还是在学术研究上，相对稳定的学术共同体内的交流与合作活动减少。表面上看，教师们是相互尊重教学自由、学术自由，但实则学术共同体内部缺乏凝聚力，学术共同体的精神联系没有在教师中生成，换句话说，教师的学术共同体意识是匮乏的。另一方面，教师与院系之间、教师与大学之间的学术共同体联系不紧密，更像是员工与单位的关系，充满了行政化色彩，教师作为学术共同体成员的参与权在学校的行政管理制度下是受限的。

在松散的教师学术共同体中，道德氛围的影响力量是微弱的。虽然高校和国家在政策、制度等层面加强了教师伦理建设，但是大学教师仍然主要是依靠道德自律坚守学术职业的道德性。自律对个体道德发展是重要的，但道德氛围的影响力也是不能忽视的。在当今学术职业和高等教育面临诸多伦理困境和挑战的情况下，学术共同体的道德氛围对于教师强化专业伦理意识、坚定职业理想，以及保持伦理自律精神都具有重要的支持作用。目前我国大学教师中出现的伦理失范问题，有教师个体的原因，但学术共同体道德影响力的弱化也是有一定责任的。松散的学术共同体不仅本身有违大学教师学术职业的特征，而且其微弱的道德氛围使教师的学术精神、共同体意识、团结忠诚等品质逐渐淡化。

此外，师生学术共同体也表现得乏力。师生间的学术共同体主要存在于课堂教学中，表现为师生间的观点交流与讨论、问题争辩与探讨、项目合作等。但当前师生学术共同体的形成遇到困境，教师实现教学学术的意愿、热情减弱，大学生学习的主动性和内驱力不足，于是课堂上师生间观点碰撞、交流讨论的氛围不足，师生较难在课堂上体验到理智挑战、学术探险带来的乐趣，教学相长微弱，这使教师和学生彼此在情感上都疏远了课堂教学，也疏远了对方。松散的师生学术共同体使课堂氛围沉闷，道德感染力弱化，无法激起教师创造课堂的热情，也逐渐使教师懈怠了教学责任，忽视了教学伦理和师生交往伦理的发展。

总之，松散的学术共同体没有凝聚出有力的道德氛围，这不仅削弱了学术共同体对教师专业伦理发展的推动力量，而且在一定意义上导致集体伦理和教学伦理被忽视，教师间的团结奋斗、师生间的教学相长受到影响。强化学术共同体，壮大其道德力量需要引起重视。

（三）壮大学术共同体的道德力量

从大学层面看，营造学术共同体的道德氛围，大学应该坚定地奉行大学精神，崇尚学术之道，追求学术目的，尊重学术规律与教育伦理，保持独立与自由的学术品格，也就是要复归大学作为学术共同体的存在样态。这将是一个非常复杂和宏大的问题，涉及高等教育的总体发展取向和路径问题，也涉及高等教育教学、学术研究、教师管理等各类体制改革问题，因此，这里我们不从大学学术共同体的角度分析道德氛围问题，而主要从院系层面进行分析。相比大学学术共同体，院系作为学术共同体对教师职业发展和伦理发展的意义更扎实、有效，因为院系是教师更切身的生存空间和栖息之所，尤其是基层学术共同体比较远离权力中心。壮大院系层面的学术共同体，应该积极推进基层学术组织的建立和发展。

1. 加强基层学术共同体的发展，扩大教师的参与权

基层学术共同体包括具有行政性质的教研室和学术性质的各类研究中心。随着科学研究在高校中地位的提高，基于学科或研究领域成立的研究中心纷纷成立。研究中心通常是以某一学术带头人为核心，以相关研究人员为主体。相比于研究中心，致力于教学研究的教研室或教研组目前在我国大学中发展得不足，远不及 21 世纪前的状态，有学者将 21 世纪的教研室发展定位为"虚化期"，即"进入新世纪后，教研室在学校教学管理中的地位日渐边缘化，其正向功能被相关政策所忽视"[1]。因此，壮大学术共同体，首先院系应该恢复或加强教研室的建设，拓宽教研室的功能和职责，不仅涉及学科建设、课程设置、教学研讨、课题项目申报等，而且涉及教师专业发展、学生发展等，要扩大教师的参与范围，确保每一位教师享有参与权、发言权，实现全员参与，并明确教师在教研室的权利和义务。更重要的是，教研室要确立发展愿景，制定发展规划，调动教师的共同体意识，提升共同体的归属感和责任感。

---

[1] 洪志忠. 高校基层教研室的演化与重建 [J]. 大学教育科学，2016（3）：86–92.

其次，研究中心的发展需要打破"门派化"。我国大学中存在"近亲繁殖"现象，一些研究中心也存在裙带关系，仅覆盖少数的利益相关者。而且在科研功利化取向下，研究中心还存在资源竞争问题，这加重了"门派化"特征。因此，院系中的研究中心作为学术共同体应该在院系教师中形成开放、多元的吸纳机制，积极吸纳有兴趣的教师加入，打破严格的领域化和门派化。在这一点上，研究中心在建立之初就应该注意在聚焦细微领域的同时注重跨学科的融合，积极实现学科融合、领域融合和人员融合，以促进教师之间的学术交往和合作。

就推动教师专业伦理发展来说，不论是教研室还是研究中心，作为基层学术组织都应该始终以学术为业，以发扬学术品格为基调，以凝聚共同体意识，提升教师团结度为宗旨。这就需要建立有效的基层学术组织制度，包括学术组织的宗旨与精神、成员的权利与义务等。

2. 以学术活动凝聚共同体，推进交流与合作

基层学术组织的发展既需要合理的运行机制和规范，也需要组织成员间的共同活动，体现为教师间的交流、讨论、争辩、切磋、合作等，没有共同活动，学术共同体仅仅是一个被各种制度标签化的躯壳。事实上，大学教师之间和师生之间的交流、讨论活动恰恰是大学学术文化生活的体现，在雅斯贝尔斯看来更是大学的任务之一——"大学任务的完成还要依靠交往的工作：学者之间、研究者之间、师生之间、学生之间以及在个别情况下校际之间……"[1]，"大学是研究和传授科学的殿堂，是教育新人成长的世界，是个体之间富有生命的交往，是学术勃发的世界"[2]。所以，学术共同体必须建立在教师的学术活动之上，以活动催生、强壮及凝聚共同体，生发道德氛围。

目前，院系层面的学术共同体活动形式较多，但具有一定的行政性质，如学术委员会有关教师职称评审、人才招聘的活动，各系的学科建设研讨活

---

1 〔德〕雅斯贝尔斯.什么是教育［M］.邹进，译.北京：生活·读书·新知三联书店，1991：149–150.

2 同1：150.

动,所以这里探讨的学术共同体活动主要是学术交流与研讨活动。这类活动中较常见的有课题组形式的学术活动、导师指导型学术活动、讲座或沙龙型学术活动,但存在区隔化或封闭化问题,也就是基本上是教师带领自己的研究生开展学术活动,同专业或同方向下的教师与学生之间的交流活动是有限的,教师之间的实质交流不足。因此,加强学术活动,重要的是要加强教师团结,形成良好的学术文化,营建良好的学术共同体氛围。为此,需要坚持以下原则。一是开放性原则。基层学术共同体要根据教师的学术领域、研究兴趣、发展需求、学科专业发展动态及学生发展等设计开放性的活动主题,实现跨学科的交融和多角度的研讨,确保广泛教师的参与。二是交流与互动原则。学术活动的重要特征是思想之间的碰撞与争鸣,因此学术活动必须注重形成交流与互动,而不仅仅是某位教师的研究分享,它需要每位教师积极贡献自己的睿智,坦诚地与他人对话、争辩。三是思想保护原则。学术交流意味着思想公开,对思想提出者而言这里存在独创性问题,所以在交流活动中应该遵守学术伦理,不窃取他人思想。四是民主原则。参与活动的教师享有平等的表达权、批评权,他们要尊重他人的观点,公正地评价思想,不以学术权威武断地进行批判,打压意见不同者,更不在交流中形成小的"学术圈子",也要开放、包容地倾听、接纳他人对自己思想的质疑。五是必要认可原则。对教师而言,学术活动不仅是分享、研讨观点,还意味获得学术认可,得到同行的认可可能使教师获得学术存在感和成就感,所以加斯顿(Jerry Gaston)指出,"共同体内对个体所赋予的奖励对其而言意义并不大,共同体所给予学术贡献上的认可和荣誉对其来说才是最重要的"[1]。在学术活动中,共同体成员在交流与分享的同时,也需要对他人的研究给予中肯的评价和必要的认可,但不是浮夸的、形式化的。

3. 推进教师教学自由的有效落实,构筑良好的师生学术共同体

大学教师对课堂的期待与中小学教师是有所不同的,他们不仅把课堂

---

[1] 阎光才. 学术认可与学术系统内部的运行规则 [J]. 高等教育研究,2007(4):21–26.

作为知识的传授之所，而且将其作为思想的分享之地，希望在此表达自己的思想，并获得共鸣。所以，营建师生学术共同体的良好氛围，根本而言要调动师生的主体间性，形成基于高深知识的探究、交流与互动，改变传统的静听式课堂教学形态。做到这一点，很重要的一个前提是赋予教师更多的教学自由。教学自由是学术自由的一部分，是教师自主决定、开展教学活动的权利，包括确定教学内容、组织教学活动、决定教学进度、使用教学方法、选择评价方式等的自由。从推进师生学术共同体发展，发挥其伦理导向作用的角度看，推进教学自由需要重点关注两个内容。

首先，实现教学权责的统一。大学教师在课程内容、教学方法的选择方面享有较大的自由，大学也在不同程度地扩大教师的教学自由，如为教师提供大量优秀的教材资源。但自由不仅是一种权利，也是一种责任。自由与责任是一体的，责任以自由为前提，自由以责任为保障。这意味着教学自由本身存在一个合理发挥的问题，仅专注自由作为权利的一面会导致自由的无度和无序，引发教学质量的下滑，因此正确的教学权责观对教师行使教学自由是非常必要的。一方面，大学应该积极尊重和维护教师的教学自由，在学校和院系层面对于有违教学自由的制度和行为进行调整，如教学督导在听课时要征得教师的同意，避免行政化、官僚化的检查姿态。另一方面，大学要通过合理的教学管理制度引导教师强化教学责任，实现权责统一。比如在制定各项教学管理制度时，要尊重教师的参与权，吸纳广大教师参与，形成听证、讨论、公开征求意见的民主程序，调动教师的教学责任。同样，制定课堂教学评价指标既要为教师的教学自由留有空间，也要注意反映教师的教学责任，对其进行具体化设计。

其次，扩大教师的教学评价自由。评价是教学的无形指挥棒，评价方式会影响教学活动的设计、教学方法的选择，进而影响师生的交往方式。目前，大学教学中课程的终结性评价居多，而且一些考试侧重对教材知识的检查，于是在有限的课时下，教师为了抢攻完成教学内容，师生间的交流和互动活动必然受到限制，这影响了师生学术共同体的健康发展。因此，大学有必要扩大教师的教学评价自由，赋予教师选择课程评价方式的权利，由教师根据课程的需要、教学的实际情况及学生的表现情况确定能够合理评价学生课程学习情况的方式。为了防止教师的粗糙、不公正评价，学校可以从总体上制定教学评价的基本原则和主要要求，并要求教师对评价方式的具体使用情况在教学大纲中进行详细说明，还可以建立学生的课程评价监督机制。

第三节 国家师德[1]建设的支持与保障

由于大学教师职业的特殊性，相比于中小学教师的师德发展，在高校师德上我国较倾向依靠教师个体的道德自律。但是改革开放后，随着时代发展和教育发展的复杂化程度提升，以及教师和高等教育面临的新问题、新挑战的增多，个体的道德自律受到了干扰，高校教师师德的提升日益需要国家力量的支持。国家随之加大了高校师德建设的力度，高校师德建设开始走向规范化、专业化和长效化，这为教师专业伦理的发展提供了有力的支撑和保障。今天，提升师德建设质量是我们需要解决的深层问题，为此厘清40多年的高校师德建设历程及其演进趋向是非常必要的，它将为改革提供重要的参照。

一、改革开放以来我国高校师德建设的历史变迁

以重大教育政策尤其是高等教育和师德建设政策的颁布时间节点为依据，改革开放后我国的高校师德建设经历了三个阶段：依托高等教育发展的

---

[1] 注：由于我国一直习惯使用"教师职业道德"即"师德"一词，且目前国家政策层面有关教师专业伦理发展的文件也通常使用"师德"一词，所以鉴于表达习惯，也便于本章的术语较为统一，这里不对"师德"与"教师专业伦理"做区分，依然用"师德建设"来表达"教师专业伦理建设"。

缓慢起步阶段、以学术道德建设为重心的规范化发展阶段和以"立德树人"为指引的深化发展阶段。

（一）依托高等教育发展的缓慢起步阶段（1978—1998年）

1978年12月，十一届三中全会召开后，确立了实行改革开放的政策，党和国家把工作重心转移到社会主义现代化建设上，国家呼吁高等教育早出人才、出好人才，高等教育开始了恢复之路。1985年，国家颁布《中共中央关于教育体制改革的决定》，全面开启教育改革，高等教育也步入了改革时期。在这一阶段中，高校师德建设伴随高等教育的恢复和发展在缓慢起步。

1. 伴随教师职务职称重建工作起步的师德建设（1978—1990年）

恢复教师的职务、职称，壮大教师队伍，是拨乱反正后教师队伍重建的首要任务，对此国家颁布了很多文件，如《国务院批转〈教育部关于高等学校恢复和提升教师职务问题的请示报告〉》(1978)、《教育部关于当前执行〈国务院关于高等学校教师职务名称及其确定与提升办法的暂行规定〉的实施意见》(1982)、《高等学校教师职务试行条例》(1986)。这为师德建设的恢复提供了契机，师德要求开始出现在相关文件中，成为教师任职条件和考核的重要内容之一。如《教育部关于高等学校教师职责及考核的暂行规定》(1979)指出，教师考核的依据是教师应热爱祖国，为社会主义服务，走又红又专的道路，忠诚党的教育事业，努力学习马克思列宁主义、毛泽东思想，刻苦钻研业务，积极完成本职工作。师德考核的主要内容是事业心和责任心、认真负责的精神、实事求是的科学态度、认真参加政治学习。[1]

同时，随着对知识分子正确地位和作用的确立，国家不再对知识分子提"团结、教育、改造"的方针[2]，但受国家稳定发展的需要，此时师德的核心要求仍然是"正确的思想政治方向"——拥护共产党的领导，热爱社会主义祖国，学习马克思主义、毛泽东思想和党的路线、方针、政策，坚持四项

---

1 何东昌.中华人民共和国重要教育文献（1976—1990）[M].海口：海南出版社，1998：1757.
2 同1：1650.

基本原则。改革开放初期,面对知识分子和高校教师中出现的下海潮、出国潮,国家又通过一系列文件和讲话,如《中共中央关于检查一次知识分子工作的通知》(1982)、《中共中央关于改进和加强高等学校思想政治工作的决定》(1987)、《国家教委职称改革工作领导小组关于在高等学校教师职务聘任工作中掌握思想政治条件加强考核评审工作的意见》(1987)、《爱国主义和我国知识分子的使命——江泽民总书记在首都青年纪念"五四运动"报告会上的讲话》(1990),进一步加强了对高校教师的思想政治要求。

2. 以教育现代化建设为依托的缓慢推进阶段(1991—1998 年)

1992 年,党的十四大明确指出,"必须把教育摆在优先发展的战略地位,……这是实现我国现代化的根本大计",1993 年,国务院印发《中国教育改革与发展纲要》,部署教育发展总体行动。为适应国家现代化建设需要,高等教育进入阔步改革时期。这一阶段中,高等教育经历了体制改革、市场化改革[1],在管理体制、组织结构、发展目标、课程教学等方面发生了很大变化,这对高校师德提出了全新的要求。依托教育现代化建设浪潮,高校师德建设缓慢推进,表现在以下两个方面。

第一,教育法制化建设为师德发展铺垫了良好的社会心理基础。20 世纪 90 年代我国加快了教育法制化建设的步伐,出台了一些重要的教育法律,主要有《中华人民共和国教师法》(1993)、《中华人民共和国教育法》(1995)、《中华人民共和国高等教育法》(1998)。其中,对教师的权利和义务、资格和考核、福利待遇等做出了明确规定,《中华人民共和国高等教育法》对高等教育性质、任务、高校教师任职资格等做出了规定。教育法制建设推进了全社会的"尊师重教"风气,提升了教师的职业声望,为调动广大教师的从教积极性、职业热情及践行师德的动力创造了良好的社会心理基础,对于师德建设是重要的推动力量。

---

[1] 余小波,刘潇华,黄好.改革开放四十年:我国高等教育改革发展的基本脉络[J].江苏高教,2019(3):1-8.

第二，高校教学和科研工作的推进扩展了师德要求。为了提升人才培养和科技创新的质量，更好地服务社会主义现代化建设，高校积极推进教学和科学研究工作，为此颁布了一系列文件，如《国家教育委员会关于改革高等学校科学技术工作的意见》（1987）、《国家教委关于高等学校重点学科建设与管理的意见》（1991）、《关于加强普通高等学校教学工作的意见》（1994）、《高等教育面向 21 世纪教学内容和课程体系改革计划》（1997）等，1995 年还启动了"211"工程。教学、科研工作的推进促使师德要求从前期占绝对主导地位的思想政治方面扩展到教学、科研方面，教书育人意识、奉献精神、实事求是的科学态度、开拓创新精神等被重点提及，如《国家教委关于高等学校重点学科建设与管理的意见》指出，"要努力建设一支能坚持社会主义方向、乐于奉献、学风端正、团结合作、有创新开拓精神、有高水平学科带头人的学科梯队"[1]。

这一阶段中，虽然国家没有出台专门的高校师德建设文件，但是高等教育各项工作的有序开展都不同程度地关联到师德，这间接推动了高校师德建设的发展。

（二）以学术道德建设为重心的规范化发展阶段（1999—2012 年）

1997 年，党的十五大提出了跨世纪社会主义现代化建设的宏伟目标与任务，全面部署落实科教兴国战略。1999 年 1 月，国家发布《面向 21 世纪教育振兴行动计划》，提出"实施'高层次创造型人才工程'，加强高等学校科学研究工作，积极参加国家创新体系建设"的举措。随后，科学研究在高校中的地位骤升，并且科研考评和奖励机制陆续在各高校中推行，这极大调动了教师的科研热情，科研成果迅速增长，但同时弄虚作假、抄袭剽窃等学术不端问题逐渐暴露，学术道德建设成为紧迫任务。在这种形势下，国家启动了学术道德建设，高校师德建设进入了以学术道德建设为重心的快速发展阶段，师德建设以此为契机走向规范化发展。

---

1 何东昌.中华人民共和国重要教育文献（1991—1997）[M].海口：海南出版社，1998：3124.

1. 建立了基本的学术道德规范体系

对于学术道德，我国以往主要依靠的是教师的道德自律，国家层面缺乏明确的学术道德规范，因而学术道德建设的第一步就是建立学术道德规范体系。为此，教育部于 2002 年、2006 年分别出台了《关于加强学术道德建设的若干意见》《教育部关于树立社会主义荣辱观 进一步加强学术道德建设的意见》，构建了一个涉及学术研究、学术权力和学术批评三方面的规范体系。此后，很多专门性学术行为规范陆续出台，如《高等学校哲学社会科学研究学术规范（试行）》（2004）、《在线发表科技论文的学术道德和行为规范》（2005）、《科技工作者科学道德规范（试行）》（2007）。2009 年，国家颁布了《教育部关于严肃处理高等学校学术不端行为的通知》，对学术不端行为实行"零容忍"。至此，从制定学术道德规范到界定学术不端，从一般规范到专门规范，我国的学术道德规范体系基本建立起来，学术道德建设取得成效。

2. 构建了综合的学术道德提升举措系统

这一阶段中，国家通过颁布相关文件初步建立起了一个包括学术评价机制、学术监督和制约机制、人员聘任和人才评价机制、学术道德奖惩制度、学术不端行为处理办法等在内的综合举措系统。它融引导功能、监督功能和惩治功能于一体，营造了严肃、严厉的学术道德治理氛围，有效地保障了学术道德规范的落实，也极大提升了师德建设的制度化水平，推进了高校师德建设的步伐。

与此同时，国家加强了学术道德组织建设。2009 年 10 月，教育部先后成立学风建设协调小组和教育部学风建设委员会，之后各高校纷纷制定、出台了本校的学术道德规范及其实施细则，建立了学风建设组织机构，制定相关规章制度，尤其在聘任考核、职称评审、评优评奖中强化对学术道德的审查，坚决落实师德"一票否决制"，逐步形成了领导有力、责任明确、协调配合、监督到位的学风建设工作体制[1]，有效地营造了严肃、严厉的学术道德

---

1 《中国教育年鉴》编辑部. 中国教育年鉴 2010 [M]. 北京：人民教育出版社，2011：350.

治理氛围，也惩治了一些学术道德失范事件。

3. 强化了学术研究工作的规范化管理，助力学术道德建设

除了对教师个人学术行为进行规范、监督外，国家还加强了对高校科学研究工作的规范化管理，针对科技创新、哲学社会科学研究、项目和经费管理、基地建设等建立了规章制度，明确了科研管理的具体要求，如颁布了《教育部关于进一步发展繁荣高校哲学社会科学的若干意见》（2003）、《高等学校科技创新工程重大项目培育基金项目管理办法》（2005）、《教育部人文社会科学研究项目管理办法》（2006）、《教育部关于大力提高高等学校哲学社会科学研究质量的意见》（2006）。这在之前是不多见的，表明国家对科研工作伦理的重视，也推动了学术道德建设。

4. 制定、颁布了高校师德规范

"教师的专业道德是指教师作为专业人员应具备的独特道德品质"[1]，高校教师是专业人员，而且与中小学教师在教育目的、对象、职责等方面都存在差异，因此需要有专属的职业伦理，而且高等教育的深入发展和高校教师队伍建设的推进日益呼唤专门的高校师德规范。1999年，国家颁布了《教育部关于新时期加强高校教师队伍建设的意见》，开始规划制定高校教师职业道德规范。2011年，我国第一部高校师德规范《高等学校教师职业道德规范》（以下简称《职业道德规范》）颁布，它聚焦高校教师的独特教育伦理关系和职责，为践行师德、查处师德失范行为提供了依据，增强了高校师德建设的实际指导意义，也推动了高校严格执行师德"一票否决制"。

集中的学术道德建设和高校师德规范的出台，标志着高校师德建设走向了规范化，而在此之前，师德建设基本是宏观性、笼统性的部署，缺乏直面高校教师职业特征的针对性建设。规范化建设的开启及时适应了高等教育的发展需求，也为之后的深化发展奠定了重要基础。

---

1 黎琼锋. 从规约到自律：教师专业道德的建构[J]. 教育发展研究，2007（1）：35–38.

（三）以"立德树人"为指引的深入发展阶段（2012年至今）

2012年，党的十八大提出"把立德树人作为教育的根本任务"。2016年12月7日，习近平总书记在全国高校思想政治工作会议上指出："高校立身之本在于立德树人。只有培养出一流人才的高校，才能够成为世界一流大学。"2017年，党的十九大再次明确提出"要全面贯彻党的教育方针，落实立德树人根本任务"，立德树人成为新时代教育发展的航标。为落实"立德树人"根本任务，十八大以来高等教育加快了治理体系和治理能力的现代化建设，努力提高人才培养、科学研究、社会服务和文化传承的质量水平。尤其十九大提出了"加快一流大学和一流学科建设，实现高等教育内涵式发展"的奋斗目标，这一目标是对"立德树人"的深度回应和落实。"立德树人"和高等教育内涵式发展对师德建设提出了全方位诉求，推动高校师德建设向纵深化发展。

1."立德树人"成为师德建设的精神指引

"立德树人"是教育的根本任务，是教师的根本使命和职责，也蕴含了教育的根本"成人之道"——以德立身、以德立学、以德施教、以德育德、以德树人。所以，"立德树人"成为师德建设的根本指引，这使师德建设不再仅指向发展教师的优良道德，而是指向"培养人"的终极教育目标。基于"立德树人"，十八大以来习近平总书记多次就师德师风建设发表重要讲话，同时以加强高校思想政治工作和高校思政课教师队伍培养为契机推进师德建设。更重要的是，党和国家确立了师德建设的行动指导框架：以"四有好教师"为师德发展目标，以"四个引路人"为新时代教师角色，以"四个相统一"为师德践行原则，以高校思政课教师的"六要"为教师的基本德性，它们相互支撑，彼此渗透，相得益彰。

2.师德建设日益走向专业化、长效化

一方面，教师是一门专业性职业，专业伦理是专业的标准之一，因此"由一般性的教师'职业道德'向专业特征更为明显的教师（或教育）'专业道德'的方向观念转移实际上是经验型教师向专业型教师转变的一个重要方

面"[1]。2011年颁布的《职业道德规范》预示了我国高校师德建设专业化的开启，2018年底国家又颁布了《新时代高校教师十项行为准则》，完善了高校师德规范体系，推进了专业化建设的进程。另一方面，师德养成是一个长期过程，因此师德建设需要形成长效机制。2014年《教育部关于建立健全高校师德建设长效机制的意见》出台，对高校师德建设长效机制做出专项部署，尤其确立了"以立德树人为出发点和立足点"[2]的原则。此后，各地高校纷纷出台了本校的师德长效机制实施办法或实施细则，在教师中营造了强化师德意识的良好氛围，也推动师德建设日益深入到高校日常工作中，师德建设走向常态化。2019年年底教育部等七部委印发《关于加强和改进新时代师德师风建设的意见》，全面、系统地规划了师德师风建设，涉及指导思想、基本原则、总体目标和具体措施等，这是对师德建设长效化、常态化的进一步部署。

3. 师德失范治理力度加大

在推进高校师德建设的常态化、专业化、长效化的同时，党和国家加大了对师德失范的"零容忍"力度，划定了高校师德禁行行为"红七条"，2015年《国务院办公厅关于优化学术环境的指导意见》提出学术道德的"五不准"，2017年《科技工作者道德行为自律规范》提出"四个反对"，2016年出台了《高等学校预防与处理学术不端行为办法》，2018年出台了《高校教师师德失范行为处理的指导意见》。同时，各地高校对于有违师德师风的行为如受贿、猥亵学生等也加强了严厉查处力度。这彰显了国家惩治师德失范的巨大决心，也提升了高校师德建设的规范化和法治化水平。

---

1 檀传宝. 论教师"职业道德"向"专业道德"的观念转移[J]. 教育研究，2005（1）：48–51.
2 教育部关于建立健全高校师德建设长效机制的意见[EB/OL].[2014-9-30]. http://www.moe.gov.cn/srcsite/A10/s7002/201409/t20140930_175746.html.

二、高校师德建设的演进趋向

在改革开放 40 多年的发展中,我国高校师德建设日益加强,稳步提升,逐渐走向系统化、常态化,高校师德建设在出发点、激励取向和教师立场上发生了鲜明的变化。

(一)师德建设的出发点回归到实践教育使命

高校师德建设既与高等教育任务、教师职业劳动特点、职责等有关,也会受到国家发展需要的影响,其中与国家思想政治教育话题体系的关系非常密切,因为师德建设是国家思想政治教育的重要组成部分。自中国共产党成立的一百年来,党的思想政治教育经历了马克思主义话语体系、革命话语体系、建设话语体系、政治话语体系、发展话语体系和复兴话语体系的转变[1],师德建设的话语体系总体上也由政治话语体系转向发展话语体系。具体而言,自中华人民共和国成立至改革开放前,师德建设的出发点是满足国家政治发展对师德素养的需求。十一届三中全会后,党和国家需要高等教育培养适应政治、经济、科技等发展需求的高级人才,高等教育开始全面改革,师德建设的出发点逐步回归到高等教育自身,即逐步全面回应高校教师的职责——教书育人、科学研究、社会服务和文化传承,师德规范从侧重强调思想政治素养拓展至教师作为学术职业人的综合师德素养,规范体系日益健全、完善。尤其党的十八大以后,"立德树人"被确立为教育的根本任务并成为高校师德建设的指引,标志着师德建设进一步回归到实践教育使命,回归到"育人"。

师德是教师的观念、行为问题,也是关乎高等教育伦理使命实现的重要问题,因为"育人是现代大学制度的基本伦理特性"[2]。在师德上教师"不

---

[1] 万成. 中国共产党思想政治教育话语体系的百年探索:历程、逻辑与展望 [J]. 中国矿业大学学报(社会科学版),2021(4):15-25.

[2] 刘达志. 现代大学制度的伦理品质及其养成 [J]. 黑龙江高教研究,2014(2):31-34.

仅需要知道什么是该做的，而且应该在别人面前证明自己的道德行为"[1]，也就是说，师德要有存在的理由或依据，而这个依据最终只能落脚到"育人"上。师德建设如果仅仅锁定在教师行为的框架内，就会失去根基，缺少解释力和生命力。师德建设立足"实践教育使命"，表明师德建设与高等教育发展之间良性关系的复归，师德建设对高等教育不再仅仅发挥工具价值，而是关乎高等教育的伦理属性和使命，这体现了师德建设尊重教育规律，它将实现师德建设教育价值与社会价值的有机整合。这一出发点的转变源于党和国家及时根据国家发展形势正确调整高等教育与国家发展之间的关系，调整高等教育的发展方向和路径，日益尊重高等教育发展规律，发展了教育与师德建设之间的合理关系。

（二）师德建设的立场转向关怀教师发展

师德是有关教师职业行为的道德规约，具有规范功能和发展功能。师德建设侧重何种师德功能，或者说基于师德与教师之间怎样的关系，会影响教师对师德的情感态度。换句话说，师德建设蕴含了对教师的立场或态度问题。纵观党的百年高校师德建设，党在处理这一关系上逐步从管理教师走向关怀教师发展，师德与教师从分离走向融合，这是"以人为本"理念在师德建设上的落实，体现了国家对教师的关心。

"管理教师"的取向指师德建设侧重发挥规范功能，旨在实现对教师思想观念、行为及教师队伍秩序的监管和治理，传递出的是对教师的外在要求。这种取向有助于提高师德建设的效率，但高校教师职业是一种学术职业，对专业自主权、自由精神、专业发展有强烈的诉求，有研究表明高校教师的主导需求倾向更高层次，情感、价值和自我发展需求迫切[2]，单一或僵化地从管理角度切入师德建设容易造成教师与师德间的距离感，不利于教师认同和内化师德建设的价值。所以改革开放后，党在确立知识分子的正确地

---

1 康秀云, 郗厚军. 国外高校师德建设的实践特质、内在逻辑及经验借鉴[J]. 东北师大学报（哲学社会科学版）, 2016（6）: 195–200.
2 邓丽琴. 高校教师职业需求与满意度及师德建设探析[J]. 思想教育研究, 2009（8）: 67–70.

位、作用和改善知识分子包括高校教师经济待遇的同时,更加注重为教师发展积极创造条件,如邓小平提出:"要落实知识分子政策,第一位的就是科技队伍的管理使用问题。人才,只有大胆使用,才能培养出来。"[1]在"尊重知识,尊重人才"的风气下,高校师德建设日益呈现出"关怀教师发展"的取向,即师德建设注重关照师德的发展价值,建立师德与教师发展之间的互动关系,使师德成为推动教师专业发展的动力。十八大以来,党和国家不仅将"广大教师在岗位上有幸福感、事业上有成就感、社会上有荣誉感,教师成为让人羡慕的职业"[2],"全社会对教师职业认同度加深"[3],作为师德建设的目标之一,还确立了"严管与厚爱并重"[4]的建设基调。同时,师德建设更加注重与教师个体发展相结合,强调"坚持以人为本,关注高校教师发展诉求和价值愿望",强调"坚持改进创新,不断探索新时期高校师德建设的规律特点"[5]。为此,近年来国家直面高校教师发展中的形式主义、功利主义,积极改革高校教师人事制度和教师职称评审制度,提出"破五唯"主张,并进行了专项部署,为教师成长创造了健康的环境。此外,基于"关怀教师发展"的师德建设立场,师德建设的激励取向也由强调道德义务转向了强调权责统一。这将在下面展开论述。

"关怀教师发展"的师德建设取向符合了高校教师的发展需求,它尊重了教师的成长规律,使师德成为教师的内在利益,也推动师德与教师发展日益走向融合。

---

1 邓小平文选(第三卷)[M].北京:人民出版社,1993:26.
2 中共中央国务院关于全面深化新时代教师队伍建设改革的意见[EB/OL].[2018-1-31]. http://www.gov.cn/xinwen/2018-01/31/content_5262659.htm.
3 教育部等七部门印发《关于加强和改进新时代师德师风建设的意见》的通知[EB/OL]. [2019-12-6].http://www.moe.gov.cn/srcsite/A10/s7002/201912/t20191213_411946.html.
4 同3.
5 教育部关于建立健全高校师德建设长效机制的意见[EB/OL].[2014-9-30].http://www.moe.gov.cn/srcsite/A10/s7002/201409/t20140930_175746.html.

（三）师德建设的激励取向走向保障权责统一

道德的养成要经历从他律到自律的过程，如何促使个体主动养成道德，是师德建设要解决的重要问题。师德建设的激励取向处理的是师德建设与师德养成之间的关系，也就是如何使师德建设的制度力量转化为师德养成的内在动力。在处理这一关系上，我国的高校师德建设逐步从强调道德义务转向保障权责统一。

在我国，养成师德习惯被认为是教师的道德义务，养成师德即是履行道德义务，或者说"教育者的任务就在于使义务感成为自律这个极其重要品质的核心"[1]。这是一种义务论的师德观。义务论探讨"正当""应该"问题，认为道德行为出于道德义务，在很长时间里它是主导我国师德建设的伦理学理论，师德建设也形成了"强调道德义务"的激励取向。虽然高校教师享受较大的专业自主权，但在改革开放前基于国家特定时期的发展需要，教师的专业自主权是服从于教师义务的，师德建设侧重从义务论角度解读师德规范，强调教师的思想政治立场和水平，号召教师以高度的神圣感、使命感为动力践行师德。"一切划时代的体系的真正的内容都是由于产生这些体系的那个时期的需要而形成起来的。"[2]义务论的激励取向适应了特定时代的需要，产生了积极作用。改革开放后，国家政治、经济水平逐步提升，人民群众的利益需求日益凸显，加之20世纪90年代以来对传统师德观的反思和师德理论研究逐渐深入，教师的权益和需求日益得到党和国家的重视，师德激励取向逐渐从强调道德义务转向强调权责统一。1994年，《教师法》明确了教师的权利，为师德建设奠定了权利基础。新世纪以来，高校师德建设强调"将教师权益保障与责任义务要求相结合"[3]，强调"高校要健全教师主体权益保障

---

1 〔苏联〕瓦·阿·苏霍姆林斯基.和青年校长的谈话[M].赵玮,等译.上海：上海教育出版社,1983：155.
2 中共中央马克思恩格斯列宁斯大林著作编译局.马克思恩格斯全集（第三卷）[M].北京：人民出版社,1960：544.
3 教育部 中国教科文卫体工会全国委员会关于印发《高等学校教师职业道德规范》的通知[EB/OL].[2011-12-23].http://old.moe.gov.cn//publicfiles/business/htmlfiles/moe/s5972/201201/129190.html.

机制","充分尊重教师的专业自主权,保障教师依法行使学术权利和学业评定权利"[1],2019 年"加大教师权益保护力度"更被确立为师德建设的指导思想之一。[2]

"'思想'一旦离开'利益',就一定会使自己出丑"[3],在利益认同的基础上才能更好地实现价值认同,才能促使教师产生自觉的师德修养动力。师德激励取向的转变,表明师德建设日益尊重师德养成规律,这是党和国家重视教育理论研究,以教育理论指导实践的体现,师德建设日益凸显科学性。

三、高校师德建设的未来发展重心

经过改革开放 40 多年的发展,我国的高校师德建设取得了长足进步,在推动大学教师专业伦理发展上发挥了有力的引领、规范、警示与督导的作用,营建了良好的师德师风氛围,成为促进教师专业伦理提升的重要力量。新时代中高等教育日益向内涵式发展推进,提升质量无疑成为国家师德建设的必然选择。提升师德建设质量是一个庞大系统的工程,涉及众多方面,这里基于改革开放后师德建设的演进特征,我们重点针对未来高校师德建设的发展取向展开分析。我们认为,未来的高校师德建设应该注意在以下方面深化、完善。

(一)立足专业伦理视角,提升师德建设的专业化水平

在教师专业化的进程中,推进教师职业道德向专业伦理转向是历史的必

---

[1] 教育部关于建立健全高校师德建设长效机制的意见 [EB/OL]. [2014-9-30]. http://www.moe.gov.cn/srcsite/A10/s7002/201409/t20140930_175746.html.

[2] 教育部等七部门印发《关于加强和改进新时代师德师风建设的意见》的通知 [EB/OL]. [2019-12-6]. http://www.moe.gov.cn/srcsite/A10/s7002/201912/t20191213_411946.html.

[3] 中共中央马克思恩格斯列宁斯大林著作编译局. 马克思恩格斯全集(第二卷)[M]. 北京:人民出版社,1972:103.

然，也应成为高校师德建设的发展方向。提升高校师德建设的专业化水平，需要关注两点。

一是高校师德建设要从"职业道德"视角转向"专业伦理"视角，这首先表现为要基于大学教师专业伦理的特点推进高校教师专业伦理建设。一方面，诚如第一章所分析的，相比于普通职业者，专业人员的社会公共角色特征更突出，承担的社会责任也更大，所以"职业责任是专业控制问题的核心"[1]，考察教师专业与其他专业表达其道德责任的方式，是教师专业伦理研究的逻辑起点。[2] 本书对"教师专业伦理"内涵的界定也是从专业责任的角度出发的。因此，高校师德建设应该明晰、把握高校教师的专业角色及对应的专业责任，依据不同伦理责任的表现制定清晰且具体的师德规范体系，包括教学伦理、师生伦理、学术伦理和服务伦理等。也就是说，国家要基于大学教师的专业责任推进高校师德规范建设。其次，诚如在第二章中所分析的，大学教师专业伦理与中小学教师伦理存在很大不同，表现为学术精神是大学教师伦理的核心追求，多重角色的交织与碰撞构成大学教师伦理的复杂样态，自由与责任之间的平衡是大学教师伦理和谐的关键，大学教师伦理具有较强的自主建构性与监督性。高校师德建设应该充分考虑大学教师伦理的特点，研究、规划更加有针对性的高校师德建设举措，如基于自由与责任的平衡特点，考虑在强化教师教学责任和学术责任的同时，增加或扩大其教学自由与学术自由。

二是强调德能统一即师德与教育能力的统一。师德不是一般道德在教师劳动中的简单照搬或移用，它应该以教育专业观念、专业知识与能力为基础，即突破师德的经验化认知与实践，这是职业道德向专业伦理转向的一个重要表现。事实上，仅有师德意识而缺乏师德能力，是师德失范的一个重要

---

1 〔美〕约翰·I·古德莱德，罗杰·索德，肯尼思·A·斯罗特尼克.提升教师的教育境界：教学的道德尺度［M］.汪菊，译.北京：教育科学出版社，2012：186.
2 王丽佳，洪洁.解读"教师专业伦理"［J］.湖南师范大学教育科学学报，2009（6）：22-24.

原因。而且高校教师在教育教学能力上缺乏必要的系统化培养，因此未来的高校师德建设应该强化德能统一观念，在师德建设观念上要重视教师的教学能力和育人能力的提升，在提升措施上要设计合理的指导大学教师提升教育素养的教育、培训或研讨等专业发展机制。

（二）关注师德困惑，提升教师参与师德建设的主体性

道德发生在情境中，解决的是利益冲突问题。直面冲突，致力解决冲突，道德建设才能有效地指导行为实践。我国师德规范建设的基本思路是基于职业工作和社会发展的需求提出应然层面的师德要求，对教师教育实践中的伦理困惑关注得较少，不论在规范内容上还是在表述上，都较难看到其关联的伦理情景或问题，这对于激发教师的道德需要是乏力的，换句话说，教师参与师德建设的积极性、主动性不足。在师德提升措施建设上，忽视教师的伦理困惑也导致具体措施尤其是师德教育缺乏有效的针对性。大学教师具有多重角色，角色的交织与碰撞使大学教师面临更多的伦理困惑，如学者与师者之间的角色冲突、教学与科研之间的职责碰撞、学识与德行之间的分离、教学技术性与伦理性的碰撞等。因此，师德建设应该关注并深入研究高校教师的伦理困惑或冲突，把握其类型、表现和实质等，制定具体且有针对性的师德规范，改变干瘪条目的形式，激起教师的关注和道德需要。师德提升措施建设应该有意识地针对师德困惑产生的原因探索有效的师德教育与培训方法，如案例分析、道德困惑研讨等，提升教师的道德思维、师德判断能力和行动能力。此外，师德建设还应该注意完善师德考核与评价体制中的帮扶制度，了解教师师德问题产生的原因、困惑，有针对性地进行帮助、教育，激发教师参与师德建设的意愿和主体性。

（三）重视制度伦理，增强师德建设的正当性

师德建设是一种制度建设，制度对人的行为具有导向作用。好的制度对行为有积极的导引作用，反之则起到消极作用，因此制度本身的正当性是制度建设中至关重要的问题。我国高校教师出现的一些师德问题与制度的不良导向如科研考核、职称评审的量化取向、物质化取向有关。增强师德建设的

正当性，需要重视制度伦理，即重视"隐含在制度内部的价值判断、道德原则和伦理追求"[1]。这对高校师德建设同样重要。

确保制度的正当性，首先师德建设要注意根植于高等教育伦理中。"大学作为一种教育共同体，其实践是一项道德的事业。大学培育人才、创新知识、弘扬文化、服务和促进社会进步，具有道德或伦理的目的与价值。"[2]这告诉我们，任何教育活动都具有伦理性，都需要遵循一定的伦理规范、原则等，这就是教育伦理。师德与教育伦理密不可分。师德是教育伦理的重要构成，也是实现教育伦理的重要途径，更重要的是教育伦理为师德提供立论依据和内化基础。因此，师德建设要突破教师行为的单一框架，要注意立足并体现高等教育的伦理内涵、伦理精神，要以大学的伦理使命和目的为根本指引，要尊重并贯彻大学精神，并将其融合进师德规范中。同时，在制定师德制度时要贯彻"关怀、理性、民主"的德性。此外，师德建设要具有伦理风险意识，注意规避制度的工具化、短视化。

其次，师德建设要尊重高校教师的专业生活方式。师德不仅是行为问题，更是教师的专业生活方式和质量问题。因此，师德建设要尊重大学教师独特的职业生活方式和诉求，维护他们应有的专业自主权；要鼓励形成教师共同体，发展自由、探究、合作的教师文化；要尊重他们独特的精神发展需要，促使师德规范和措施积极满足教师自我实现和专业发展的需求。这不仅能确保师德建设的正当性，也能激发教师修养师德的内在动力。

---

1 王忻昌，王宏，杨玲. 高校师德生成过程中的伦理制度与制度伦理［J］. 江苏高教，2007（3）：126–128.

2 赵荣辉，金生鈜. 大学的伦理德性与内部治理［J］. 高等教育研究，2019（4）：36–40.

图书在版编目（CIP）数据

志业的坚守：大学教师伦理研究/李菲著. -- 上海：华东师范大学出版社，2022
（大夏书系. 师道文丛）
ISBN 978－7－5760－3354－0

Ⅰ. ①志⋯　Ⅱ. ①李⋯　Ⅲ. ①高等学校—师德—研究　Ⅳ. ① G645.16

中国版本图书馆 CIP 数据核字 (2022) 第 210314 号

大夏书系·师道文丛

志业的坚守
——大学教师伦理研究

丛书主编	檀传宝
著　　者	李　菲
策划编辑	李永梅
责任编辑	韩贝多
责任校对	杨　坤
装帧设计	奇文云海·设计顾问
出版发行	华东师范大学出版社
社　　址	上海市中山北路 3663 号　邮编　200062
网　　址	www.ecnupress.com.cn
电　　话	021－60821666　行政传真　021－62572105
客服电话	021－62865537
邮购电话	021－62869887　地址　上海市中山北路 3663 号华东师范大学校内先锋路口
网　　店	http://hdsdcbs.tmall.com
印　刷　者	北京密兴印刷有限公司
开　　本	700×1000　16 开
印　　张	14.5
字　　数	214 千字
版　　次	2023 年 1 月第一版
印　　次	2023 年 1 月第一次
印　　数	6 100
书　　号	ISBN 978－7－5760－3354－0
定　　价	59.80 元
出 版 人	王　焰

（如发现本版图书有印订质量问题，请寄回本社市场部调换或电话 021-62865537 联系）